독서
수업
풍경

독서 수업 풍경

발행일	2020년 12월 22일			

지은이	이서영			
펴낸이	손형국			
펴낸곳	(주)북랩			
편집인	선일영	편집	정두철, 윤성아, 최승헌, 배진용, 이예지	
디자인	이현수, 김민하, 한수희, 김윤주, 허지혜	제작	박기성, 황동현, 구성우, 권태런	
마케팅	김회란, 박진관			
출판등록	2004. 12. 1(제2012-000051호)			
주소	서울특별시 금천구 가산디지털 1로 168, 우림라이온스밸리 B동 B113~114호, C동 B101호			
홈페이지	www.book.co.kr			
전화번호	(02)2026-5777	팩스	(02)2026-5747	

ISBN	979-11-6539-509-4 03370 (종이책)	979-11-6539-510-0 05370 (전자책)	

이 도서의 국립중앙도서관 출판예정도서목록(CIP)은 서지정보유통지원시스템 홈페이지(http://seoji.nl.go.kr)와
국가자료공동목록시스템(http://www.nl.go.kr/kolisnet)에서 이용하실 수 있습니다.
(CIP제어번호: CIP2020053671)

(주)북랩 성공출판의 파트너

북랩 홈페이지와 패밀리 사이트에서 다양한 출판 솔루션을 만나 보세요!

홈페이지 book.co.kr   •   **블로그** blog.naver.com/essaybook   •   **출판문의** book@book.co.kr

말하기로 스케치하고 글쓰기로 색칠하는

독서 수업 풍경

이서영 지음

쉬운 질문! 따뜻한 토론! 재미있는 글쓰기!

북랩 book Lab

"많은 사람들이 요즘 아이들의 독서량을 걱정하고 독서교육에 더 관심을 가져야 한다고 이야기한다. 하지만 아이들의 독서량이 결코 적은 건 아니라고 말하고 싶다. 아이들이 책을 읽지 않는 것이 아니라, 책을 읽고 나서 생각하고 연대하고 실천하는 문화가 부족했던 건 아닐까?"

이 책 〈프롤로그〉의 일부 내용이다. 저자가 독서를 '연대와 실천의 문화'로 융합하며 언급한 내용이다. 읽는 순간 내 눈을 사로잡았다. 독서의 스펙트럼을 연대와 실천까지 넓힌 것은 저자가 그동안 독서의 문제점 해결에 얼마나 고심했는지를 보여준다. 그동안 출판된 대부분의 독서토론논술 관련 책들이 이론적인 내용에만 머무른 이유는, 독서가 연대와 실천으로 이어져야 한다는 것을 도외시했기 때문이다. 본인 또한 독서논술을 연구하는 입장이지만 그동안 내가 간과했던 독서의 방향을 이 책은 정확히 짚어주었다. 성찰과 깨달음의 감동이 지금까지 내 가슴에 여운으로 남는 이유다.

우리는 이 책을 통해 독서·토의·토론·논술의 빛나는 본질을 알 수 있다. 저자는 깊이 있게 사유하고, 서로의 다름을 인정하며 설득하고 설득당하는 토의·토론과정을 통하여 더불어 살아가는 공동체의 역량을 배울 수 있다고 말한다. 우리는 여기서 '설득당하는'에 주목할 필요가 있다. 이것은 차가운 논리가 아닌 따뜻한 논리로 토론하는 것을 말한다. 토론·논술에서 따뜻한 논리는 상대방의 반대 논리를 일단 수용하고 그 일부를 나의 주장의 근거로 삼을 수도 있음을 말해준다. 또한 상대방의 논리를 인정하고 그것을 삶의 가치로 수용하는 자세, 즉 진정한 토론의 자세도 배울 수 있다.

이 책의 저자는 평생 독서·토론·논술을 연구하고 교육 현장에서 열정적으로 실천한 수석 선생님이다. 저자의 독서·토의·토론·논술 능력과 열정을 다시 한 번 존경한다. '독서(讀書) : 책을 읽고, 토론(討論) : 생각을 나누고, 논술(論述) : 글로 표현하려는' 모든 분들에게 이 책은 필독서라 하겠다.

_ 이도희 수석교사(『인문학논술』 저자)

아이들과의 소통을 즐거워하는 교사, 책 한 권이 수업의 유일한 재료지만 모든 학생을 수업에 집중하게 만드는 질문을 하는 교사, 학생들의 지적 성장뿐만 아니라 마음의 성장을 중요하게 생각하는 교사, 수업할 때 가장 빛이 나는 교사라서 나는 수석 선생님을 참 좋아합니다. 후배 교사들에게 자신이 가진 모든 지적 재산을 아낌없이 나눠 주는 교사, 토론을 진행할 때 매력이 넘치는 교사, 후배 교사들이 자신보다 더 아이들에게 존경받는 교사가 될 수 있도록 지도 조언을 아끼지 않는 선배 교사라서 나는 수석 선생님을 참 존경합니다. 쉬운 질문! 따뜻한 토론! 재미있는 글쓰기! 3년간 같은 학교에서 수석 선생님의 공개수업을 참관한 교사로서, 독서 토론모임을 함께한 교사로서, 저것들이 수석 선생님에게 가장 어울리는 문구라고 생각합니다. 이 책은 독서와 토론, 글쓰기에 관심 있는 후배 교사들에게 귀한 자료가 될 것입니다.

_ 김지혜 선생님

질문으로 아이들을 품으며, 아이들의 뇌를 깨우는 수업!

교사의 몸짓은 또 다른 훌륭한 교육과정이라고 하였던가. 한 사람 한 사람과 나누는 눈빛으로, 목소리의 강약으로, 꾸밈없는 칭찬과 인정으로, 개인별 수준에 맞는 질문으로 아이들은 선생님의 품 안으로 쏘옥 안겨버린다. 사전 수업의 철저한 기획으로, 꼬리에 꼬리를 물며 핵심을 찾아가는 질문과 대답으로 아이들의 뇌는 쉴 새 없이 일깨워지고 '아하' 하는 탄성과 함께 성취감과 몰입도도 높아진다. 수업을 위하여 태어나신 분! 이서영 수석 선생님의 이 책은 수업을 고민하는 현장의 교사들에게 많은 도움을 줄 것이다.

_ 박성애 교장 선생님

삶의 희망도 없고 어떻게 사는 것이 행복한 것인지 전혀 모르던 시기에 이 학교에 와서 수석선생님을 알게 되었고 독서 모임에 들어가게 되었습니다. 책에 대해 이야기하고 그 안에서 서로의 삶을 나누다 보니 어느새 행복이 다가오는 것을 느꼈습니다. 그것은 아마도 비경쟁 독서 토론을 통해 다름을 받아들이는 것을 배움으로써, 타인에 대한 이해와 이타적인 마음이 나에게 더 큰 행복이 되어 돌아온다는 것을 알았기 때문인 것 같습니다. 저는 이 책을 통해서 많은 분들이 다른 사람을 이해하고 사랑하며 행복해지셨으면 합니다. 『어린 왕자』에 있는 구절, '세상에서 가장 힘든 것은 사람의 마음을 사는 것'. 그 어려운 것을 실천하고 계시는 이서영 수석 선생님을 응원하고 존경합니다.

_ 권은주 선생님

교사가 되어 학생들과 만나는 3월 첫 시간마다 "무엇이든 이야기할 수 있는 시간이 되길 바랍니다."라고 합니다. 스스로 '이야기 수집가'라고 소개할 만큼 저의 지나온 세월 곳곳 다양한 이야기들은 수업의 좋은 재료가 되기도 합니다. 열두 살 어린 시절 이서영 선생님의 수업이 제게 이야기하는 즐거움을 느끼게 했습니다. 혼자 읽는 것에서 그치지 않고, 읽은 글을 자신의 관점으로 소화하여 공유하는 즐거움을 제가 만나는 학생들에게도 전하고자 합니다. 선생님과 교실에서 만나기에는 훌쩍 나이가 들었지만, 이렇게 독서 교육에 대한 책을 통해 배움을 이어갈 수 있어 설렙니다. 여전히 교실에서 함께 읽는 즐거움을 전하고 계실 선생님께 응원과 존경의 마음을 드립니다.

_ 제자 강유정 선생님

심연을 키우고 연대의 힘을 기르는
수업을 꿈꾸며

초등학교 교사로 30여 년을 살았다. 교사이기 전에 아이를 좋아하는 어른으로서 늘 그들과 함께 호흡하고 싶었다. 교사가 되고 보니 더욱 그랬다. 고여 있지 않아야 한다는 교사로서의 책무성에 때론 분주하고 힘들기도 했지만 배움이 즐거웠다.

교육을 백 년의 큰 계획이라고 하지만 한 사람이 백 년을 지킬 수는 없다. 그래서 계획한 사람과 시기에 따라 내용도 변질되고 때론 수정되기도 하는 걸 경험한다. 그러한 경험에 노출되기 쉬운 교단의 교사들은 때때로 피로감을 호소한다. 코로나 19가 세계를 덮친 요즘에는 더더욱 그렇다. 국가의 가장 크고 무거운 계획이어야 할 교육을 "왜?"라는 질문과 함께 현장에서 하나의 문화로 자리매김할 수 있도록 하는 사람이 교사이다. 그러면 교사는 무엇으로 살아야 할까?

인문학적 감성, 창의성, 바른 인성을 지닌 창의융합인재는 미래 교육의 지향점이다. 이에 2015 개정교육과정에는 '한 학기 한 권 읽기'가 도입되면서 학교 현장에서 독서교육에 대한 관심이 더 많아졌고 많은 선생님들이 연수를 통해서 독서와 토론, 논술을 교육과정에 접목시키고자 부단히 애쓰고 있다.

많은 사람들이 요즘 아이들의 독서량을 걱정하고 독서교육에 더 관심을 가져야 한다고 이야기한다. 하지만 아이들의 독서량이 결코 적은 건 아니라고 말하고 싶다. 아이들이 책을 읽지 않는 것이 아니라, 책을 읽고 나서 생각하고 연대하고 실천하는 문화가 부족했던 건 아닐까? 실제로 한 교실에서 교사의 독서량은 아이들의 평균 독서량보다 훨씬 적다.

'독서'는 책을 머리가 아닌 마음으로 읽는 것이다. 그래서 '독서교육'은 책을 읽고 마음을 나누는 일이다. 더 나아가서는 마음을 모아 실천하는 작업이 될 것이다. 우리의 교실에서, 가정에서의 독서교육이 '단순히 읽는 것'에 국한되었기에 '다독아'에게 시상을 하던 문화가 오래도록 이어져 왔다. '읽을 줄 아는 것'을 칭찬하고, 또 '많이 읽는 것'을 칭찬하고, 그래서 독서의 깊이가 얕았던 예전의 독서교육에서 이제는 한 권을 깊게도 읽고, 서로의 생각을 나눠봄으로써 타인을 이해하며, 소통하고 공감하는 책 읽기를 위한 독서 교육으로 바뀌어가고 있다. 그런 독서교육의 문화를 교단의 선생님들이 묵묵히 실천하고 있다. 이 책은 그런 선생님들을 위한 작업이었다. 교사로 26년, 수석교사로 7년을 살아오면서 배우고 느꼈던 것들을 모아 『말하기로 스케치하고 글쓰기로 색칠하는 독서 수업 풍경』으로 정리했다. 부족하지만, 따뜻하고 정겨운 토론과 재미있는 글쓰기가 있는 독서 수업의 풍경을 담은 이 책이 독서와 토론, 글쓰기 교육에 관심을 갖고 고여 있지 않기 위해 늘 애쓰시는 선생님들께 의미 있는 선물이 되었으면 한다. 그리고 '수업'을 통해 나를 '성장'하게 해 준 사랑하는 제자들이 '따뜻한 어른'으로 커가길 소망한다.

2020 늦은 가을,
이서영

차
례

1장 세 가지 질문

2장 여덟 단어로 풀어보는 독서 수업

3장 질문을 어떻게 하지?

4장 ## 토론 방법을 잘 모르겠다면?

5장 **글쓰기 지도는 어떻게?**

1장

세 가지 질문

1. 왜 책이어야 할까요?

2015 개정 교육과정에서 '한 학기 한 권 읽기'를 도입한 배경은 무엇이었을까?

독서의 중요성은 전문가이든 비전문가이든 교육을 이야기할 때 늘 회자된다. 교육과 독서는 그 인과관계에 대한 통계자료가 없더라도 증명해 줄 경험은 매우 많다. '공부를 잘 하는 아이들은 책을 많이 읽는다', '책을 많이 읽어서 똑똑하다' 등이 그것이다.

그럼 책은 공부를 잘하기 위해서 읽는 것일까?

흔히 아이들은 공부에 도움이 돼서, 부모님이 읽으라고 해서, 똑똑해지기 위해서 책을 읽는다고 답한다. 아쉽게도 책읽기를 정말 재미있어하는 평생 독자 수준의 책읽기를 하는 아이들은 그리 많지 않다. 그래서 평생 독자 수준의 독서교육을 목표로 '한 학기 한 권 읽기'가 도입되었고 더불어 '한 권 읽기' 교육과정의 방향성과 방법에 대해 많은 선생님들이 고민하고 계신다.

책은 작은 세상이다.

아이들은 책을 통해 자신을 들여다보고 직접 해보지 못한 새로운 경험을 하며 다양한 이야깃거리를 통해 타인과 상호작용한다. 아직 경험의 폭이 좁은 청소년들이나, 경험의 기회를 스스로 얻을 수 없는 사람들은 책을 통해 간접적인 경험을 하고 소통하며 자신의 세계를 확장시켜나가는 것이다.

독서와 뇌의 관계를 연구한 메리언 울프의 『책 읽는 뇌』를 인용하면, 우리의 뇌에는 두 종류가 있는데, 첫째는 독서를 배울 수 있는 뇌이고 둘째는 독서를 배우지 못하는 뇌라고 한다. 독서는 뇌가 새로운 것을 배워 스스로 재편하는 과정으로, 독서의 핵심은 사색하는 시간이다. 이처럼 독서는 새로이 배운 것을 재구조화하고 깊이 있게 생각해 보며 자기만의 세계를 확장시켜나가는 과정인 것이다. 그런 경험을 한 아이들은 변화에 적절하게 대처하고 방법을 모색하며 창의적인 대안을 꾸리고 문제를 해결한다. 우리가 독서교육을 중요시하는 이유인 것이다.

그렇다면 독서교육은 어떻게 하는 것이 효율적일까?

많은 부모님이나 선생님들이 효율적인 독서교육을 위하여 좋은 독서 환경을 만들거나 체험활동을 통하여 독서 경험을 확대하고, 교육과정을 재구성하는 등 다양한 노력을 하고 있다. 단순히 양적인 독서의 기회뿐만 아니라 질적인 독서로 확장시켜 나가고 있는 것이다. 어떤 책을 골라야 할지, 책을 어떻게 읽어야 하는지, 어떻게 독서 활동을 해야 할지, 독서 방법과 흥미를 높이는 데 좋은 방법은 무엇이 있을지, 단편적인 정보 습득 수준의 독서에서 자신의 세계관을 확장시키는 독서는 어떻게 해야 하는지 고민한다. 그리고 이를 통해 '책'이 철학이 되고 삶이 되고 문화가 되기를 희망한다. 교육과정 상의 '한 학기 한 권 읽기'가 그 촉매제가 되어 교과서에서의 독서뿐 아니라 삶에서의 독서문화로 자리매김하여 우리 아이들이 평생 독자가 되었으면 한다.

2. 왜 토의토론 수업인가요?

토의토론을 교육과정에서 논하기 시작한 것은 교과서 중심, 공급자 중심의 학교 교육체제를 수요자 중심으로 전환하면서부터가 아닐까 싶다. 7차 교육과정이 개정되면서 학습자 중심의 교육을 강조하기 시작하였고 2009 개정 교육과정에서는 배려와 나눔의 창의적 인재양성을, 2015 개정 교육과정에서는 '미래사회가 요구하는 창의 융합형 인재 양성'과, '학습 경험의 질 개선을 통한 행복한 학습의 구현'을 비전으로 삼았다.[1] 2015 개정 교육과정에서는 자기관리 역량, 지식정보처리 역량, 창의적 사고 역량, 심미적 감성 역량, 의사소통 역량, 공동체 역량을 핵심역량으로 제시하며 단순한 지식 습득에서 벗어나 실제적인 역량의 함양이 가능하도록 교과 교육과정을 핵심 개념 중심으로 구조화하고 협력 학습, 토의토론학습 등의 학생 참여 중심 수업과 과정 중심 평가를 확대하는 등의 구체적인 수업 개선 방향을 제시하였다. 이런 교육철학을 바탕으로 도입된 '한 학기 한 권 읽기'는 학생들의 창의적 사고역량 및 의사소통역량, 공동체역량을 함양하기 위한 방법적 모색으로써 토의토론학습을 제시하고 있다.

창의적인 사고를 위해서는 타인을 이해하고 타인과 소통하는 과정이 필요하다. 우리에게 이미 너무 익숙한 소통과 협업이 미래 역량으로 다시 주목받는 이유는 무엇일까? SNS를 통해 언제, 어디서나, 전 세계 누구와도 연결이 가능한 소통의 시대가 왔다. 하지만 우리는 진정 제대로 된 소통을 하고 있을까?

4차 산업혁명 시대의 인재상은 하이브리드형 인재라고 한다. 하이브리드형 인재란 '기계장치로 이루어진 시스템을 활용하지만 기계가 할 수 없는 일, 즉 새로운 가치를 만들어내고 이를 공유하며 함께 사유(思惟) 할 수 있는 사람'이다.[2] 이

---

1   2015 개정교육과정, 황규호, 2015
2   2020 세계 과학문화 포럼, 원광연, 2020

를 다시 표현하자면 하이브리드형 인재가 되기 위해 갖춰야 할 능력은 '공감'과 '소통', 그리고 '협력'이라는 것이다. 4차 산업혁명으로 인해 인공지능 및 사물인터넷 등 첨단 기술에 의해 주변 환경에 많은 변화가 생기겠지만, 사람만이 할 수 있는 공감이나 소통과 같은 분야는 변하지 않는다는 것이다. 이렇듯 '혼자' 해결할 수 있는 일은 '기계'로 대체될 거라는 인공지능 시대에 기계가 할 수 없는 소통과 협업 역량이 미래 인재의 역량으로 '다시' 주목받고 있다. 소통과 협업 역량을 교육으로 키울 수 있을까? 그렇다면, 소통과 협업 역량을 키울 수 있는 교육은 무엇인가? 그것이 우리가 토의토론을 공부하는 이유이다.

인터넷을 소통의 도구로 활용하면서 타인과의 상호작용보다는 기계와 상호작용하거나 혼자서 보내는 시간이 많아지고, 서로 공감하고 소통하는 시간은 자연히 줄어들었다. 이에 '소통하는 기술'이 새로운 학습으로 자리매김했으며, 사회적 공동체의 일원으로서 소통하며 문제해결력을 기르는 교육은 필수불가결하다. 더불어 살아가는 공동체에서 타인과 공감하며 소통하는 역량은 배움의 근간이 된다고 할 수 있다. 제대로 소통하는 방법을 몰라서 충돌하고 갈등하며 타인과 타협하지 못했다면 교육과정 속에서, 그리고 책 속에서 서로의 다양한 생각을 인정하고 이해하며 타자와의 거리감을 좁혀가는 것이 소속된 공동체의 일원으로써 행복하게 살아갈 수 있는 방법일 것이다. 이에 '토의토론'은 단순히 수업에서만이 아니라 생활 전반에서 다루어져야 할 삶의 양식이라고도 할 수 있다.

3. 왜 글쓰기가 중요할까요?

'글쓰기'란 생각이나 사실 따위를 글로 써서 표현하는 일이다. '글을 써 보자'라고 하면 많은 아이들이 거부감을 보이는데 단순히 글씨를 쓰는 것에 대한 귀찮음도 있지만 생각하기 싫어서라고 이야기한다. 그럼 아이들은 왜 생각하기 싫어할까?

그들은 일찌감치 인터넷 물결 속에 노출된다. 인터넷 물결 속에서는 굳이 생각을 하지 않아도 충분히 재미있고 유익하다. 생각할 필요를 느끼지 못하는 것이다. 궁금한 것은 바로바로 기계가 답을 알려 주고 지천에 널려 있는 다른 사람의 생각들 중에 나와 비슷한 생각을 찾아내면 그것이 곧 나의 생각이 된다. 손쉽게 '동의하기', '좋아요' 한 번 꾹 눌러주면 된다. 그러다 보니 점점 사고력은 떨어지고 사고력이 떨어지니 창의력이나 문제해결력도 떨어질 수밖에 없다.

초등학교에서의 일반적인 글쓰기는 자신의 생각이나 사실을 자유롭게 글로 표현하는 활동이다. 하지만 고학년이 되면 일부의 학생들은 논술 글쓰기 학원을 다니는 경우가 있다. 물론 수행평가나 상급 학교 진학을 위한 일련의 과정이라고 본다. 논술(論述)은 사회현상이나 자연현상, 다른 사람의 생각과 주장을 담은 글 등을 분석하여 그것에 대한 자신의 견해와 주장을 논리적으로 전개하는 글쓰기의 한 형태이다. 즉, 논술이란 어떤 것에 관하여 여러 가지 근거를 제시하며 의견을 논리적으로 서술하는 활동을 뜻한다. 이러한 글쓰기는 서론, 본론, 결론의 형식을 요하기에 딱딱한 글쓰기의 형태라고 오해하기 쉽다. 하지만 글쓰기를 쉬운 글쓰기, 어려운 글쓰기로 구분할 수는 없다. 글쓰기가 생각의 흐름대로 써지는 것이라면 처한 상황이나 주제에 따라 글쓰기의 형태가 달라질 뿐인 것이다.

흔히 글쓰기를 지도하기 위하여 '일기 쓰기'를 지도하면서 범하는 오류 중 하나가 문법이나 글씨 교정, 느낀 점과 사실의 구분 등의 문법적인 접근이다. 그러한 접근으로써 글씨를 교정하고 국어적인 소양은 얻을 수 있을지 모르겠지만 자신의 생각을 자유롭게 표현하는 글쓰기의 본질에는 어울리지 않는다. 일기 쓰기 지도의 목적이(일기 쓰기에 목적을 갖는 것도 이상하지만) 문법 교정이나 국어 지식이라면 일기(日記)가 아니어도 되는 것이다.

또 글쓰기는 솔직한 의식의 흐름대로 이루어져야 한다. 일기 쓰기 지도를 하다 보면, 단순히 보여주기 위하여 쓰는 학생들이 많다는 것을 느끼게 된다. 물론 요즘은 개인정보보호 차원에서나 인권 보호 차원에서 일기 검사를 하지 않지만 교사와 학생의 소통 창구로 활용되다 보니 다소 가식적인 글쓰기가 될 수밖에 없다. 꾸미지 않고 자신의 솔직한 마음을 표현하는 글쓰기가 가장 좋은 글쓰기라는 것을 저학년 일기 쓰기에서부터 지도할 필요가 있을 것이다.

독서(讀書) 책을 읽고
토론(討論) 생각을 나누고
논술(論述) 글로 표현하기

글이나 말로 표현하기 위해서는 자기만의 생각이 있어야 하고, 자기만의 생각은 책을 통해 다양하게 상호작용하며 얻을 수 있다.

책을 통해서 깊이 있게 사유하고, 서로의 다름을 인정하며 설득하고 설득당하는 토의토론과정을 통하여 더불어 살아가는 공동체의 역량을 배우고, 다양한 생각을 나누고 정리하면서 자신만의 정체성이나 삶의 방향성을 찾아볼 수 있는 것이 독서 토론 논술 수업의 장점이라고 할 수 있다.

2장

여덟 단어로 풀어보는
독서 수업

1. 본질에 가까이 - 진정성

〈대추 한 알〉

저게 저절로 붉어질 리는 없다.
저 안에 태풍 몇 개
저 안에 천둥 몇 개
저 안에 벼락 몇 개

저게 저 혼자 둥글어질 리는 없다.
저 안에 무서리 내리는 몇 밤
저 안에 땡볕 두어 달
저 안에 초승달 몇 날

교사라면 누구나 좋은 수업을 꿈꾼다.

그렇다면 '좋은 수업'이란 어떤 수업일까?

수업을 고민하는 교사는 분명 좋은 교사일 거라는 믿음이 있던 때가 있었다. 그렇게 태풍 같은, 천둥 같은, 벼락 같은 시련의 시간을 겪고 나서 내가 좋은 수업을 하는 교사가 되어 있는지, 잘 가르치는 교사가 되어 있는지 반문해 본다.

'가르친다는 것'의 저자 윌리엄 에어스는 가르치는 일의 허상을 12가지로 제시했는데 내 시련의 시간 또한 그 12가지 허상과 맞바꾼 것이 아닌지 의심해 본 적이 있다.

돌이켜보면 나는 좋은 수업을 하는 교사가 되기 위하여 교육과정을 재구성하고 재미있는 아이디어를 수집하고 학생들에게 골고루 기회를 주고자 노력하였다. 때로는 현란한 도구와 재미있는 이야깃거리로 학생들의 시선을 사로잡고 그들을 적절히 내 안에서 통제하였을 때의 쾌감을 수업의 성공과 연결지어 자축하기도 했다.

'훌륭한 가르침은 하나의 테크닉으로 격하되지 않는다. 훌륭한 가르침은 교사의 정체성과 성실성에서 나온다.'[3] 훌륭한 가르침은 기술이 아니라 교사의 정체성과 성실성에 기인한다는 뜻이다. 교사의 정체성과 성실성은 바로 교사로서의 진정성과 통한다. 교사로서의 진정성, 가르침의 진정성을 수업의 본질로 본다면 나의 수업에는 나의 정체성이 배어있을 것이다.

우리는 사회 전반에서 진정성의 결여와 마주친다. 이는 복잡하고 어려운 것을 외면하는 시대적 흐름에 연유하기도 하지만, 삶에 대한 깊이 있는 인식의 부재가 우리 문화 깊숙이 자리한 탓은 아닐까 한다. 그렇다면 그 뿌리는 가정이, 학교가, 어른들의 몫일 것이다. 진정성 없는 사회는 불신을 낳고, 불신은 건전한 문화를 형성하지 못하게 하는 것이다.

수업에서도 그렇다. 진정성 있는 교사는 왜 이 수업을 하는지, 어떻게 가르쳐야 할지, 학생들을 어떻게 성장시킬 수 있을지 고민하며, 늘 깨어있으려 고민하는 교사이다. 교육의 본질을 들여다보고 실천하는 교사, 가르침의 본질을 늘 의식하는 교사이다. 그래서 수업의 방법이나 테크닉에 앞서 내용을 살피고 내면의 소리를 알아차리며 삶의 가치를 실현하도록 돕는다.

책으로 수업을 하면서 놀이를 하고, 그림을 그리고, 노래를 부르고, 토론을 하고, 글을 쓰는 모든 활동이 내면의 소리에 귀기울이고, 사유하고, 마음을 움직이는 것부터 시작한다면, 책을 읽었다고 할 수 있지 않을까? 그리고 그것이 독서 수업의 본질이 될 것이다.

---

3 가르칠 수 있는 용기, 파커 J 파머, 한문화, 2005

```
┌─────────────────────────────────────────────────────────────────┐
│                  〈가르치는 일의 허상 12가지〉                        │
│                                                                   │
│  1. 좋은 선생님이 되기 위한 첫 번째 필수 단계는 교실을 잘 통제하는 것이다.    │
│  2. 교사들은 교육대학에서 가르치는 법을 배운다.                         │
│  3. 좋은 선생님은 재미있다.                                          │
│  4. 좋은 선생님은 교육 내용에 대해 다 안다.                            │
│  5. 좋은 선생님은 주어진 교육과정에서 시작해 그걸 강화하는 좋은 방법을 찾는다.  │
│  6. 좋은 선생님은 좋은 연기자다.                                      │
│  7. 좋은 선생님은 모든 학생들을 똑같이 대한다.                          │
│  8. 오늘날 학생들은 예전 아이들과 다르다.                              │
│  9. 좋은 교육을 학생들의 시험 성적으로 측정할 수 있다.                    │
│  10. 좋은 선생님은 교실에서 일어나는 일을 다 안다.                       │
│  11. 모든 아이들은 평균 이상이다.                                     │
│  12. 오늘날 아이들은 이전 어느 때보다 형편없다.                          │
│                                                                   │
└─────────────────────────────────────────────────────────────────┘
```

2. 궁금하면 통(通)한다 – 질문

한때 개그 프로그램에서 '궁금해? 궁금하면 500원'이란 말이 유행어가 되었던 적이 있다. 궁금해한 대가로 돈을 지불해야 하기에 궁금해하지 않기로 한다는 이 유머가 우리 사회의 단면을 보여주는 것 같아서 실소한 기억이 있다.

질문하지 않는 우리의 오랜 습관은 오히려 질문이 많은 사람을 유별나게 보고 낯설게 대하는 문화로 자리잡았다. 지난 세월, 우리의 교실에서는 쌍방향의 대화나 질문보다 한 방향의 지시나 전달이 익숙했다. 그런 우리의 교실에는 '질문'이란 건 없었다. 그저 선생님의 말씀을 잘 듣고 잘 받아쓰는 것이 공부 잘하는 아이의 특징이었다. 그렇다면 그런 아이들은 궁금한 것이 없었을까?

그 당시 교실에서 궁금해한다고 돈을 내진 않았을 텐데 왜 질문을 안 했을까? 아니 못 했을까?

우리의 어린 시절을 돌이켜보면 아이가 자라면서 만나는 세상의 모든 것이 질문거리다.

"하늘은 왜 파란가요?"

"나뭇잎은 왜 떨어지나요?"

"학교는 왜 가야 하나요?"

이런 질문들을 하는 아이에게 우리는 어떻게 답해 주었을까?

그것도 모르냐며 핀잔을 주거나, 나중에 알게 된다고 귀찮아하거나, 왜 너만 그러냐고 야단을 치거나 하진 않았을까?

질문은 호기심에서 시작되어 궁금해하고 알고 싶어하는 인간의 욕구이다. 어린 시절 그런 호기심을 무시당하고, 적절한 답을 얻지 못하는 환경 속에서 자란 아이들은 스스로 질문의 고리를 끊어버리고 더 이상 궁금해하지 않는 것에 익숙해진다. 그렇게 우리는 질문을 배우지 못한 어른으로 자란 것이다.

질문을 안 하는 교실은 어떨까?

하나를 알려 주면 열을 그냥 아는 게 아니다. 하나를 알게 되면 또 하나가 궁금하게 되고, 그 궁금함은 질문으로 이어져 또 질문을 낳고, 그러다 보면 열을 알 수 있게 되는 것이 아닐까?

안전하고 자유로운 분위기, 언제나 어디서나 질문이 허용되는 그런 가정과 그런 교실이라면 질문은 늘 살아있을 것이다. 우리 아이들이 감춰두었던 호기심을 확장시키고 다양하게 상호작용할 수 있는 질문을 통해 창의적으로 사고하고 성장하도록 돕는 수업을 해야 한다.

독서 수업에서 질문은 첫 단추가 될 것이다.

창의력은 연습과 노력이 필요하다.

3. 말이 마음이 된다 - 소통

　말이 마음을 통해 나와야 진정성 있는 말하기이다.

　흔히 '말은 잘하는데 마음은 아니야', '말은 못해도 마음은 안 그렇다'고 말과 마음을 분리해서 말하곤 한다. 그런데 말과 마음이 함께 가야 하지 않을까?

　토론수업을 하다 보면 유난히 언변이 좋은 학생을 많은 학생들이 부러워하거나 쉽게 인정해 버리는 경험을 하게 된다. 말을 당해낼 수가 없다는 건데 논쟁을 하는 토론의 특성상 말을 잘하는 것은 참으로 유리하다. 하지만 그 말하기가 토론의 본질에 닿아 있지 않거나 그야말로 말뿐이라면 청중을 설득할 수 없으며 공허한 울림이 될 뿐이다.

　말은 마음을 담는다.

　말하는 사람의 마음이 보이는 말하기는 진심이 느껴져서 상대를 설득하기에 충분하고 공감과 소통의 기본이 된다.

　수업 현장에서 교사의 말하기 또한 그렇다. 교사의 진심을 담은 말하기에는 진정성이 느껴지고 그것이 달변이든 아니든 마음이 통하게 된다.

　그렇다면 진정성 있는 소통은 어떻게 해야 할까?

　큰 소리로 힘주어 말하지 않아도 학생들이 기억하고, 때로는 기다려주고, 때로는 함께 느끼는 것이 진정성 있는 소통이다. 그러려면 마음이 먼저 열려야 한다. 진정한 소통은 말로 하는 게 아니라 마음으로 하는 것이기 때문이다.

4. 스스로의 선택이 존중받는 - 자유

학생들이 좋아하는 수업은 어떤 수업일까?

많은 학생들은 공간적 제약이 없는 자유로운 활동수업이나 자신들의 생각이 맘껏 허용되는 수업을 좋아한다. 아니, 그런 선생님이 만드는 수업을 좋아하는지도 모르겠다. 그래서 운동장 활동이 많은 체육 시간이나 또래끼리 하는 동아리 활동 시간을 좋아하는데 다른 수업 시간에는 그것이 불가능할까 생각해본다. 운동장 수업처럼 교실 공간을 자유롭게 활용하여 이동하며 수업하거나 동아리 활동처럼 학생들이 계획하고 주도하는 학생 중심의 수업을 기획해본다면 학생들이 즐겁고 행복하게 배울 수 있지 않을까?

수업에서의 자리 배치에서부터 교육과정 설계 등은 수업의 주인으로서 학생들을 존중하고 배려하는 것이다. 이러한 교사의 수업은 어떠한 질문도 허용되는 안전하고 자유로운 분위기를 만들며 이는 학생들에게 좋은 수업으로, 성장하는 시간으로 기억될 수 있을 것이다. 특히 독서토론수업에서 이러한 자유로운 공간의 이용은 다양한 사고의 확장과 창의적인 생각을 만드는데 매우 중요한 요소이다. 공간의 자유, 시간의 자유, 교육과정 선택의 자유, 이 모든 것들이 허용되는 수업이라면 우리가 미처 알지 못했던 학생들의 자유로운 성장 또한 기대할 수 있을 것이다. 개인의 선택과 결정이 존중받는, 자유로움이 허용된 작은 사회, 교실 속 수업에서 학생들은 타인뿐 아니라 스스로를 존중하는 방법도 배우게 될 것이다.

5. 자세히 보니 보인다 - 관심

〈풀꽃〉

자세히 보아야 예쁘다
오래 보아야 사랑스럽다
너도 그렇다

　우리가 만나는 아이들의 얼굴도 자세히 보면 참 예쁘다. 오래 보면 더욱 사랑스럽다.
　사랑하니 알게 되고, 알게 되니 그들의 참모습이 보이는 것이다.
　교사는 매일의 수업에서 학생들의 참모습을 마주하게 된다. 그런 선생님이 아이들을 사랑하지 못하면 그 수업은 교사와 학생 모두에게 절망적이다.
　작은 변화 하나에도 관심을 보이고 그들의 목소리와 마음소리에 귀기울이는 선생님의 수업은 따뜻하다. 늘 마주하는 사소한 일상에서 교사가 보여 주는 관심은 학생과의 관계를 더욱 깊게 하고, 그러한 관계는 학생의 적극적인 수업 참여를 가져온다.
　수업을 시작하면서, 아이들을 만나면서 습관처럼 보여주는 관심에 학생들은 보이지 않게 반응하기 시작한다. 서로의 사랑이 움트는 것이다. 수업 중 만나는 학생들의 말 한 마디에 귀기울이고, '왜일까?'를 생각해 보면, 충분히 이해되기도 하고 상처를 보듬어줄 수도 있는 것이다. 자신을 온전히 보여줄 수 있는 어른이자 충분히 믿고 길을 묻고 싶은 어른이 선생님이 될 수 있는 관계, 사랑은 관심이다.

6. 교실 속 민주주의의 뿌리 - 비판

현재 베스트셀러인 『우리의 불행은 당연하지 않습니다』의 저자 김누리 교수가 독일의 교육에는 있고 한국의 교육에는 없는 세 가지를 소개했는데 그 중 한 가지가 정치교육, 즉 비판 교육이다. 우리는 '비판적'이라는 단어에 부정적인 시각을 가지고 있다. 그도 그럴 것이 제대로 된 비판 교육을 받아 본 적이 없었고, 정치에 참여하는 것이 제한되었기에 교실 속 정치교육은 큰 잘못으로 여겼다.

어느 독일 유학생의 말을 빌자면, 독일에서는 교실 수업에서 선생님이 학생들에게 '선생님의 말에 무조건 비판해 보라'는 수업을 한다고 한다.

이렇게 비판 교육을 일상화하여 학생들이 정치에 참여하고, 여러 단체를 만들어 시민 활동을 하는데 이에 대해 교사가 지지 성명을 내고 지자체가 도와주는 등 사회 전반에서 민주주의를 실현하고 있다는 것이다. 우리가 알고 있는 스웨덴의 소녀 환경운동가 '툰베리'도 그런 맥락에서 탄생할 수 있지 않았을까?

우리의 교실을 돌아본다.

우리는 어떻게 학생들로 하여금 문제를 인식하게 하고 비판하게 할 것인가에 대한 고민을 해봐야 하는 시점이다. 비판을 통해 민주주의의 꽃인 자유와 그에 따르는 책임을 실천하는 것이 토론수업에서는 반드시 필요하다.

'모순이 감지되지 않는 순간 교사는 없고 직장인만 남는다'[4]

'가르친다는 것'의 저자 윌리엄 에어스는 이렇게 말한다. 직장인이 아닌 교사라면 이러한 비판 교육에 더욱 관심을 가져야 할 것이고 이 또한 토론 수업에서 꽃 피울 수 있을 것이다.

---

4 가르친다는 것, 윌리엄 에어스, 양철북, 2012

7. 함께하는 아름다움 - 연대

'경쟁을 넘어 협력으로'

토론수업을 경쟁이라고 생각하기 쉽다.

학생들을 수업에 몰입하도록 하기 위해 보상을 주기도 한다. 그로 인해 모둠별, 개인별로 보이지 않는 경쟁을 하게 된다. 경쟁에서 이긴 아이들은 즐겁지만 진 아이들은 쓸데없는 패배감을 갖게 된다.

토론은 물론 승패가 있는 논쟁이지만 수업에서의 토의토론 시에는 경쟁을 부추기기보다는 개인의 발전과 성장에 근거한 수업을 해야 한다.

우리는 사회 전반에서 경쟁 이데올로기에 익숙해져 있다. 그래서 경쟁이 필요하지 않은 곳에서조차 경쟁을 무분별하게 사용하고 있다. 경쟁에서 이기려면 남보다 내가 더 잘 해야 하고, 누군가를 누르고 올라서야 하기에 타인에게도, 자신에게도 중압감을 준다.

교실 속 많은 학생들은 이미 이 경쟁의 물결 속에서 살아가고 있으며 여기에 익숙해져 있다. 그들이 자라서 이 사회를 이끌어갈 때를 생각해 본다면, 우리 교사들이 의식 없이 사용해서 부추기는 경쟁교육은 점검해 볼 필요가 있다. '나 하나만 잘 되는 것'이 아닌 '우리 모두의 행복'을 위하여 서로 협력하고 더불어 살아가는 힘을 길러줘야 하지 않을까?

이러한 협력적 사고는 교사의 철학을 바탕으로 한 수업 속에서 발현될 수 있을 것이다. 토론수업은 경쟁이 아니라 서로 소통하고 공감하며 인정하는 수업이라는 것을, 그리고 함께 행복한 세상을 만들기 위한 수업이라는 것을 몸소 가르쳐야 할 것이다.

8. 손잡고 함께 가는 길 - 인생

"학생들에게 죽음을 어떻게 설명해야 할까요?"

언젠가 강의에서 만난 선생님의 고민이었다.

한 권 읽기로 선정한 도서가 '죽음'을 다루고 있어서 민감한 주제를 어떻게 잘 피해가야 하는지를 고민하는 것이었는데 죽음을 다루기가 쉽지 않은 건 우리에겐 당연한 일이다.

얼마 전 나 또한 수업에서 죽음에 대해 얼핏 이야기했다가 울먹이는 학생을 보며 '삶'과 '죽음'에 대해 생각해 보는 시간을 가져야겠다고 느꼈으니 말이다.

우리가 금기시하는 그 단어들은 영원히 해결할 수 없는, 인간으로서의 굴레이기에 누구에게나 숙명적인 일이다. 그렇다면 '죽음'을 무섭고 힘들게만 생각해야 할까?

카르페디엠과 메멘토모리!

삶은 곧 죽음이고 '어떻게 살아야 하는지'는 곧 '어떻게 죽어야 하는지'와 연결된다.

요즘은 '삶'과 '죽음'을 다룬 그림책도 많이 볼 수 있다.

'인생'이라는 큰 틀에서 삶의 가치를 일깨우고 자신의 철학을 세우는 일, 이 또한 책 속에서 함께 느끼고 공유할 수 있다.

3장

질문을 어떻게 하지?

1. 성공적인 수업의 시작, 질문

성공적인 수업의 첫 단추는 수업을 만드는 교사의 철학에 있다고 할 수 있다. 어떤 교사들이 수업에서의 성공을 경험할까? 미국의 스탠퍼드대학교에서 탁월한 능력을 가진 교사들의 공통점을 연구(1997)한 결과를 'INSPIRE'로 압축했는데 그 내용은 다음과 같다.[5]

특징	내용
Intelligent(지적인)	교수학습방법 및 교과목에 대한 전문적인 지식이 있음
Nurturant(자애로운)	양육과 같이 학생과의 공감대 형성을 위해 노력함
Socratic(소크라테스식)	문답식 대화로 수업을 진행함. 80~90%는 대화와 질문, 문답을 통해 수업을 진행하고 직접 정보를 전달하거나 설명하는 것은 5%의 비율로 진행함
Progressive(진보적인)	외부 자극에 의해 한 단계 높은 수준으로 끌어올릴 수 있다고 믿음. 비고츠키의 근접 발달 이론이나 구성주의적 인지적 도제 이론과 그 맥을 같이함
Indirect(간접적인)	직접적인 피드백이 아니라 간접적인 방법을 통해 학생들이 잘못된 부분을 깨닫도록 함. 즉, 학생의 잘못을 즉석에서 수정하는 것이 아니라 또 다른 질문을 통해서 학생이 스스로 잘못을 찾아내고 깨닫게 함
Reflective(반성·성찰)	질문을 통해 학습과정에 대한 성찰을 하게 함
Encouraging(격려하는)	학생의 동기적 측면을 강조하는 특성으로 동기 부여에 관심을 갖고, 즐겁고 도전적이면서도 비권위적인 학습환경을 구축함

표를 보면 탁월한 능력을 가진 교사들의 공통점은 영감(Inspire)을 주는 것이다. 학생들에게 영감을 주기 위해서 교사는 교과 전문성을 갖는 것은 물론, 따뜻하고 허용적인 분위기에서 대화와 질문을 통해 학생들이 성장하도록 학습 환경을 구축해야 한다. 이러한 교사의 자질은 토의토론수업에서 더욱 요구된다고

---

5   기적의 수업 멘토링, 김성효, 행복한 미래, 2013

할 수 있다. 그렇다면 토의토론 수업에서 가장 중요한 것은 무엇일까?

서로 다른 생각을 통해 창의적으로 문제를 해결하고 자기의 생각을 만들어가는 이 수업에서 가장 중요한 건 문제 인식이다. 같은 상황에서도 다르게 바라보는, 새롭게 생각해 보는 것, '왜?'라고 질문할 수 있는 것, 이것이 개인과 사회의 변화와 발전의 시작이 되는 것이다.

사과나무에서 사과가 떨어지는 것을 보고도 아무런 생각을 하지 못하는 사람, 떨어진 열매에 집중하는 사람, '사과가 왜 떨어졌을까?'를 생각하는 사람 사이에는 많은 차이가 생겨난다.

'왜?'라는 질문을 한 뉴턴이 있었기에 우리는 중력의 법칙을 알게 되었고 이러한 세상의 법칙을 토대로 삶을 발전시켜나갈 수 있었다.

또 라이트형제는 어떤가? '왜 사람은 날 수 없을까?'라는 질문을 하면서 비행기라는 인류 최대의 발명품을 만들었다. 비행기는 사람과 사람 사이의 거리를 좁혀 전 세계를 '지구촌'이라는 하나의 문화공간으로 만들지 않았던가? 에디슨이, 마담 퀴리가, 아인슈타인이 그랬다. 그들은 질문을 통해서 새로운 것을 발명했고 그것은 인류의 발전에 크게 기여했다.

이렇듯 탁월한 교사들은 질문하는 수업을 한다. 수업 현장에서 만나는 많은 선생님들이 질문 수업에 대한 어려움을 토로한다. 질문을 어떻게 하느냐에 따라 수업의 방향이 달라지기도 하기에 질문은 참 중요하다. 질문의 내용도 중요하지만 질문의 종류와 방법, 질문의 시기 등도 수업의 흐름에 상당한 영향을 미친다.

그것은 가정에서도 마찬가지다. 유대인의 하브루타처럼 부모와 아이가 마주앉아 질문을 하고 대화를 하는 시간을 갖는 가정이 얼마나 될까? 혹여 질문을 하더라도 확산적이고 열린 질문을 하기보다 수렴적이고 닫힌 질문을 하는 경우가 많다. 그도 그럴 것이 부모나 교사들 같은 기성세대들은 질문하는 공부를 하지 않았다. '예', '아니오'로 답하고 답을 얻기 위한 질문들에 익숙했던 지난날의 학교 수업에서 질문에는 '답'이 있어야 한다고 학습되어진 것이다. 그래서 질문에 대한 답이 정답이 아닐까봐, 남들이 비웃을까봐 망설이고 주저하게 된다. 언젠가 EBS에서 방영된 다큐프라임 한국의 교육시리즈 '왜 우리는 대학에 가는가'라는 다큐멘터리는 가히 충격적이었다. 2010년 서울에서 열린 G20 폐막식 현장에서 미국의 오바마 대통령이 개최국 역할을 한 한국 기자들에게 계속 질문권을 주었으나 아무도 질문하지 않았다. 이 민망한 상황을 중국 기자가 대신 질문함으로써 넘겼던 영상은 우리에게 많은 시사점을 주었다. 왜 한국의 기자들은 질문하지 않았을까? 아니, 왜 질문을 못 했을까?

질문은 허용적이고 안전한 분위기에서 시작된다. 질문을 하는 것이 질타의 대상이 되고 비판적으로 받아들여질 때 더 이상 질문은 존재하지 않는다. 또 같은 답을 찾아내는 질문은 질문이 아니다. 호기심이 질문으로 연결될 수 있을 때 진정한 '앎'이 생겨난다. 궁금함이 많은 한 아이를 교육을 통해 성장시키기 위해서는 교실이, 수업이, 가정이 바뀌어야 하지 않을까? 자유롭게 질문하고 대화하면서 창의적으로 사고하고, 서로 공감하고 소통하며 자기를 존중하고 타인을 배려할 수 있는 성숙한 인간으로 자랄 수 있도록 돕는 것, 이 행복한 성장을 위하여 '질문하는 문화'는 반드시 필요하다.

그것을 가정에서든 학교에서든 쉽게, 가볍게 시도해 보았으면 한다.

2. **질문으로 시작하는 놀이 토론**

1) 6하 원칙으로 질문하기

　질문을 처음 만들 때 어떻게 만들어야 할지 잘 모르는 경우에 활용하면 좋다. 하브루타 질문 만들기를 하거나 책을 읽고 질문 만들기를 할 경우에 질문의 종류를 먼저 숙지하게 하고 질문을 만들어 분류하는 경우가 많은데, 질문을 분류해서 만드는 것보다는 다양하게 질문을 만들어 보고 질문의 종류별로 분류해 보는 것을 추천한다. 하지만 질문 만들기를 어려워하거나, 질문을 처음 만들 때는 6하 원칙을 먼저 염두에 두고 질문 만들기를 시작해 봐도 괜찮다. 6하 원칙을 이용하여 질문 만들기는 누가, 언제, 어디서, 무엇을, 어떻게, 왜라는 6하 원칙을 넣어서 만드는 것이다. 예를 들어 책을 읽고 질문 만들기를 한다면 다음과 같다.

【예시1】 책의 내용이나 사실을 6하 원칙으로

6하 원칙	슈퍼거북
누가	토끼와 거북이 1편에서는 **누가** 경주에서 이겼나요?
언제	슈퍼거북이 거울을 보고 깜짝 놀란 것은 **언제**인가요?
어디서	슈퍼거북은 **어디서** 빨리 달리는 방법들을 찾아보았나요?
무엇을	슈퍼거북은 토끼의 도전장을 받고 제일 먼저 **무엇을** 했나요?
어떻게	슈퍼거북은 **어떻게** 경주에 참여하게 되었나요?
왜	슈퍼거북은 **왜** 천 년은 늙은 것 같았나요?

【예시2】 책을 읽고 난 느낌이나 생각을 6하 원칙으로

6하 원칙	슈퍼거북
누가	책에서 토끼와 슈퍼거북 중 **누가** 이기길 원했나요? 그 이유는?
언제	슈퍼거북과 같은 경험을 한 적이 있나요? **언제**인가요?
어디서	토끼와 거북이 **어디서** 경주를 하면 공평할까요?
무엇을	책을 읽고 **무엇을** 알게 되었나요? **무엇을** 느꼈나요?
어떻게	경주에 이긴 토끼는 **어떻게** 되었을까요?
왜	슈퍼거북은 **왜** 편하게 깊은 잠을 잘 수 있었을까요?

【예시1】은 책의 내용이나 사실을 파악하는 질문이고, 【예시2】는 책을 읽고 난 후의 다양한 생각이나 느낌, 뒷이야기를 상상하거나 나의 입장에 적용하는 등 작품 전반의 주제를 아우르는 질문이라고 할 수 있다. 이러한 질문은 하브루타 질문의 종류 4가지와도 크게 다르지 않다.

2) 핵심키워드로 질문하기

작품을 읽고 주제를 찾아볼 때 좋다. 핵심키워드를 찾는 건 글의 전반적인 주제를 잡아서 흐름을 파악하는 것이기에 글쓰기를 할 때도 좋다.

여기서 키워드는 처음부터 '핵심'이 아니어도 좋다. 책을 읽고 가장 많이 떠오르는 단어나 느낌을 찾아보는 것부터 접근한다면 쉽게 활용할 수 있다. 만약에 '홍길동전'을 읽고 난 후 '의적', '도적', '서자', '백성', '부당함', '아버지' 등의 키워드가 나왔다면 그러한 키워드를 넣어 질문을 만들 수 있다. 가장 많이 나온 키워드를 가지고 반 전체 학생들이 다양한 질문을 만들어도 좋고, 각자의 키워드로 질문을 만들어 반 전체의 질문을 뽑아도 좋다.

【예시】 홍길동전을 읽고 키워드로 질문 만들기

키워드	질문
의적	홍길동은 **의적**인가?
서자	**서자**는 왜 과거시험을 볼 수 없었을까?
백성	**백성**이 굶주리는 정치는 누구의 잘못인가?
부당함	홍길동을 처벌하는 것이 **부당**한가?
도적	굶주림에 **도적**질을 한다면 처벌하는 게 옳은가?(장발장 연계)
아버지	홍길동의 **아버지**는 홍길동을 사랑했을까?

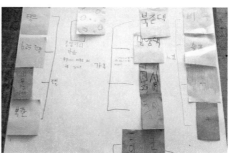

1-핵심키워드 찾기　　　　　　　　　　　　2-질문 만들기

3) 질문 놀이

　질문하기를 놀이처럼 쉽고 재미있게 하기 좋다. 서먹서먹한 학기 초에 활용하면 친밀감을 높일 수 있고 질문에 어렵지 않게 접근할 수 있다.
　질문 놀이 방법은 다음과 같다.

- 의자를 가장자리로 밀어내고 바닥에 크고 동그랗게 원을 그려 앉는다.
- 각자 새 학년이 되어서 갖게 된 고민이나 궁금한 점 등을 질문지에 쓴다.
- 질문지를 원의 가운데에 보이지 않게 뒤집어 놓는다.
- 먼저 선정된 사람이 질문지를 무작위로 뽑아서 질문한다.

- 질문에 답을 하고 싶은 사람 순으로 이야기 나눈다.
- 한 바퀴 돌고 난 후 소감을 나눈다.

* 질문지는 A4용지를 반으로 잘라 이용한다.
* 질문은 열린 질문, 닫힌 질문 모두 가능하다.
* 질문에 대해 생각을 이야기할 때는 근거를 들어 이야기한다.(4단 논법)
* 색종이를 질문지로 이용할 경우 비행기 날리기를 응용해도 좋다.

【예시】6학년이 만든 질문의 예

순	질문
1	친구와 화해해 본 경험이 있나요?
2	지금 행복한가요? 그 이유는 무엇인가요?
3	이성 교제에 대해 어떻게 생각하나요?
4	책을 많이 읽는 사람이 똑똑할까요?
5	학원을 다니는 것이 공부에 도움이 될까요?

3-질문에 대해 이야기하기   4-질문 뽑기

4) 질문 갤러리

질문을 만들고 공유해서 최고의 질문을 선정하는 것을 말한다. 교실 공간을 다양하게 사용하여 학생들이 공간을 자유롭게 활용하면서 갤러리 활동을 하면 더욱 좋다.

질문 갤러리 활동은 다음과 같은 순서로 한다.

- 책을 읽고 질문 만들기를 한다.(붙임딱지)
- 질문을 책상 위에 붙인다.
- 여러 모둠을 다니면서 질문을 본다.
- 이야기를 나누고 싶은 질문을 골라 스티커를 붙여준다.
- 스티커를 많이 받은 질문을 우리 반 최고의 질문으로 선정한다.
- 최고의 질문으로 토의·토론한다.

    * 모둠에서 질문이 많을 때 질문 선정 방식 : 피라미드

    * 갤러리 활동 시 질문 선정 방식 : 다중투표, 브레인라이팅

    * 우리 반 최고의 질문 선정 시 토의 토론 방식 : 신호등

| 5-질문 갤러리 | 6-질문에 스티커 붙이기 |

5) 디딤돌 질문 학습지

협동학습의 강제 결합법을 응용한 토론 방법이다. 서로 관련이 없는 낱말과 토론의 주제를 강제로 연결하여 새로운 아이디어를 도출하거나 문제를 해결하

는 토론 방법이다. 어울릴 것 같지 않은 낱말이 결합하지만 묘하게 조화를 이루고 신기하게 창의적인 아이디어가 도출되는 토론의 방법이다.

- 토론의 주제를 학습지 가운데 붙인다.
- 모둠별로 선택한 단어(낱말) 붙임딱지를 토론 주제 위에 덧붙인다.
- 단어와 함께 연상되는 낱말을 두 번째 원에 쓴다.
- 가운데 덧붙인 단어 붙임딱지를 떼어낸다.
- 두 번째 원의 낱말과 토론 주제를 강제로 연결짓는다.
- 주제에 대한 해결방안이나 새로운 아이디어를 모둠별로 발표한다.

【예시】 디딤돌 질문 학습지 토론

질문 놀이에서 나온 질문 중의 하나인 '어떻게 하면 집중력을 높일 수 있을까?'를 주제로 선정하고 디딤돌 학습지를 모둠별로 나누어 준다.

디딤돌 학습지의 중앙 작은 원 안에 주제를 적은 다음 그 위에 붙임 딱지를 붙인다. 붙임 딱지에 제일 좋아하는 것을 적는데, 이 때 과일, 동물, 식물, 사람 등 범위를 구체적으로 제시하면 좋다. 붙임딱지에 적은 '좋아하는 것'과 연상하여 생각나는 것을 두 번째 원 안에 적는다. 마지막으로 붙임 딱지를 떼어내고 주제와 두 번째 원의 내용을 결합하여 마지막 원에 해결 방안을 적는다.

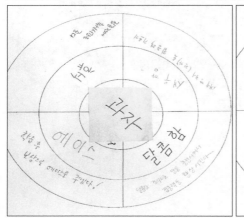

7-단어와 강제 결합하기

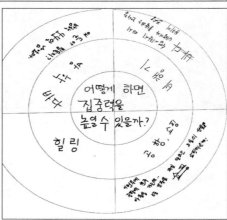

8-주제에 맞는 해결 방법 찾기

6) 비주얼씽킹 질문 놀이

'비주얼씽킹'을 활용한 질문 방법이다. '비주얼씽킹'이란 생각이나 정보를 글과 그림으로 표현하는 것이다. 우리 뇌는 텍스트보다 이미지를 더 좋아하고 이미지로 더 많은 정보를 저장한다. 비주얼씽킹 질문 놀이는 책을 읽고 간단한 그림을 그려보고 거기에서 연상되는 질문을 만들어보는 것이며, 이로써 좀 더 폭넓은 질문을 만들 수 있다.

- 책을 읽고 연상되는 그림 카드를 고른다.
- 그림 카드를 보고 떠오른 느낌이나 단어를 붙임 딱지에 쓰고 카드 뒤에 붙인다.
- 단어를 보고 연상되는 그림을 그린다.
- 그림을 보고 질문을 만든다.
- 모둠별로 서로의 질문을 공유한다.
- 질문을 주제로 토론하거나 글쓰기를 해도 좋다.

【예시】『몽실언니』에 대한 비주얼씽킹 질문 놀이의 예

순	질문
1	어떤 엄마가 더 좋은 엄마일까?
2	몽실이의 마음은 왜 구름일까?
3	사람은 왜 전쟁을 할까?
4	왜 빈부격차가 있을까?
5	북한 사람들은 왜 우리를 공격했을까?

9-그림카드 고르기   10-비주얼씽킹(몽실언니)

7) 꼬리물기 질문 놀이

질문에 질문으로 꼬리를 물고 계속 질문하는 것을 말한다. 꼬리물기 질문의 장점은 어렵지 않게 질문을 이어갈 수 있다는 것이고, 질문의 대상과 질문자가 서로에 대해 잘 알게 되며 모두가 참여할 수 있다는 것이다. 꼬리물기 질문 놀이를 할 경우, 질문자는 계속 질문만 하고 대답하는 사람은 계속 대답만 한다. 그 다음으로 질문자와 답변자가 서로 역할을 바꾸어 질문을 한다. 다음은 꼬리물기 질문의 예이다.

【예시 1】삶과 연결된 꼬리물기 질문

횟수	역할	질문
1	질문	어떤 계절을 좋아하나요?
	대답	가을을 좋아합니다.
2	질문	왜 가을을 좋아하나요?
	대답	독서의 계절이라서요.
3	질문	독서한 책 중 가장 좋았던 책은 어떤 책인가요?
	대답	행복한 왕자요.
4	질문	당신은 언제 행복을 느끼나요?
	대답	친구와 같이 놀 때요.
5	질문	어떤 친구가 좋은 친구인가요?
	대답	잘 이해해주는 친구요.

위는 실제 수업에서의 꼬리물기 질문의 예이다. 위와 같은 경우, 다섯 번의 꼬리물기 질문을 했는데 처음 질문의 내용과 마무리된 대답의 내용은 달라져 있는 걸 확인할 수 있다. 이처럼 꼬리물기 질문은 서로를 깊이 있게 알아가는 데 효과적이며 질문을 통해 사고가 다양하게 확장된다는 걸 알 수 있다. 질문하기를 힘들어하는 아이들도 이처럼 자신의 삶과 연결된 질문에서만큼은 거부감 없이 질문을 할 수 있다. 질문을 처음에 시작할 때는 이렇게 자신의 삶을 중심으로 질문하고, 익숙해지면 책을 읽고 간단한 질문을 시작하거나 그림을 보고, 음악을 듣고도 다음과 같이 할 수 있다.

【예시 2】책을 읽고 꼬리물기 질문

횟수	역할	흥부전을 읽고 꼬리물기 질문
1	질문	책을 읽고 가장 좋았던 인물은 누구인가요?
	대답	흥부요.
2	질문	흥부의 어떤 점이 좋았나요?
	대답	착하고 제비를 도와준 점이 좋았어요
3	질문	누군가를 도와준 경험이 있나요?
	대답	코로나로 힘든 의료진께 편지를 쓰고 선물을 보냈어요.

4장

토론 방법을
잘 모르겠다면?

1. 토의와 토론

> **토의**(討議) : 어떤 문제에 대하여 검토하고 협의함
> **토론**(討論) : 어떤 문제에 대하여 여러 사람이 각각 의견을 말하며 논의함

'토의(討議)'는 어떤 문제에 대하여 검토하고 협의하는 것을 말하고, '토론(討論)'은 어떤 문제에 대하여 여러 사람이 각각 의견을 말하며 논의하는 것을 말한다.

'토의'와 '토론'의 목적은 서로 다른데, '토의'는 어떠한 사안에 대해 '협의'하는 것이 목적이고, '토론'은 '찬반 토론'처럼 서로 다른 주장을 가지고 있는 사람들이 자기의 주장을 펼쳐 상대방을 설득하는 것이 목적이다.

이 책에서는 토의와 토론을 크게 나누지 않고 전반적으로 수업에서 이루어지는 토의와 토론을 아울러서 토론이라고 지칭하도록 한다.

2. 토의 토론 종류와 방법

1) 하브루타 토의토론

○ 하브루타란?

하브루타의 어원은 히브리어의 '하베르(친구, 짝, 파트너)'에서 유래한 것으로, 짝을 지어 질문하고 대화하고 토론하고 논쟁하는 것[6]을 말한다.

○ 하브루타의 유형
- 짝 하브루타 : 2명, 질문 만들기, 대화하기(질문과 대답), 토론, 논쟁
- 모둠 하브루타 : 4명~5명, 대화하기(질문과 대답) 토론 및 논쟁
- 전체 하브루타 : 반 전체 인원, 발표, 의견 모으기(질문과 대답), 토론, 논쟁
- 쉬우르 : 교사와 학생, 대화하기(질문과 대답), 의견 모으기 및 정리

○ 하브루타의 좋은 점
- 모든 학생이 수업에 참여할 수 있다.
- 특별한 준비와 많은 시청각 자료 없이도 모든 교과 수업에 적용할 수 있다.
- 학생들 스스로 질문을 만들어 대화하고 토론하기 때문에 오래 기억할 수 있고, 분석력, 논리력, 창의력과 더불어 비판적인 사고를 키울 수 있다.
- 친구에게 배운 내용을 설명하며 복습, 요약하여 메타인지가 상승한다.
- 친구와 함께 활동하며 대화로 소통하고 협력할 수 있어서 인성교육 측면에서도 도움이 된다.
- 친구와의 대화를 통해 자연스럽게 의사소통 능력 및 문제 해결 능력이 향상

---

6 질문이 있는 교실, 하브루타수업연구회, 경향BP, 2015

되고, 상대방의 말을 경청하는 법을 익힐 수 있다.
- 나와 다른 의견을 가진 친구를 설득하고 이해시키려는 노력을 통해 소통, 협력하는 방법을 배우고 관계의 중요성을 체험하게 된다.

○ 하브루타 수업의 원리
- 전달하고 외우는 교육이 아닌, 토론하고 생각해서 원리를 알아내는 교육이다.
- 질문이 핵심이다.
- 학생이 틀린 답을 말해도 정답을 알려주지 않고 다시 질문으로 답한다.
- 하브루타 전에 충분히 내용에 대해 알게 한다.
- 아이가 생각하고 판단하고 결정하고 행동하게 한다.
- 사고력 신장이 목적이다.
- 학생의 그 어떤 대답도 막지 않고 수용한다.
- 학생의 대답에서 구체적인 근거를 들어 칭찬한다.
- 남과 다르게 생각하도록 격려한다.
- 학생이 모르는 것은 스스로 찾아보게 한다.
- 많은 내용을 다루기보다는 한 내용에 대해 깊이 하는 것이 좋다.
- 다소 어려운 내용도 쉬운 용어로 질문하여 학생들에게 생각하게 하는 것이 좋다.
- 하브루타는 경쟁이 아니라 협력이다.
- 모든 과정은 '논리'를 바탕으로 해야 한다.

○ 하브루타 기본 과정
- 도입(동기) 하브루타 : 여러 가지 게임이나 놀이로 학생들의 뇌를 깨우기
- 사실(내용) 하브루타 : 텍스트를 읽고 사실적 내용 이해하기
- 상상(심화) 하브루타 : 상상을 자극하는 질문을 통해 마음껏 상상하기
- 적용(실천) 하브루타 : 실생활에서 실천하고 적용하기
- 종합(메타) 하브루타 : 종합하고 정리하기, 또는 사고 확장하기

2) 하브루타 수업 모형

(가) 질문 중심 하브루타

질문 만들기 → 짝 토론 → 모둠 토론 → 발표 → 쉬우르(교사 : 학생 전체)

① 책 읽고 질문 만들기

② 만든 질문으로 둘씩 짝지어 토론하기

③ 짝과의 질문 중에서 최고 질문 뽑기

④ 최고의 질문 뽑아서 모둠 토론하기

⑤ 토론 내용 정리하여 발표하기

⑥ 교사와의 쉬우르

* 쉬우르: 랍비와의 수업을 뜻하는 히브리어로 수업 마지막 단계에서 선생님과 함께 배운 것을 총정리하는 것

구분	내용	하브루타 질문의 예시
사실(내용) 하브루타	본문에 있는 내용, 내용의 사실 파악	○ 누가/언제/어디서/무엇을/어떻게/왜 했나? ○ ~는 무슨 뜻인가? ~이 ~인가? ○ 어떤 일이 일어났나? ○ 네 생각은? 네 선택은? ○ ~을 했을 때 좋은 점? 나쁜 점? ○ ~에서 너의 느낌은?
상상(심화) 하브루타	본문에는 나와 있지 않지만 읽어 보고 상상할 수 있는 문제	○ ~가 ~였다면? ○ 어떻게 해야 할까? ○ 왜 ~했을까? 원인은? ○ 어떤 마음이었을까? 어떤 생각이었을까? ○ 만약 ~라면? 만약 ~했다면? 만약 ~한다면? ○ ~가 중요할까?
적용(실천) 하브루타	나, 다른 사람에게 적용해 보는 문제	○ 너(나)라면 어떻게 행동/선택할 것인가? ○ 너(나)는 ~가 한 행동이 적절한 행동이었다고 생각하니? ○ 너(나)에게 중요한 것은 무엇이며 어떻게 살 것인가? ○ 네(내)가 ~라면 ~할 것인가? ○ 비슷한 경험이 있나? 그 때 어떻게 했나? ○ 비슷한 상황이 된다면 너는 어떻게 할 것인가?

| 종합(메타)
하브루타 | 시사점이나
교훈,
반성할 점 | ○ 내가 주인공이 되어 이야기를 다시 만들어 본다면?
○ 이야기를 간단히 요약해서 말하면?
○ 전체 이야기를 읽고 난 내 느낌은?
○ 가장 많이 떠오른 생각과 나에게 주는 교훈은? |

【예시】 동요로 하브루타 질문 만들기

- 대상학년: 3학년
- 주제: 토끼 프로젝트(배려와 나눔)
- 제재: 동요 '옹달샘'
- 내용: 동물을 좋아하는 3학년 학생들에게 '토끼'에 대해 생각나는 이야기나 노래가 무엇인지 이야기하게 한다.(3학년이 토끼띠라는 걸 감안) 동요' 옹달샘'을 들려주고 질문 만들기를 한다. 쉽게 할 수 있는 사실 질문부터 질문을 다양하게 만들어 보고 질문의 종류를 분류해 보는 것이 좋다. 질문에 대한 다양한 생각을 나누어 보는 것을 통해 배려와 나눔의 정신을 새겨보는 것이 이 수업의 의도이다.

【예시】 '옹달샘'을 듣고 만든 질문의 예

순	질문	구분
1	옹달샘은 어디에 있나요?	사실 하브루타
2	옹달샘을 찾아온 동물은 누구인가요?	사실 하브루타
3	어떻게 옹달샘이 생겨났을까요?	상상 하브루타
4	왜 달밤에 숨바꼭질을 할까요?	상상 하브루타
5	왜 세수하러 왔다가 물만 먹고 갔을까요?	상상 하브루타
6	옹달샘이 맑게 유지되는 까닭은 무엇인가요?	상상 하브루타
7	무엇인가를 하려다가 다른 일만 한 적이 있나요?	적용 하브루타
8	내가 토끼라면 세수를 했을까요?	적용 하브루타
9	내가 동요를 만든다면 어느 부분을 바꾸고 싶은가요?	종합 하브루타
10	동요를 듣고 떠오르는 생각은 무엇인가요?	종합 하브루타

11-질문 만들기   12-하브루타 학습지

(나) 논쟁 중심 하브루타

논제 조사하기 → 짝 논쟁 → 모둠 논쟁 → 발표 → 쉬우르(교사 : 학생 전체)

① 책 속에서 논제 정하기
② 논제에 대한 찬성, 반대 입장 정하기
③ 각 입장에 따른 자료 조사하기
④ 찬, 반으로 나누어 둘씩 짝지어 논쟁하기(1:1)
⑤ 짝과의 논쟁을 통해 입장 정하기
⑥ 각 입장 내놓고 모둠 안에서 토론하기(2:2)
⑦ 모둠별로 입장 정하고 근거 정리하여 발표하기(4:4논쟁도 가능)
⑧ 교사와의 쉬우르

【예시】책 읽고 논쟁 중심 하브루타하기

- 대상학년: 4학년
- 도서: 프레드릭
- 논제: 프레드릭의 삶이 들쥐의 삶보다 행복하다
- 내용: 책을 읽고 책 속의 내용을 나눈 후 질문 만들기 하브루타를 통해서 논제를 정한다. 논제에 대한 자신의 입장을 정하여 근거를 생각한다. 짝과 나누어 찬성, 반대 토론을 한 후 같은 입장으로 통일한다. 모둠 안에서 2:2 토론을 통해 한 가지 입장을 정리하여 다른 모둠과 토론하거나 정리한다.

(다) 비교 중심 하브루타

비교 대상 정하기 → 짝 토론 → 모둠 토론 → 발표 → 쉬우르(교사 : 학생 전체)

① 비교 대상 선정하기
② 비교 대상에 대해 자세히 자료 조사하기
③ 질문 만들기
④ 질문을 사실, 상상, 적용, 종합 질문으로 구분하여 순서를 정하기
⑤ 1:1로 짝을 지어 토론하기
⑥ 짝 별로 좋은 질문 1~3개 고르기
⑦ 고른 질문을 가지고 모둠 토론하기
⑧ 모둠 최고의 질문을 뽑아 모둠 토론하기
⑨ 모둠별 토론 내용 발표하기
⑩ 교사와의 쉬우르

【예시】사회과 비교 중심 하브루타하기

- 대상학년: 5학년
- 주제: 코로나 전의 공항 모습과 코로나 후의 공항 모습 그림
- 내용: 두 그림을 보고 각각의 그림에 대해 알아보고 질문 만들기를 한다. 나의 질문 중 최고 의 질문으로 짝 토론을 하고, 짝과 함께 선정한 최고의 질문으로 모둠 토론을 한다.

13-북적이는 공항   14-한산한 공항

순	질문
1	사람들은 공항을 왜 이용할까요?
2	오른쪽 사진의 공항에는 왜 사람이 없을까요?
3	왼쪽 사람들의 표정은 어떤가요?
4	공항에서 일하는 사람들은 어떤 기분일까요?
5	코로나로 인해 불편한 점은 무엇인가요?
6	코로나를 이기기 위한 방법은 무엇이 있을까요?
7	왜 이런 현상이 생겼을까요?
8	비행기가 우리에게 주는 편리함은 무엇인가요?
9	공항이 없어진다면 어떤 일이 생길까요?
10	환경을 지키기 위한 방법은 무엇이 있을까요?

(라) 친구 가르치기 하브루타

> 내용 공부하기 → 친구 가르치기 → 배우면서 질문하기 → 입장 바꾸기 → 이해 못한 내용 교사에게 질문하기 → 쉬우르

① 짝끼리 공부할 범위 나누기
② 각자 맡은 부분 철저하게 공부해오기
③ 한 친구가 먼저 가르치기
④ 배우는 친구는 배우며 적극적으로 질문하기
⑤ 입장을 바꿔 다른 친구가 가르치기
⑥ 배우면서 적극적으로 질문하기
⑦ 서로 토론하면서 이해하지 못한 내용 질문하고 정리하기
⑧ 교사와의 쉬우르

【예시】책을 읽고 친구 가르치기 하브루타하기

> - 대상학년: 6학년
> - 도서: 마지막 왕자
> - 주제: '경순왕과 마의태자'에 대해서 서로 공부해서 가르치기
> - 내용: 책 '마지막 왕자'를 읽고 고려의 마지막 왕 '경순왕'과 그의 아들 '마의태자'에 대해 조사하여 공부해 보고 친구에게 선생님이 되어 가르친다. 이 때 확실하게 공부하여 준비하고 서로에게 적극적으로 질문하며 내용을 이해한다. 역할을 바꾸어가면서 짝을 정해서 가르치고 배우는 중 토론도 할 수 있다.

(마) 문제 만들기 하브루타

> 문제 만들기 → 짝과 문제 다듬기 → 모둠과 문제 다듬기 → 문제 발표 → 쉬우르

① 맡은 부분 자세히 공부하기

② 문제 만들기(객관식, 주관식, 서술식 등)

③ 둘씩 토론하여 문제 다듬기

④ 짝과 좋은 문제 골라내기

⑤ 모둠별로 토론하여 문제 다듬기

⑥ 모둠에서 좋은 문제 골라내기

⑦ 골라낸 문제를 출제한 의도 정리하기

⑧ 모둠별로 발표하기

⑨ 교사와의 쉬우르

【예시】 책을 읽고 문제 만들기 하브루타하기

- 대상학년: 6학년
- 도서: 그 많던 싱아는 누가 다 먹었을까
- 시기: 한 권 읽기 프로젝트 정리할 때
- 내용: 문제 만들기 하브루타는 내가 만약 문제를 출제한다면 어떤 문제를 낼지를 생각하고
  만들어야 하기 때문에 단원을 자세히 공부하기에 좋다. 주로 수학과나 과학과, 사회과
  등 공부할 내용이 많거나 지식이 필요한 단원에서 하면 스스로 공부하는 역량을 기르
  는 데 효과적이다. 박완서 작가의 '그 많던 싱아는 누가 다 먹었을까'는 우리나라의 역
  사와 문화, 지리에 관한 요소가 많아서 문제를 만들며 공부하면 오래도록 기억되기에
  효과적인 방법이다.

하브루타 질문 대화 Tip!

- 학생들의 삶과 연계된 질문으로 시작한다.
- 학생들의 관심사를 꼬리물기 질문으로 이어가면 쉽게 질문할 수 있다.
- 동요, 동시, 그림, 한 문장을 보고도 질문을 만들 수 있다.(예체능 연계)
- 질문을 만들고 짝끼리 대화하는 시간을 규칙적으로 갖도록 한다.

3) 브레인라이팅 토론

- 4~6명의 소집단을 구성하고 모둠판과 붙임 딱지를 나누어 준다. 모둠판은

한 모둠에 하나씩 나누어 주고 붙임 딱지는 1인당 5매 정도가 좋다.
- 질문을 통해 만들어진 논제(의제)를 제시한다. 논제는 모든 학생이 이해할 수 있도록 하여, 논제에 대한 서로의 이해가 달라서 토의·토론이 겉도는 것을 방지한다.
- 학생은 먼저 개인적인 의견을 붙임 딱지에 적는다. 만약 5개를 나누어 주었으면 개인이 5개의 의견을 적게 한다. 예를 들어 4명이 한 모둠이라면 20개의 의견이 나오는 것이다.
- 학생이 적은 붙임딱지들을 모둠판에 임의로 붙여 놓고 같은 종류로 분류한다. 임의로 붙인 붙임딱지들을 토의·토론을 통해 4~5개의 하위 주제로 분류하게 한다. 가능하면 중복되거나 빠지지 않고 전체를 아우르는 하위 주제가 되도록 한다.
- 분류된 붙임딱지를 대표할 만한 상위 제목을 적어서 위에 붙인다. 분류된 내용들의 상단에 대표할 만한 하위 주제를 적는다. 이 때 다른 색깔의 붙임딱지를 활용하여도 좋다.
- 소집단별로 발표한다. 과제가 완성되면 모둠별로 임의의 모둠원이 발표할 기회를 가진다.

15-개인 의견을 붙임딱지에 적기   16-같은 내용별로 유목화하기

4) 신호등 토론

- 논제를 정할 때 많이 사용한다.

- 신호등의 색깔로 찬성(초록), 반대(빨강), 중립(노랑)의 의사를 표현한다.
- 논제에 대하여 자신의 생각을 신호등 카드로 표시한다.
- 토론 후 자신의 생각을 다시 표시한다.
- 학생들의 생각을 한 눈에 알 수 있다는 장점이 있다.

신호등 카드 쉽게 만드는 방법	빨간색, 초록색, 노란색 양면 색종이를 하드보드지에 붙이거나 A4 코팅지로 코팅한다.		
신호등 카드	찬성	반대	중립

17-각자의 의견 표시하기

18-논제 정하기

5) 짝 토론

순	발언자	내용	방식	시간
1	찬성 측 토론자	찬성 측의 주장과 근거 제시	입안(주장 펼치기)	1-2분
2	반대 측 토론자	찬성 측의 주장과 근거에 대한 반론 및 질문	반론(교차 질의)	2-4분
3	반대 측 토론자	반대 측의 주장과 근거 제시	입안(주장 펼치기)	1-2분
4	찬성 측 토론자	반대 측의 주장과 근거에 대한 반론 및 질문	반론(교차 질의)	2-4분

6) 2:2 토론

순	발언자	내용	방식	시간
1	찬성 측 첫 번째 토론자	찬성 측의 주장과 근거 제시	입안(주장 펼치기)	1-2분
2	반대 측 첫 번째 토론자	반대 측의 주장과 근거 제시	입안(주장 펼치기)	1-2분
3	반대 측 두 번째 토론자 → 찬성 측	찬성 측의 주장과 근거에 대한 반론 및 질문	반론(교차 질의)	2-4분
4	찬성 측 두 번째 토론자 → 반대 측	반대 측의 주장과 근거에 대한 반론 및 질문	반론(교차 질의)	2-4분
5	반대 측 첫 번째 토론자	반대 측의 주장 정리 및 강조	주장 다지기	1-2분
6	찬성 측 첫 번째 토론자	찬성 측의 주장 정리 및 강조	주장 다지기	1-2분

19-토론 모둠판

20-브레인라이팅으로 한 2:2 토론

7) PMI 토론

- 책을 읽는다.
- 책을 읽고 나서 주제에 대해 생각해 본다.
- 주제에 대한 장점(Plus), 보완할 점(Minus), 흥미로운 점(Interest)을 찾아본다.
- 모둠원끼리 이야기 나누고 발표한다.

- 토론 후 느낀 점을 나눈다.

【예시 1】 책을 읽고 PMI 토론하기

- 대상학년: 4학년
- 도서: 소리질러 운동장
- 주제: 주인공(공희주, 김동해) 인물탐구
- 내용: 책을 읽고 주인공의 성격을 알아보고 주인공의 장점, 단점, 흥미로운 점 등을 모둠별 토론을 통해 정리해 본다. 모둠별로 각각 책 속의 다른 인물을 설정해서 PMI 토론을 하고 전체적으로 공유하면 다양한 이야기들이 나올 수 있고 인물의 특징이나 성격을 파악하는 데 도움이 된다.

【예시 2】 책을 읽고 PMI 토론하기 - 인물 탐구(공희주)

P(좋았던 점)	M(부족했던 점)	I(흥미로웠던 점)
- 씩씩하다 - 할 말을 다 한다 - 용기 있다 - 야구를 잘한다	- 다소 거칠다 - 공부를 안 한다	- 남자보다 야구를 잘한다 - 아버지가 수학학원을 하는데 수학을 못한다 - 말을 잘한다

8) 롤링페이퍼 토론

- 각자 활동지에 해결하고 싶은 문제를 쓴다.(해결하고 싶은 고민거리를 '~까?'로 쓰기)
- 활동지를 돌려가며 문제에 대한 의견을 적는다.

  * 모둠 내에서 활동지를 돌려가며 나의 생각을 짧은 글로 쓰기

  * 시계방향으로 주고받기(시간 제한)

  * 덧붙일 때는 ∟ 표시하고 쓰기

- 나의 활동지를 받아 읽어 보고 생각을 정리한다.
- 함께 의논해 보고 싶은 문제를 찾아 전체 토론한다.

9) 두 마음 토론

- 3인 1조로 논제에 대해 찬성 1명, 반대 1명, 심판(판정)1명
- 심판이 바라보는 사람만 발언할 수 있다.
- 토론자끼리는 질의, 응답할 수 없다.
- 심판은 토론자에게 내용 확인 정도의 질문은 할 수 있으나, 토론자는 심판에게 질문할 수 없다.
- 1회에 한하여 심판에게 발언권을 긴급히 요구할 수 있다.
- 심판은 '찬성' 쪽을 먼저 보도록 한다.
- 심판은 각 입장마다 3~4회 정도의 발언을 들어보고 결정한다.
- 심판의 선택을 받은 팀이 승리한다.
- 심판은 결정 후 결정 이유를 발표한다.

【예시】책을 읽고 두 마음 토론하기

- 대상학년: 4학년
- 도서: 꽃들에게 희망을
- 논제: 경쟁은 필요한가?
- 내용: 논제에 대해 자신의 입장을 4단 논법으로 정리한 다음 모둠에서 찬성, 반대, 판정단의 입장을 정한다. 토론자끼리는 질의·응답을 하지 못하고, 심판이 바라보는 쪽의 사람만 발언할 수 있다. 주로 비경쟁 토론을 하던 4학년들이 처음 해보는 찬반 경쟁 토론이라서 매우 흥미로워하였다. 모둠별 두 마음 토론 후 전체 대표자 토론으로 변형시켜 진행해 보았다. 처음 생각과 달라진 학생들의 입장을 듣고 토론을 마무리하면서 학생들의 생각 변화를 알 수 있었다.

21-두 마음 토론

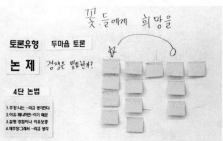

22-두 마음 토론 전 생각 나누기

10) 피라미드 토론

- 논제에 대한 의견 1인당 3개 적기(상황에 따라 1~5개도 가능)
- 두 사람이 토의·토론으로 3개의 의견을 모은다. 두 사람이 짝을 지어 각각 3개씩 적어 놓은 총 6개의 포스트잇을 책상에 붙여 놓고, 토의·토론을 통해 3개로 줄인다. 이 때 대안들은 수정할 수도 있고, 지우고 새로 적을 수도 있다. 즉 중복되는 것은 빼고, 포함관계인 것은 더 넓은 개념으로 대체하는 등 최종적으로 3개 안을 합의한다.
- 네 사람, 여덟 사람, 열여섯 사람이 3개의 의견을 모은다. 두 사람이 3개 안을 합의하였듯이 4, 8, 16명으로 학생 수가 늘어나도 토의·토론을 통해 대안은 계속 3개를 유지한다.
- 학급 전체의 최종 의견 3개를 발표한다. 최종적으로 3개 안이 모이면, 이것은 결국 학급 전체의 의견이 된 셈이다.
- 교사가 이 3개의 의견을 최종적으로 발표한다.

【예시】책을 읽고 피라미드 토론하기

- 대상학년: 6학년
- 도서: 우리들의 일그러진 영웅
- 주제: 훌륭한 리더의 조건은 무엇인가?
- 논제: 엄석대의 통치 방식은 옳은가?
- 내용: 학기 초 학급 세우기를 할 때 활용하면 좋다. 학급 임원을 뽑기 전에 이 책을 읽고 임원을 선출하면 리더의 역할과 진정성에 대해 고민을 하게 되고, 사회과의 정치 단원과 연결하여 국가 지도자의 역량에 대해서도 재구성하여 지도할 수 있다. 책을 읽고 '엄석대의 통치 방식에 대한 문제점과 해결 방안' 등을 토의토론한 후, 그렇다면 진정한 리더의 조건은 무엇인지 생각해보는 시간을 갖는다. 각자 붙임 딱지에 리더의 조건을 쓴 다음 그것들을 가지고 각 모둠에서, 그리고 타 모둠 및 학급 전체가 함께 추리는 과정을 통해 진정한 리더의 조건을 알아본다. 그런 후에 리더를 선출하거나 모의 국회의원, 모의 대통령 선거를 한다면 더욱 효과적이다.

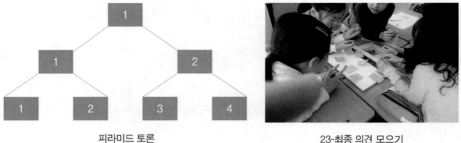

피라미드 토론   23-최종 의견 모으기

11) 터부(금지어)토론

- 사회자가 토론 주제를 정한다.
- 찬성 측과 반대 측이 토론 주제에 대해 공부한다.
- 상대측이 사용하면 벌칙을 받게 될 금지어를 정한다.
- 모두발언 → 토론자발언 → 질의응답 → 정리발언 순으로 진행한다.
- 금지어를 사용한 토론자에게 벌칙을 준다.
- 찬반 토론형, 원탁 토론형의 두 가지 방식이 있다.
- 찬반 토론형은 금지어를 서로 제출하고 원탁 토론형은 사회자가 제출한다.

12) 회전목마 토론(물레방아 토론)

- 두 개의 원을 만든다.
- 안쪽 원의 사람과 바깥쪽 원의 사람은 서로 마주본다.(찬성과 반대로 정하는 방법도 있음)
- 바깥쪽 원의 학생들이 질문하고 안쪽 원의 학생들은 자기 생각을 말한다.
- 바깥쪽 원의 학생은 안쪽 원 학생들의 생각을 메모한다.
- 바깥쪽 원의 학생은 2칸 옆으로 이동한다.(바로 옆 칸으로 이동할 경우 서로 듣게될 수 있으므로, 이동 시에는 바로 옆 칸이 아니라 2칸 옆으로 이동한다)

- 바깥쪽 원의 학생은 안쪽 원 학생들에게 앞에 만난 토론자의 생각을 요약해서 이야기해 주고 안쪽 토론자의 생각을 듣고 메모한다.
- 시간을 통제하고, 회전목마처럼 옆으로 여러 번 이동하여 토론한다.
- 시간 내에 3~5번 정도 이동한 후 만났던 토론자 중 인상 깊은 토론자를 발표한다.

24-회전목마 토론 모습

25-회전목마 토론 자리 배치

13) 포토스탠딩 토론

- 주제 제시 후 모둠별로 여러 장의 사진을 나누어준다.(프리즘카드나 신문 잡지 사진)
- 주제와 관련이 깊은 사진을 각자 1장씩 고른다.
- 주제와 사진을 연결하여 한 문장으로 나타낸다.(메타포로 정리)
- 개인 문장을 연결하여 모둠의 이야기로 구성한다.

토론 주제		나에게 책은 어떤 의미인가?
문장 예시	고른 사진 : 비빔밥	여러 가지가 어우러져 맛있는 비빔밥처럼 다양한 재미가 있다.
	고른 사진 : 친구	함께 있으면 재미있고 편안한 친구 같다.

14) 모둠 문장 만들기 토론

- 주제를 보고 어울리는 그림 카드를 고른다.
- 그림 카드와 연결하여 문장을 만든다.(예: ~는 ~이다. 왜냐하면 ~이기 때문에)
- 각자 만든 문장을 모둠별로 연결하여 시로 만든다.
- 각 모둠별로 꾸미고 전시한다.(갤러리활동이나 발표)

【예시】책을 읽고 포토스탠딩, 모둠문장 만들기 토론하기

- 대상학년: 5학년 - 도서: 몽실언니 - 주제: 몽실언니는 ( )다. - 내용: 책을 읽고 주인공의 성격 및 환경 등 전체적인 내용을 이야기한 후 주인공을 메타포로 정의하였다. 먼저 주인공과 연결지어 그림 카드를 고르고, 그 그림 카드를 고른 이유를 이야기한다. 강제 결합법처럼 은유적으로 정의하다 보면 창의적인 생각과 다양한 이야깃거리를 구상할 수 있다.

모둠원들의 생각 붙이기
( )이란 ( )이다. 왜냐하면 ( )이기 때문이다.
모인 생각을 배열하여 한 편의 시로 만들기

26-포토스탠딩 토론   27-모둠 문장 만들기 토론

15) 가치수직선 토론

○ 가치에 대한 개인별 의사표시를 수직선 위에 함으로써 가치 판단 경험을 하고 그것의 표현을 가능하게 하는 토론 방식이다.

- 가치 판단이 필요한 상황을 논제로 제시한다.
- 수직선을 그리고 왼쪽부터 5단계로 표시한다.(매우 옳지 않음, 옳지 않음, 중립 또는 모름, 옳음, 매우 옳음)
- 가치에 대해 개인별로 의사결정을 한다.(붙임 딱지에 의견 쓰기)
- 의사결정 이유를 발표하고 수직선 아래에 붙임 딱지를 붙인다.
- 서로의 의견을 듣고 생각이 바뀐 사람은 수직선 위에 붙임 딱지를 다시 붙인다.
- 수직선 위에 나타낸 상태를 설명하고 정리한다.
- 주제는 찬반이 명확하게 나뉘는 것보다, 그 정도가 연속성 있게 나타내는 주제를 선택하는 것이 좋다.(예 : 선의의 거짓말은 필요한가?)

【예시】 가치수직선 논제의 예

순	질문	참고 도서
1	선의의 거짓말은 바람직한가?	나는 사실대로 말했을 뿐이야
2	안락사를 허용해야 할까?	100만 번 산 고양이
3	초등학생의 이성교제는 옳은가?	소나기
4	교육을 위해 상경한 엄마의 선택은 옳은가?	그 많던 싱아는 누가 다 먹었을까
5	경쟁을 하는 것이 옳은가?	꽃들에게 희망을

 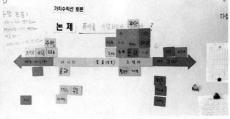

28-수직선에 의견 나타내기   29-수직선에 이름을 쓰고 의견 말하기

16) 질문카페(월드카페) 토론

- 책을 읽고 가장 많이 떠오른 단어(핵심키워드)를 찾아본다.
- 내가 찾은 핵심키워드로 붙임 딱지에 각각 질문을 만든다.(2개 정도)
- 모둠원의 질문들을 모두 모아서 읽어보고 모둠의 질문 선정한다.(스티커 많이 붙여진 것)
- 선정된 질문의 주인이 카페 호스트가 되어 질문카페를 연다.
- 삼각대에 선정된 질문을 쓰고 책상 위에 올린다.(간식 제공 가능)
- 각 모둠의 호스트만 남고 나머지는 이야기를 나누고 싶은 질문카페를 찾아 간다.
- 방문한 친구들에게 호스트가 선정된 질문으로 진행한다.
- 여러 카페를 이동하며 제한된 시간 안에 의견을 나누고 자기 자리로 이동(시

간 약속)

- 각 호스트가 전체적으로 토론 내용을 공유한다.

【예시 1】 책을 읽고 질문카페 토론하기

- 대상학년: 6학년
- 도서: 그 많던 싱아는 누가 다 먹었을까
- 연관 도서: 윤동주 「서시」
- 내용: 책 속의 책 활동으로 『그 많던 싱아는 누가 다 먹었을까』에서 창씨개명에 대한 소크라
    틱세미나 토론을 한 후의 수업이다. 창씨개명을 한 우리 역사 속 인물 중 윤동주 시인
    이 있음을 알고 윤동주 시인의 여러 작품을 함께 읽어보는 활동을 하였다. 윤동주 개
    인의 삶과 작품 세계를 아울러서 질문 만들기를 하고 모둠의 대표 질문을 선정하여
    뽑힌 질문자가 그 모둠의 호스트(카페지기)가 된다. 호스트는 질문을 보기 좋게 세워
    놓고 모둠을 방문한 토론자들과 함께 토론한다. 한 모둠에서 토론 후 가고 싶은 다음
    카페로 자유롭게 이동한다.

【예시 2】 윤동주의 '서시'를 읽고 각 카페별 질문의 예

순	질문
1	나에게 부끄러운 일은 무엇인가요?
2	당신에게 주어진 꿈은 무엇인가요?
3	진정한 괴로움이란 무엇인가요?
4	우리에게 바람은 어떤 의미일까요?
5	왜 윤동주는 모든 죽어가는 것을 사랑해야 한다고 했을까요?
6	윤동주가 가려고 한 길은 어떤 길이었을까요?

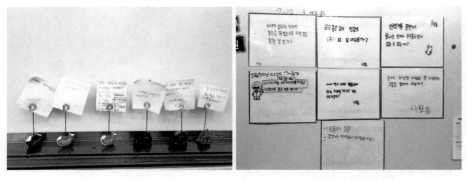

| 30-각 카페별 질문(서시) | 31-카페별 질문(운수 좋은 날) |

17) 모서리 토론

- 모든 참석자들은 교실 중앙에 모인다.
- 논제를 제시한다. (예 : 『마법의 사과』를 읽고 공주와 결혼을 할 사람 선택하기)
- 서너 모서리에 서로 다른 유형을 지정한다.
- 자신들이 결정한 모서리에 가서 서로를 만나게 된다.
- 각 모서리에 모인 사람들끼리 짧게 자신을 소개하고 자신의 결정에 대해 서로 이야기를 나눈다.
- 그 내용을 모아서 전체가 모인 곳에서 발표하고, 종합토론을 한다.

【예시 1】책을 읽고 모서리 토론하기

> - 대상학년: 4학년
> - 도서: 샬롯의 거미줄
> - 내용: 책을 읽고 인상깊었던 인물 등을 이야기한다. 인물의 특징, 성격, 행동 등에 대해서 전체적으로 이야기를 나눈 후 가장 대표적인 인물을 학생들이 선정한다.(3~4 인물 정도가 적당) 그 인물들 중 가장 맘에 드는 인물을 선택한 사람들이 같은 모서리에 모인다. 모인 사람들은 PMI 토론과 연계해 그 인물의 장점과 단점, 흥미로운 점 등에 대해 토론하고 학급 전체가 공유한다.

【예시 2】쉬운 모서리 토론하기

- 대상학년: 전학년
- 내용: 학급 전체가 동그랗게 큰 원을 만들어 앉아서 활동한다. 제일 처음 시작하는 사람이 자신의 감정을 2단 논법으로 이야기한다.(나는 오늘 기분이 좋다. 왜냐하면 오늘은 나의 생일이기 때문이다) 옆의 사람은 앞 사람의 이유를 주장으로 꼬리 물어 2단 논법으로 말한다.(나는 오늘 생일이다. 선물로 축구공을 받고 싶다) 그 다음 사람은(나는 축구공을 받고 싶다. 왜냐하면~) 이런 식으로 이야기를 이어나가면 학급 전체가 하나의 이야기를 완성하게 된다. 완성된 이야기를 가지고 가장 많이 생각나는 키워드를 칠판에 적는다. 여러 개의 키워드 중 3~5개의 모서리를 만들어서 모서리별로 모여 그 주제에 관한 이야기를 나누고 발표한다.

【예시 3】책 읽고 모서리 토론한 질문의 예

순	질문	선택할 모서리 내용의 예
1	가고 싶은 현장학습 장소는?	놀이동산, 박물관, 산, 유적지
2	가장 인상 깊은 인물은?	심청, 심봉사, 뺑덕어멈
3	공주는 누구와 결혼해야 할까?	첫째, 둘째, 셋째
4	우리 반에서 가장 가치 있는 단어는?	사랑, 평화, 배려, 경청
5	몽실이는 누구와 살아야 할까요?	북청댁, 밀양댁, 아빠, 혼자

32-네 모서리 토론 형태

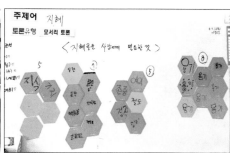

33-각 모서리별 키워드 찾기

18) 둘 가고 둘 남기(셋 가고 하나 남기) 토론

○ 4인 1조의 모둠원이 완성한 학습 결과물에 대해 2명은 남아서 자기 모둠 학습에 대해 설명해 주고 2명은 다른 모둠으로 투어를 가서 서로의 학습 결과물을 공유하는 수업 형태

- 논제(해결해야 할 문제)를 제시한다.
- 개인별로 의견을 붙임 딱지에 정리한다.
- 모둠별로 좋은 의견 3~4개를 선택한다.
- 모둠원 중 2명은 다른 모둠에 가서 의견을 얻어오고, 남은 2명은 다른 모둠에서 온 친구에게 자기 모둠의 의견을 설명해 준다.(2~3모둠 돌아보고 오기)
- 모둠으로 돌아와 수집한 정보를 공유한다.
- 수집된 정보를 가지고 적절한 대안을 최종적으로 선택하고 공유한다.

【예시】책을 읽고 둘 가고 둘 남기 토론하기

- 대상학년: 4학년
- 도서: 우당탕탕 할머니 귀가 커졌어요
- 내용: 이웃 간의 층간 소음으로 인한 갈등을 해결하는 방법을 창의적으로 찾아보기 위해 우리 모둠의 의견을 모으고, 2명은 다른 모둠의 정보를 구하러 이동한다. 남은 2명은 우리 모둠을 찾아오는 다른 모둠원들에게 우리 모둠의 의견을 공유해 주고 새로운 정보를 얻기도 한다. 2~3모둠을 이동한 후 다시 각자의 모둠으로 와서 최종적으로 대안을 만들고 공유한다. 학생들이 만든 대안으로 '소리가 크면 경보음이 울리는 슬리퍼를 만든다', '카페트에 소리를 흡수하는 기능을 장착한다' 등이 있으며 창의적인 문제 해결에 좋은 방법이다.

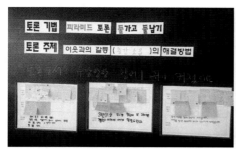

34-둘 가고 둘 남기 의견 모으기   35-둘 가고 둘 남기 자리 이동

19) 개념탐구 토론

- 이야기를 듣거나 읽고 중심개념을 찾는다.(핵심키워드로 하기)
- 중심개념의 예와 반례를 든다.(예: 친구의 예와 반례)
- 예와 반례의 공통점을 생각하며 중심개념을 정의한다.(교사와 학생 함께)
- 친구들과 검토한다.
- 검토를 바탕으로 재정의한다.
- 개념 탐구에 대한 소감을 나눈다.

【예시】책을 읽고 개념탐구 토론하기

- 대상학년: 4학년
- 도서: 사소한 소원만 들어주는 두꺼비
- 내용: 그림책 『사소한 소원만 들어주는 두꺼비』를 읽고 인상깊은 단어를 이야기한다. 사소함, 친구, 두꺼비, 약속, 지우개, 싸움 등등의 단어들이 나오면 그 중에 친구들과 함께 생각해 보고 싶은 단어를 선정한다. 4학년 학생들은 '사소함'이란 단어를 탐구해 보기를 원한다.
- 개념탐구 과정

교사 : 책을 보고 궁금한 점이 있나요?

학생 : 왜 사소한 소원이라고 했는지 궁금해요. 사소함이 무엇인지 궁금해요.

교사 : 그럼 우리 주변 사소한 것의 예를 들어 봅시다. 어떤 것이 있나요?

학생 : 작은 것, 없어져도 모르는 물건, 흔한 물건, 쉽게 해줄 수 있는 것.

교사 : 이번에는 사소하지 않은 것의 예를 들어 봅시다. 어떤 것이 있나요?

학생 : 큰 것, 가치 있다고 생각하는 것, 세상에 몇 개 없는 것, 돈이 많이 들어간 것, 가족, 친구, 꿈.

교사 : 사소한 것들의 공통점은 무엇인가요?

학생 : 크게 중요하지 않은 것, 평소에는 존재감 없는 것, 없어도 되는 것.

교사 : 사소하지 않은 것들의 공통점은 무엇인가요?

학생 : '귀하고 소중한 것'이요.

교사 : 그럼 공통점을 바탕으로 '사소함'을 정의해 볼까요?

학생 : '존재감 없고 중요하지 않은 것'이요.

교사 : 여러분이 사소한 것은 크게 중요하지 않은 물건이나 존재감 없는 것이라고 했어요. 그럼 연필이나 볼펜은 사소한가요?

학생 : 네.

교사 : 그럼 없어도 되는 거죠?

학생 : 아니요.

교사 : 그럼 '사소함'을 어떻게 다시 정의할 수 있을까요?

학생 : '크게 중요하진 않지만 없으면 안 되는 것'

교사 : 그렇군요. 그럼 이 책 속의 '지우개'는 어떤가요?

학생 : 사소하지 않아요.

교사 : 왜 그렇죠?

학생 : 친구와 화해하게 해 주는 도구가 되었어요.

학생 : 아, 그래서 제목에 사소한 소원이란 말이 들어간 것 같아요.

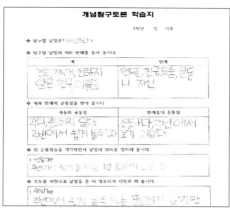

36-개념탐구 토론 학습지

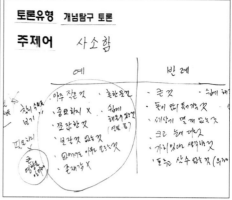

37-개념탐구 토론

20) 개념지도 만들기 토론

○ 개념의 의미를 마인드맵으로 표현하는 기법

- 탐구해보고 싶은 단어를 주제로 고른다.(책에서 어렵거나 깊이 다룰 단어)
- 주제를 듣고 연상되는 것(연상), 주제에 대한 질문 만들기(질문), 주제어를 넣어 문장 만들기(문장), 주제어를 다른 것에 비유한다면(비유), 주제어가 가진 중요성(가치), 주제어의 뜻(정의), 주제어의 예(예)를 모둠별로 전지에 그려본다.
- 모둠별 개념지도를 게시한다.
- 베스트 개념지도를 뽑는다.

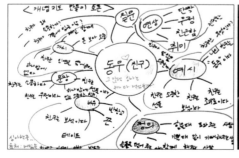

38-개념지도 만들기 예시

39-개념지도 만들기 토론 모습

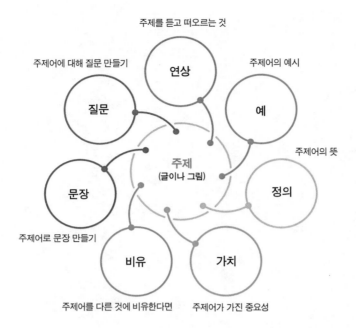

주제를 듣고 떠오르는 것

주제어에 대해 질문 만들기

연상

주제어의 예시

질문

예

주제어의 뜻

주제
(글이나 그림)

문장

정의

주제어로 문장 만들기

비유

가치

주제어를 다른 것에 비유한다면

주제어가 가진 중요성

21) 소크라틱세미나 토론

- 텍스트를 읽고 질문(논제)을 만든다.
- 작은 원과 큰 원으로 자리를 배치한다.(모둠대표는 작은 원, 나머지는 큰 원)
- 작은 원에 앉을 대표를 뽑는다.(한 명이 안의 원에 대표로 앉고 나머지는 뒤에서 보조)
- 질문에 대해 서로의 생각을 주고받는 작은 모둠 토의를 한다.
- 큰 모둠 토의를 한다.(어깨를 툭툭 쳐서 자리 교체하며 토론자 이동 가능)
- 토론에 대한 소감을 나눈다.

40-소크라틱세미나 토론

41-소크라틱세미나 자리배치

22) 육색생각모자 토론

○ 주제에 대해 6가지 관점에서 생각해 봄으로써 다채로운 아이디어를 도출하는 토론

○ 6색 모자를 쓰고 발표함으로써 생각의 확장을 경험하는 토론 방법으로, 학생들 스스로 실태나 현상을 파악하고 그 문제점과 구체적인 해결책을 찾아보며 스스로 행동을 개선하려는 태도를 갖게 하는 데 효과가 있다.

하얀 모자(중립/객관/사실)	알게 된 사실, 가장 인상 깊은 장면은 무엇인가요?
빨간 모자(직관/느낌)	떠오르는 느낌이나 생각은 무엇인가요?
노란 모자(긍정/장점)	이 책의 장점, 이 책에서 좋았던 점이 있다면 무엇인가요?
검은 모자(부정/비판/단점)	이 책을 읽고 생각한 문제점은 무엇이 있나요?
초록 모자(창의/대안)	문제점에 대한 해결 방법은 무엇이 있을까요?
파란 모자(침착/냉정)	책을 읽고 배운 점이 있다면, 나의 생각 정리

- 6개 색깔 모자를 준비한다.(도화지로 만들거나, 이름표 형식으로도 활용)
- 정해진 주제에 따라 하얀 모자를 쓰고, 하얀 모자의 생각을 먼저 얘기한다.
- 6가지 모두 사용해 발표한다.(그룹을 나누어서 활동해도 됨)
- 모자 순서를 미리 정하고, 마지막엔 무조건 파란색 모자로 발표한다.
- 모자 사용 시, 모두 같은 모자를 쓰고 활동한다.

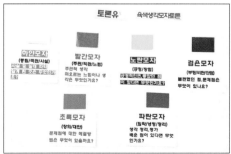

42-육색생각모자 토론 방법

43-패들렛을 이용한 육색생각모자 토론

23) 이야기식(RWS)토론

- 같은 책을 읽는다.
- 책을 읽고 난 후 별점을 매긴다.(손가락을 이용하여 1~5개로 표시)
- 책을 읽은 소감을 다양하게 나눈다.
- 책에서 나누고 싶은 이야기를 정한다.(자유논제, 선택논제)
- 토론 후 느낀 점을 나눈다.

44-RWS토론   45-별점 주기

24) SEDA원탁 토론

- 4인 1모둠으로 구성한다.
- 각자 논제에 대한 자신의 생각을 쓴다.
- 모둠별 사회자를 정하고 발표 순서를 정한다.
- 첫 번째 발표자가 의견을 발표한다.(2분 이내)
- 첫 번째 발표자의 의견에 대하여 모둠원이 순서대로 논평한다.(1분 이내)
- 5의 과정을 반복한다.
- 각 발표자는 토론 결과를 바탕으로 최종 의견을 정리하여 발표한다.
- 학급 전체와 토론 후 소감을 발표한다.

25) 패널 토론

- 패널을 선정한다.(4인 정도)
- 각 패널은 주어진 주제에 대해 개인 의견을 미리 써 온다.
- 패널 발표 순서를 정하고 순서대로 앉는다.
- 첫 번째 패널이 발표한다.(2분 이내)
- 첫 번째 패널 의견에 대해 나머지 패널들이 순서대로 논평한다.(1분 이내)
- 4,5의 과정을 패널 순서대로 반복한다.
- 패널들의 발표와 논평이 끝나면 방청객과 질의응답 시간을 갖는다.(5분 이내)
- 패널들은 결과를 바탕으로 최종 의견을 정리하여 발표한다.

46-SEDA원탁 토론   47-패널 토론

26) 뜨거운 의자(Hot Sitting) 토론

○ 교육연극기법을 활용한 토의토론 방법으로 가상의 인물과 만나 서로 대화하
   는 토론 기법이다. 의자에 한 명 또는 여러 명의 연기자들이 앉고, 그들은 텍
   스트 속의 인물이 되어 맡은 역할을 연기하며, 주어진 질문에 대답한다.
○ 이 기법은 텍스트, 인물, 작가 등을 시공간을 넘어 교실로 데려올 수 있으며,
   참가자들은 그 인물이 되어 보거나 그 인물이 옆에 있다고 상상할 수 있다.
   자연스레 교실은 연극의 공간이 된다. 학생들이 최대한 몰입할 수 있도록 음
   악, 조명 등을 조절하는 것도 방법이다.

  * 교육연극: 교육과 관련된 연극 활동으로, 고유한 목적을 가진 종합 예술

- 책을 읽고 모둠별로 인상 깊은 장면에 대해 이야기를 나눈다.
- 모둠의 가장 인상 깊은 장면을 선정한다.(피라미드나 브레인라이팅 활용)
- 장면을 교육연극으로 표현한다.
- 책의 내용을 바탕으로 대사나 동작을 창작한다.
- 역할을 정하여 극본 없이 즉흥극으로 표현한다.
- 교육연극기법[팬터마임, 정지동작(타블로)등]을 활용하여 모둠별로 표현한다.
- 시간은 5분 이내로 짧게 하는 것이 좋다.
- 연극을 관람한 후 가장 궁금한 역할을 맡은 사람에게 질문한다.
- 질문을 받은 사람은 빈 의자에 앉아서 책 속의 인물이 되어 질문에 대답한다.
- 모든 모둠의 연극이 끝나면 소감을 나눈다.

| 48-인상 깊은 장면 표현하기 | 49-뜨거운 의자 토론하기 |

27) 생선뼈(Fish Bone) 토론

○ 어떤 문제에 대한 원인과 결과를 찾아서 문제를 해결하고자 할 때 활용할 수 있는 토의토론 방법이다. 문제의 원인을 객관적으로 들여다보고 정확하게 인지하여 문제 해결 대안이 될 수 있는 방법을 찾아보는 것이다. 마인드맵과 비슷하지만 핵심적인 아이디어를 체계화해서 구조화한다는 것이 다르다.

- 생선 등뼈를 중심에 그린다.
- 등뼈에 가시를 붙이면서 문제의 원인을 적는다.

- 토의토론을 통해 얻은 해결과제를 구체적으로 분석하여 적는다.
- 가시는 보통 3~5개 정도가 적당하다.
- 구성원이나 주제에 따라 더하거나 빼서 조절한다.

28) 창문 토론

○ 어떤 문제에 대해 모둠원들과 생각이나 의견을 나누고 정리하는 방법으로 활용되며 서로의 생각에 대한 차이점을 이해하고 존중할 수 있는 토론이다. 가운데에 토론 주제를 적고 창문 모양 4방향의 틀에 학생들이 각자 뽑은 최고의 질문들을 적는다. 학생들은 자신이 쓴 질문과 친구들이 쓴 질문들에 돌아가면서 답을 한다. 이 때 네 방향에서 자유롭게 쓸 수 있도록 한다. 창문 토론의 장점은 모둠원들이 서로의 생각이나 의견을 알 수 있으며 친구들의 생각을 열린 관점에서 쉽게 읽을 수 있다는 것이다.

- 활동 판의 중앙에 사각형을 그리고, 네 모서리를 선으로 연결한다.
- 토론 주제를 활동 판의 중앙에 쓴다.
- 주제와 관련해 질문이나 개인적인 의견, 또는 대안을 나머지 칸에 돌려가며 쓴다.
- 의견이나 대안을 정리해 모둠별로 발표한다.
- 느낀 점을 발표한다.

29) SWOT 토론

○ SWOT는 Strength(강점), Weakness(약점), Opportunities(기회), Threats(위협)의 첫 글자를 딴 용어이다. SWOT 분석이란 이러한 네 가지 요소를 이용하여 문제를 분석하고 대책을 세우는 방법이다.

- 과제를 제시한다.

- 개인별로 SWOT 분석표에 강점과 약점을 작성한다.

- 개인별로 SWOT 분석표에 기회와 위기 요인을 작성한다.

- 모둠 토의토론을 통하여 모둠용 SWOT표를 작성한다.

- 전체 발표하고 공유한다.

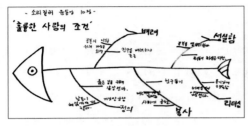

	강점	약점	
	기회	위기	

50-책 읽고 생선 뼈 토론   SWOT 분석표

30) 모의법정 토론

- 책을 읽고 논제를 정한다.

- 역할을 정한다.(사회자, 판사, 검사, 변호사, 서기, 피소, 원고, 배심원)

- 양측(검사, 변호사) 의견 모아 정하기

- 검사 측의 1차 피의자, 증인 심문 및 입론

- 변호사 측의 1차 피의자, 증인 심문 및 입론

- 작전타임

- 검사 측의 2차 피의자, 증인 심문 및 입론

- 변호사 측의 2차 피의자, 증인 심문 및 입론

- 최종 변론을 위한 작전타임

- 변호사 측의 최종 변론

- 검사 측의 최종 변론

- 판사들의 질문 및 최종 판결

31) 찬반 대립 토론

- 찬성 측 입론(2분)
- 반대 측 입론(2분)
- 작전타임(3분)
- 반대 측 반론펴기 및 꺾기(5분) → 반대 측이 먼저 반론 펴고 찬성 측 꺾기
  (답변)
- 찬성 측 반론펴기 및 꺾기(5분) → 찬성 측이 반론 펴고 반대 측 꺾기(답변)
- 작전타임(3분)
- 찬성 측 최종변론(2분)
- 반대 측 최종변론(2분)

32) 의회식 토론

- 찬성 측 입론(7분)
- 반대 측 입론 및 찬성 측 주장에 대한 논박과 대답(8분)
- 찬성 측 입장 발표 및 반대 측 주장 논박(8분)
- 반대 측 입장 발표 및 찬성 측 주장 논박(8분)
- 반대 측 최종주장 요약(4분)
- 찬성 측 최종주장 요약(5분)

33) 칼포퍼(Karl Popper) 토론

- 찬성 측 첫 번째 토론자의 입론(6분)
- 반대 측 세 번째 토론자의 교차조사(3분)
- 반대 측 첫 번째 토론자의 입론(6분)
- 찬성 측 세 번째 토론자의 교차조사(3분)
- 찬성 측 두 번째 토론자의 반론(5분)
- 반대 측 첫 번째 토론자의 교차조사(3분)
- 반대 측 두 번째 토론자의 반론(5분)
- 찬성 측 첫 번째 토론자의 교차조사(3분)
- 찬성 측 세 번째 토론자의 반론(5분)
- 반대 측 세 번째 토론자의 반론(5분)

34) 3:3 디베이트(00초 방식)

입론	찬성 측 입론(3분) 반대 측 입론(3분)
1차 작전시간	작전타임(2분)
1:1 교차조사	찬성 측 교차조사(3분) : 찬성 3번 토론자가 반대 1번 토론자에게 반대 측 교차조사(3분) : 반대 3번 토론자가 찬성 1번 토론자에게
반론	반대 측 두 번째 토론자 반론(3분) 찬성 측 두 번째 토론자 반론(3분)
2차 작전시간	작전타임(2분)
3:3 교차질의	3:3 전원, 청중 교차질의(8분)
최종 발언	반대 측 세 번째 토론자 최종발언(3분) 찬성 측 세 번째 토론자 최종발언(3분)

51-찬반 대립 토론   52-찬반 대립 토론(3:3)

토론을 쉽게 배우는 Tip! 1분 토론

- 학생들의 삶과 연계된 맥락의 논제를 미리 모아둔다.
- 아침시간이나 점심시간을 이용하여 1분 토론 배틀을 한다.
- 특별한 형식 없이 찬성, 반대의 순서로 차례대로 이야기한다.
- 1분이 되면 토론은 종료된다.

3. 논제, 논법

1) 논제란?

○ 토론의 주제로, 문제들 가운데 가장 핵심적인 것을 명료하게 구분해 주는 진술문이다.
○ 디베이트에서 논의할 주제, 여러 사람들과 이야기 나눌 주제이다.
○ 토의의 주제는 의제, 토론의 주제는 논제이다.
○ 토의와 토론을 모두 넓은 범위에서 토론이라고 볼 때는 토의형 논제와 토론형 논제로 구분한다.

2) 논제의 종류

○ 사실명제 : 어떤 것이 진실이라는 주장
○ 정책명제 : 어떤 것이 바람직하다고 주장
○ 가치명제 : 어떤 것에 대해 가치 판단 주장

3) 논제의 조건

○ 찬성과 반대로 나눌 수 있는 문장(찬성과 반대의 입장이 팽팽히 맞서야 토론하기에 좋다)
○ 논의할 내용 하나만 담기(예: 어린이가 화장을 하는 것은 피부 건강에 좋지 않고 다

른 사람들에게 부정적인 인상을 준다)

○ 가치중립적인 표현 사용(예: 야만적인 개고기 판매는 금지되어야 한다)
○ 현재 상태에 반대되는(변화주도) 긍정문이어야 함(예: 수학시험능력 폐지해야 한
  다)

4) 논제 정하기

○ 문제를 제기할 수 있는 능력 요구
○ 정확하고 올바른 문제 제기는 토론을 끌고 나가는 힘이 됨
○ 자신의 주장을 세우기 위해 다양한 관점에서 생각하는 것
○ 제시문을 꼼꼼하게 읽고 내용분석, 질문제기, 스스로 답하기
○ 이야기(작품)의 의도에 맞는 토론 주제 선정(신호등 토론 방법 이용)

  * 예: 『운수 좋은 날』 작품의 주제는 일제 강점기 서민들의 불우했던 삶 조명

5) 논제의 예시

○ 교실에 CCTV를 설치해야 한다
○ 축구는 야구보다 더 좋은 스포츠다
○ 각종 기념일에 친구들끼리 선물을 주고받는 것이 좋다
○ 공공의 이익이 개인의 이익보다 우선한다
○ 통일은 꼭 해야 한다
○ 돈이 많은 사람이 더 행복하다
○ 삶에서 가족이 가장 중요하다
○ 뚱뚱한 사람이 게으르다
○ 이성교제는 성적향상에 방해가 된다
○ 잘못된 규칙은 지키지 않아도 된다

○ 친구의 잘못은 바로잡아주어야 한다

○ 스마트폰은 공부에 도움이 된다

○ 공부의 목표는 성적 향상에 있다

○ 상벌점 제도는 필요하다

○ 학원은 성적향상에 도움이 된다

○ 외모도 경쟁력이다

○ 유명인의 죄는 더 큰 처벌이 필요하다

○ 점심시간을 현재보다 늘려야 한다

○ 사형제도를 부활시켜야 한다

○ 텔레비전 시청은 가족의 화목을 해친다

○ 애완동물은 가족이다

○ 나보다 남을 먼저 생각해야 한다

○ 동성애자의 결혼을 법적으로 인정해야 한다

○ 예쁜 사람과 착한 사람 중 착한 사람을 배우자로 선택하겠다

○ 인간의 품위 있는 죽음을 위해 적극적인 안락사를 허용해야 한다

○ 가난은 개인의 책임이다

○ 억지로라도 웃어야 한다

○ 나는 좋은 사람이다

○ 초등학생에게는 스마트폰이 필요 없다

○ 장발장의 처벌은 부당하다(장발장)

○ 죽음을 무릅쓰고라도 창씨개명을 해야 한다(그 많던 싱아는 누가 다 먹었을까)

○ 토끼의 낮잠을 보고 지나친 거북이의 행동은 옳다(토끼와 거북)

○ 흥부는 게으르다(흥부와 놀부)

○ 심청은 효녀이다(효녀 심청)

○ 선녀의 옷을 훔쳐간 나무꾼의 행동은 불가피하다(선녀와 나무꾼)

○ 백성의 가난은 국가의 책임이다(운수 좋은 날)

○ 개미보다 배짱이의 삶이 더 행복하다(개미와 베짱이)

○ 홍길동은 처벌받아야 한다(홍길동전)

○ 친구보다 가족이 우선이다

○ 경쟁은 필요하다(꽃들에게 희망을)

○ 선의의 거짓말은 필요하다(나의 린드그랜선생님)

○ 교육적 체벌은 필요하다(그 많던 싱아는 누가 다 먹었을까)

○ 개고기를 먹는 건 문화이다

○ 안전보다 자유가 중요하다(스갱아저씨스갱 아저씨의 염소)

○ 환경 보호를 위해서는 비행기를 타면 안 된다(환경도서)

○ 잎싹이는 행복한 삶을 살았다(마당을 나온 암탉)

○ 인간은 선하게 태어났다(성선설, 성악설)(기게스의 반지)

○ 친구를 위해서 자신을 희생하는 건 옳다(베니스의 상인)

○ 남녀 간의 우정은 가능하다(소나기)

○ 몽실이의 희생은 옳다(몽실언니)

○ 자녀의 교육을 위해 서울로 상경한 완서 엄마의 선택은 옳다(그 많던 싱아는 누가 다 먹었을까)

○ 초등학생은 이성교제를 해서는 안 된다(소나기)

○ 자전거를 끼고 달아난 수남의 행동은 정당하다(자전거도둑)

○ 엄석대의 통치 방식은 옳다(우리들의 일그러진 영웅)

○ 보이는 것보다 보이지 않는 것이 더 중요하다(어린 왕자)

○ 프레드릭의 삶이 들쥐의 삶보다 행복하다(프레드릭)

○ 마음의 장애가 몸의 장애보다 고치기 힘들다(아나톨의 작은 냄비)

○ 사람이 사는 데 가장 중요한 건 사랑이다(사람은 무엇으로 사는가)

○ 늑대와 염소는 친구가 될 수 있다(폭풍우 치는 밤에)

○ 옥희 엄마의 선택은 옳았다(사랑손님과 어머니)

6) 4단 논법

○ 주장 → 이유 → 설명이나 근거 → 재주장(정리)

단계	내용	예시
주장	안건에 대해 찬성 또는 반대	아버지를 위해 몸을 팔기로 한 심청의 선택은 옳았다.
이유	찬성한다면 찬성하는 나의 생각이나 의견, 반대한다면 반대하는 나의 생각이나 의견	아버지를 위하여 하나밖에 없는 소중한 목숨을 바쳤기 때문이다.
설명	내 생각의 이유가 옳음을 설명	누구에게나 생명은 소중하다. 아무리 효녀일지라도 자신을 희생하면서까지 다른 사람을 살릴 생각을 하는 것은 쉽지 않다.
재주장 (정리)	자신의 주장 다시 한 번 정리	그래서 아버지를 위하여 목숨을 버린 심청의 선택은 옳았다.

7) 6단 논법

○ 안건 → 주장 → 이유 → 설명이나 근거 → 반론 꺾기 → 정리

단계	내용	예시
안건	주제 안에서 찬반 대결이 가능하도록 제시한 문제	심청은 효녀인가?
결론	찬성 또는 반대	효녀가 아니다.
이유	찬성한다면 찬성하는 나의 생각이나 의견, 반대한다면 반대하는 나의 생각이나 의견	아버지를 위하여 하나밖에 없는 소중한 목숨을 바쳤기 때문이다.
설명이나 근거	나의 생각이 옳은 이유를 설명하는 내용	누구에게나 생명은 소중하다. 아무리 효녀일지라도 자신을 희생하면서까지 다른 사람을 살릴 생각을 하는 것은 쉽지 않다.
(예상) 반론 꺾기	이유와 설명에 대한 반론 꺾기	물론 목숨을 버리는 것은 옳지 않다. 하지만 눈을 뜨고 싶다는 아버지의 평생 소원을 이루게 하는 일이다. 그리고 이미 공양미를 대가로 약속을 했기에, 그것을 저버리는 것은 여러 사람에게 피해를 주는 일이다.
(예외) 정리	안건에 대한 예외 사항을 정리하면서 자신의 주장 완성	누구나 목숨은 소중하고 그 생명은 부모로부터 받은 것이다. 그 누구라도 자신의 생명을 대신하면서까지 효도하기는 쉽지 않다. 그러므로 아버지를 위해 목숨을 바친 심청은 효녀이다.

5장

글쓰기 지도는
어떻게?

1. 자세히 관찰하기

글쓰기의 기본은 자세히 관찰하기이다. 어떤 대상을 자세하게 관찰한 후 사실과 느낌을 구분하여 글을 쓰면 글쓰기가 어렵지 않게 느껴진다. 이는 대상의 특징을 파악하고 온전히 이해하는 데 도움이 될 수 있으며, 학습 주제에 대한 몰입도를 높여 동기유발에 활용하기에 매우 효과적이다. 아래의 경우는 실제 수업에서 '대상을 관찰하고 글쓰기'를 주제로 수업한 내용의 처음 부분이다.

교사 : 지금부터 선생님을 1분 동안 관찰해 보도록 해요. 선생님의 행동과 말, 표정 등을 자세히 관찰하고 관찰한 내용을 서로 나누어 봅시다. 시작!

학생 : 펜을 들고 있어요. 화장을 했어요. 정장을 입었어요.

학생 : 열 걸음 앞으로 가서 교실 앞 중앙에서 학생들에게 미소를 보이셨어요.

학생 : 머리의 핀 모양에서 아이들을 좋아하신다는 걸 느꼈어요.

학생 : 기분이 좋아 보이세요. 행복해 보여요.

교사 : 화장을 했다, 정장을 입었다, 핀을 꽂았다는 걸 본 친구들이 많네요.

교사 : 이렇게 여러분이 본 것, 들은 것 등은 무엇이라고 할 수 있을까요?

학생 : 사실이요.

교사 : 그렇군요. 그런데 선생님이 행복해 보인다고 생각한 친구들도 있고 그렇지 않은 친구들도 있는데 이건 왜 그럴까요?

학생 : 각자 생각이 달라요.

학생 : 느낌이 각각 달라서요.

교사 : 그럼 사실은 같을 수 있지만 느낌은 서로 다른 거군요. 서로 다른 느낌이나 생각을 글로 쓰면 나만의 글쓰기가 되겠지요. 오늘은 '대상을 자세히 관찰하고 글쓰기'를 해 봅시다.

이렇게 학생들이 한 이야기를 칠판에 적고 사실과 느낌으로 분류해 보면, '사실'은 누구나 비슷하게 생각하는 내용이고 '느낌'은 서로 다른 생각이라는 것을

알게 된다. 그러한 사실과 느낌이 모여 자세히 묘사되면 소설이 되고, 함축적으로 줄이면 시가 되지 않을까? 우리가 흔히 아는 소설가나 시인들의 작품은 이렇게 자세히 듣고 보는 것에서 시작되었을 것이다.

글쓰기가 어렵게 느껴진다면, 자세히 관찰하는 습관부터 시작하면 좋을 것 같다.

2. 매트릭스 글쓰기

　핵심적인 글감을 찾아내어 주제에 쉽게 접근하거나 이야깃거리가 풍부한 글쓰기를 할 때 좋은 방법이다.

　주제가 정해지면 주제와 관련하여 연상되는 낱말들을 주제를 둘러싼 8개의 칸에 쓴다. 8개의 단어들을 가지고 글을 써도 좋고, 그 8개의 단어들로 각각 또 다른 연상 단어를 8개씩 만들어내면 모두 70여 개의 단어가 생겨난다. 중복되는 단어들을 포함하여 70여 개의 단어를 사용하여 글쓰기를 하면 내용이 풍부한 글쓰기가 될 수 있다. 하지만 너무 많은 단어를 사용하면 이야기의 흐름이 산만해질 수 있어서 고학년이 아니라면 8개의 단어만으로도 충분히 주제 있는 글쓰기가 되리라 본다.

【예시】 '아버지'를 주제로 한 매트릭스 학습지

사랑	희생	요리	월급	운전	힘듦	승진	출근	버스
동생	엄마	친구	퇴근	가장	외로움	지하철	직장	회식
학원	잔소리	공부	야근	고달픔	무게	만원	퇴근	술
담배	주말	여행	엄마	가장	직장	가족	사랑	보답
연기	술	캠핑	술	**아버지**	희생	자식	희생	은혜
과음	늦잠	싸움	건강	사랑	행복	할아버지	할머니	효도
긍정	병원	약	결혼	소망	가족	사랑	가족	꿈
기쁨	건강	100세	자녀	사랑	친구	소원	행복	공부
행복	의사	운동	종교	형제	부모님	믿음	출세	성공

* 매트릭스 학습지는 글쓰기에도 활용하지만 핵심키워드로 질문 만들기를 할 때 활용해도 좋다. 매트릭스 학습지를 이용한 글쓰기가 좀 광범위하다면, 만다라트(연꽃)기법 학습지를 활용하는 것도 효과적이다.

3. 만다라트(연꽃) 글쓰기

　핵심적인 글감을 찾아내어 주제에 쉽게 접근하는 글쓰기라는 점에서 매트릭스 학습지와 비슷하지만, 매트릭스 학습지보다 간단하게 글쓰기를 할 수 있는 방법이다. 초등학생들에게 활용하기에는 만다라트 학습지가 더 좋을 수 있다.

　주제와 관련하여 연상되는 낱말들을 주제를 둘러싼 4개의 칸에 쓴다. 4개의 단어들로 각각 또 다른 연상 단어를 4개씩 만들어내면 모두 20여 개의 단어가 생겨난다. 이 20여개의 단어를 활용하여 주제가 있는 글쓰기를 할 수 있다. 주제와 관련되어 연상되는 키워드로 질문 만들기를 하고, 그 질문을 논제로 하여 토의토론을 한 후 글쓰기를 하면 주제에 맞는 토론과 논술로 생각을 잘 정리할 수 있다.

【예시】'아버지'를 주제로 한 연꽃 학습지

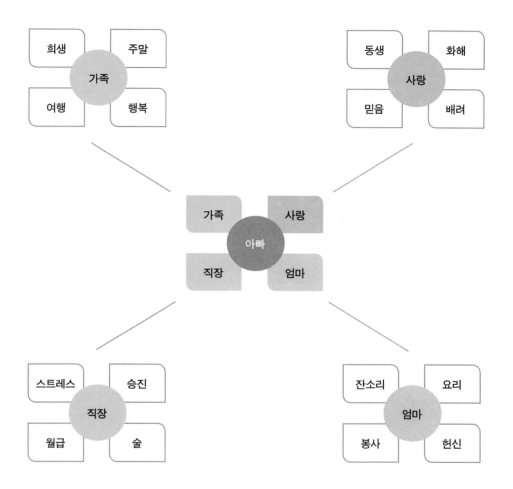

4. 추측하여 이야기 만들기(단어 지우기)

책을 읽기 전 활동으로, 책의 표지만 보고 책의 내용을 추측하는 활동이다.

이 활동은 책의 내용을 미리 상상하고 책을 읽으며 상상한 내용과 실제 내용을 확인하기에, 책 읽기 과정에 더욱 집중할 수 있는 장점이 있다.

- 책에 나오는 핵심적인 단어와 나오지 않는 단어를 제시하기
- 책의 표지를 보고 나올 것 같은 단어, 혹은 오지 않을 것 같은 단어 표시하기
- 추측한 단어와 비교하며 책 읽기
- 단어를 재구성하여 이야기 만들기

아래의 내용은 톨스토이의 『사람은 무엇으로 사는가』를 읽기 전 활동으로, 미리 추측하며 이야기 구성하기를 한 것이다. 고학년의 경우에는 여러 개의 단어를 사용하는 것이 좋으나 저, 중학년의 경우 단어의 수가 많지 않은 것이 좋다.

【예시】표지 보고 등장하지 않을 것 같은 단어 지우기(6학년)

구두장이	천사	미래	모자
빵	청년	할머니	슬리퍼
부자	구두	자매	장례식
하인	나무	벌	행복
질문	사랑	마음	배려

5. 이야기 재구성하기(책 속의 책)

　책의 내용을 다른 이야기로 새롭게 탄생시키며 상상력과 창의성을 키울 수 있다. 기존의 이야기를 다양하게 재구성하여 '책 속의 책'으로 만들 수 있으며 개인이나 모둠별로 상상력 및 이야기 구상력을 키우는 데 도움이 된다.

【예시 1】 6가지 낱말을 활용하여 주제가 있는 창의적 스토리 만들기(부록 학습지 참고)

- 책에 나오는 핵심적인 단어 6개 고르기(제시하기)
- 각 단어가 들어가도록 문장 만들기
- 옛날에, 매일, 어느 날(전환점), 그래서(새로운 변화와 전환), 그런데, 마침내의 순서로 이야기를 구성하기
- 모둠별로 작품 소개하고 평가하기

【예시 2】 6가지 이미지를 활용하여 주제가 있는 창의적 스토리 만들기

- 책을 읽고 어울리는 이미지 카드 6개 고르기
- 각 이미지에 맞는 이야기 구성하기
- 옛날에, 매일, 어느 날(전환점), 그래서(새로운 변화와 전환), 그런데, 마침내의 순서로 이야기 만들기
- 모둠별로 작품 소개하고 평가하기

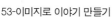

53-이미지로 이야기 만들기

54-모둠별 작품집

6. 비주얼씽킹으로 글쓰기

'비주얼씽킹'이란 글과 그림을 함께 이용해서 빠르고 간단하게 생각을 정리하고 정보를 요약해 공유하는 것이다. 즉 사물, 생각, 개념을 상징적 이미지로 빠르고 간단하게 표현하는 스킬이다.[7]

'비주얼씽킹'은 생각과 정보를 그림으로 기록, 표현하는 것이다. 즉, '생각 시각화'라고 할 수 있다. 좁은 의미로는 글과 그림으로 생각과 정보를 기록하고 표현하는 것을 말하고, 넓은 의미로는 이미지와 영상, 몸을 사용한 비언어 등까지 포함한다. 그리고 다른 사람과의 커뮤니케이션이 원활하게 이루어질 수 있도록 돕고, 기획력과 창의력을 높이는 것까지 확대 적용된다.[8]

'비주얼씽킹'이라는 단어는 '본다'는 의미와 '사고'한다는 의미를 연결해 놓은 것이다. 즉 '비주얼씽킹'은 사물의 특징을 다루는 사고이며, 추상적이고 이론적인 것에서부터 현실적이고 일상적인 것에 이르기까지 눈으로 보듯 생각하는 방법이다. 그리고 단순히 눈으로 정확하게 보는 능력만이 아니라, 대상을 구조적으로 파악하는 두뇌 작용에서 일어난 시각적 자극의 해석 능력까지를 포함하는 고차원적인 사고기능이라고 할 수 있다.[9] 따라서 '비주얼씽킹'은 '주어진 사물이나 문장을 통해서 느낀 점이나 생각을 이해하기 쉽도록 시각적으로 표현하는 것'으로 정의할 수 있다.

책을 읽은 후 내용을 구조화하고 체계화하여 정리할 때 일반적으로 마인드맵을 많이 사용한다. 단순히 문장을 정리하는 것이 아니라 핵심 단어나 문장을 추출하고 기호나 문자, 그림 등을 삽입하여 마인드맵을 완성해 나갈 때 새로운 아

---

7   누구나 할 수 있는 정진호의 비주얼씽킹, 정진호, 한빛미디어, 2015
8   Visual Thinking으로 하는 생각 정리 기술, 온은주, 영진닷컴, 2014
9   시각적 사고를 통한 창의적 아이디어 발상 교육에 관한 연구, 정지훈, 국민대학교대학원, 2009

이디어를 얻기 쉽다.

【예시】 비주얼씽킹으로 글쓰기

- 책을 읽고 생각 나누기
- 주제에 맞는 레이아웃 정하기
- 주제를 표현할 수 있는 핵심 단어나 문장 표현하기
- 추출한 핵심 단어나 문장을 정해진 레이아웃에 시각적으로 표현하기
- 시각적 그림을 글로 쓰기
- 결과물을 발표하고 공유하기

55-비주얼씽킹으로 일기쓰기

56-책을 읽고 키워드로 비주얼씽킹

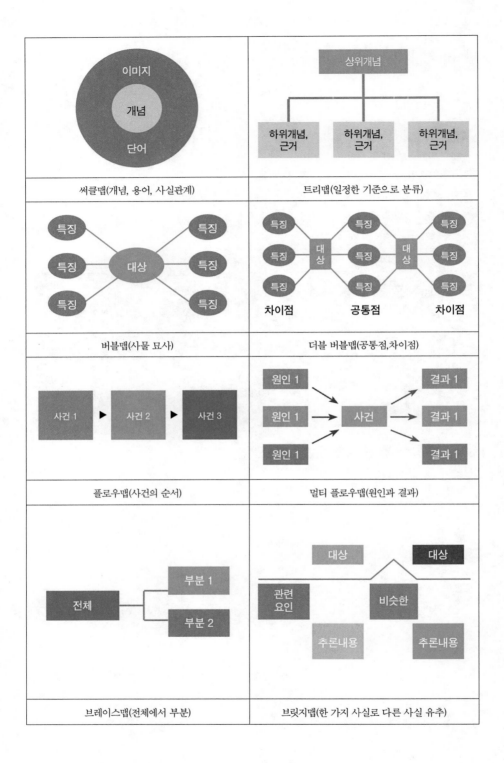

써클맵(개념, 용어, 사실관계)	트리맵(일정한 기준으로 분류)
버블맵(사물 묘사)	더블 버블맵(공통점,차이점)
플로우맵(사건의 순서)	멀티 플로우맵(원인과 결과)
브레이스맵(전체에서 부분)	브릿지맵(한 가지 사실로 다른 사실 유추)

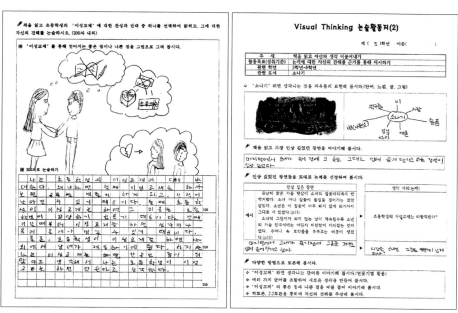

57-비주얼씽킹으로 글쓰기   58-비주얼씽킹 학습지

7. 시 쓰기

시 쓰기 수업은 교사들이 어려워하는 수업 중의 하나이다. 어떤 수업이든 그렇지만 시 수업은 형식적으로 접근하기보다는 솔직하고 자연스럽게 자신의 생각을 표현하는 활동으로 구성하는 것이 좋다.

시를 써 보는 활동에 앞서 충분히 다양한 시를 읽어 보고, 시의 내용과 표현의 특징 등을 서로 이야기해본다면 문학의 한 장르로서의 시를 이해하는 데 도움이 될 것이다. 앞서 소개한 '자세히 관찰하기'에서도 살펴보았듯이 글을 쓰는 것, 특히 시를 쓰는 것은 의미를 함축적으로 담아야 하므로 자세히 관찰하기부터 시작하는 것이 좋다.

시 쓰기의 대상은 사물이 되기도, 사람이 되기도, 그림이나 음악, 무형의 존재일 수도 있는데 학생들이 좋아하고 쉽게 접근할 수 있는 대상에서부터 시작하면 좋다. 따라서 교육과정에서의 시 쓰기는 국어 시간은 물론, 음악이나 미술, 창의적 체험 활동과 연계하여 교육과정을 재구성하면 재미있는 활동이 될 수 있을 것이다.

【예시 1】'엄마'를 시로 쓰기(5학년)

관찰 대상	관찰 내용	시로 바꾸기
엄마	엄마가 "(클래스팅) 1교시 했니?"라고 하면 1교시를 한다. 1교시를 다 하고 엄마가 "2교시 했니?"라고 하면 2교시를 한다. 2교시를 다 하고 엄마가 "3교시 했니?"라고 하면 3교시를 한다. 3교시를 다 하고 엄마가 "4교시 했니?"라고 하면 4교시를 한다. 4교시를 다 하고 엄마가 "5교시 했니?"라고 하면 5교시를 한다. 5교시를 다 하고 엄마가 "6교시 했니?"라고 하면 6교시를 한다. 이렇게 지겨운 클래스팅이 끝난다.	<엄마> 엄마는 항상 한 걸음 앞에 있고 나는 항상 한 걸음 뒤에 있어 엄마랑 나는 항상 두 걸음 차이가 난다

【예시 2】'핸드폰'을 시로 쓰기(5학년)

관찰 대상	관찰 내용	시로 바꾸기
핸드폰	내 핸드폰이 8시 30분부터 계속 울려댔다. 무슨 일인지 보니까 클래스팅 알람이었다. 핸드폰을 켜서 온라인 수업을 시작하고 숙제도 하고 타자도 쳤다. 또 친구와 문자도 했다. 10시 4분에는 안전 안내 문자가 왔다.	〈핸드폰〉 핸드폰은 쉬지 않고 소식을 전달하고 타자도 친다 핸드폰은 부지런하다

8. 시를 글로 쓰기

　시의 내용을 알아보고 토의토론 등 다양한 활동을 한 후에 줄글로 바꾸어 쓰는 활동도 재미있게 접근할 수 있는 글쓰기 활동이다.

　시를 쓰는 활동이 비유적인 표현과 단어의 함축적인 의미를 깊게 알아가는 활동이었다면 시를 줄글로 쓰는 활동은 창의적인 생각과 다양한 상상력을 토대로 이야기를 구성하는 활동이기에 풍부한 소재의 글쓰기를 경험하기에 좋다. 또한 기존의 좋은 시들을 접하며 작가의 입장에서 생각해 보고 시의 시간적·공간적 배경을 이해하며 폭넓은 서사교육이 될 수 있다.

【예시 1】 장면을 상상하여 글로 쓰기

```
- 소리 내어 시 읽기
- 연과 연을 구분하여 장면 상상하기
- 시의 내용과 장면 연결짓기
- 장면에 맞는 내용을 글로 쓰기
- 연과 연을 구분하여 쓴 글을 이어서 쓰기
- 전체적인 제목 붙이기
- 쓴 글 공유하기
```

【예시 2】 질문으로 키워드 만들어 글쓰기

```
- 소리 내어 시 읽기
- 궁금한 점을 질문으로 만들어 짝 토론하기
- 모둠의 질문 공유하기
- 전제 질문을 통해 시의 의미와 내용 이해하기
- 내가 생각한 시의 핵심키워드 쓰기
- 핵심키워드를 주제로 글쓰기
- 쓴 글 공유하기
```

【예시 3】줄글로 바꾸기

시	줄글로 바꾸기
왜 그럴까? 우리는 엄마아빠가 집에 있을 때 더 심심하다. 우리는 엄마아빠가 집에 없을 때 더 재미있다.	나는 엄마 아빠가 있을 때가 안 좋다. 엄마는 바쁘고, 아빠는 안 놀아주기 때문이다. 나는 엄마, 아빠가 없을 때가 좋다. 엄마, 아빠가 없으니까 마음대로 잔소리 없이 놀 수 있어서이기 때문이다. 엄마와 아빠가 없을 때는 어떤 때는 동생과 함께 놀고, 또 어떤 때는 숙제를 한다. 근데 엄마와 아빠도 힘들 것 같다. 해야 할 일도 많고 우리를 돌봐야 하니까.

핵심키워드로 글쓰기

책의 전체적인 줄거리를 파악하고 주제를 이해하는 데 좋은 글쓰기 방법이다.

같은 책을 읽고, 책에서 찾은 낱말이나 연상되는 낱말을 써 본다. 학급 전체가 할 때는 빙고 게임으로 하면 즐겁게 참여할 수 있다. 빙고 칸은 학년 수준에 따라 달라질 수 있는데 16칸 정도면 중, 고학년에서 무리 없이 활용할 수 있다. 만약 키워드가 더 풍부하길 원한다면 빙고를 2라운드 정도로 운영해도 좋다.

빙고 놀이에서 제일 많이 나온 낱말을 5개 정도 선정하여 이야기를 만들 수 있는데, 학급 전체가 공통 키워드로 해도 좋고 모둠별 혹은 개인별로도 가능하다. 전체가 같은 키워드를 활용한다면 주제에 공통적으로 접근할 수 있다는 장점이 있고, 모둠이나 개인별로 한다면 다양한 이야기를 만들어 볼 수 있다는 장점이 있다.

핵심키워드로 글쓰기 방법은 아래와 같다.

- 책을 읽고 생각나는 낱말을 빙고 칸에 쓰기
- 낱말 빙고 게임하기
- 가장 많이 나온 낱말 고르기(5~10개)
- 핵심 낱말로 이야기 만들기
- 쓴 글 공유하기

【예시 1】『프레드릭』을 읽고 핵심 낱말 빙고 놀이

들쥐	프레드릭	가족	보금자리
햇살	색깔	곳간	농부
이야기	꿈	겨울	곡식
행복	돌담	양식	일

【예시 2】『프레드릭』을 읽고 핵심 낱말로 글쓰기

내가 찾은 핵심 낱말 5개	햇살, 색깔, 이야기, 지혜, 양식
핵심 낱말 사용하여 간추린 줄거리	프레드릭은 다른 들쥐들이 부지런히 일할 때 양식을 모으지 않고 햇살과 색깔과 이야기를 모았다. 길고 추운 겨울이 되자 다른 들쥐들에게 따뜻한 햇살과 색깔, 재미있는 이야기를 선물해 주는 프레드릭이 참 지혜롭다는 생각이 들었다.

6장

한 학기 한 권 읽기는
어떻게?

1. 한 학기 한 권 읽기와 독서 단원

1) 독서 단원이란

2015 개정 교육과정에 도입된 '독서 단원'은 초등학교 3학년에서 고등학교까지 매 학기 한 권 이상, 교과서 이외의 책을 수업시간에 끝까지 깊이 있게 읽고 생각을 나눔으로써 독서 습관과 독서 능력을 기르는 특화 단원을 말한다.

독서 단원의 가장 큰 목적은 학습자에게 책을 읽는 방법을 체계적으로 지도하고 독서 생활의 기초를 마련해 평생 독자를 기르는 것이다. 책 한 권을 긴 호흡으로 읽고, 이와 관련해 듣고, 말하고, 쓰는 활동을 하면서 국어과의 관련 성취기준을 통합하여 배울 수 있도록 구안되었다.

독서 단원에서는 국어과 수업 시수 안에서 특별하게 계획된 독서 경험을 제공하며, 지속적인 독서 습관의 내면화를 위해 8차시 이상으로 한 학기에 한 개 단원을 기본으로 하며, 학교 도서관 및 교실 상황에 따라 수업 시기를 자유롭게 정하는 등 탄력적으로 운영한다.

2) 독서 단원의 목적

○ 독서 단원은 읽고, 생각을 나누고, 표현하는 통합적인 독서교육을 강화하기 위한 취지로 만들어졌으며, 학생의 독서 능력 향상과 함께 독서 태도 증진과 독서 습관 지속을 목적으로 한다. 또 미래 사회가 요구하는 핵심역량 함양을 기반으로 하여 바른 인성을 갖춘 창의 융합형 인재 양성을 추구한다.
○ 학생이 스스로 한 학기에 한 권의 책을 선정하여 읽고, 생각을 나누고, 다양

하게 표현함으로써 독서의 즐거움을 맛보게 한다.

○ 학생들이 책을 읽는 과정에서 자연스럽게 독서 전략을 익히고, 책을 읽고 여러 가지 활동을 하는 과정에서 생각하는 힘을 기르도록 돕는다.

○ '한 학기 한 권 읽기' 경험을 축적해 학생들이 정서와 상상력을 기르고 생활속의 독서를 지향함으로써 평생 독자로 성장하는 기반을 마련한다.

3) 독서 단원의 구성

3~4학년 군에서는 '마음을 넓히고 생각을 키우는 독서'를, 5~6학년 군에서는 '꿈이 싹트고 슬기를 키우는 독서'를 지향한다. 3~4학년은 독서 단원을 통해 독서 과정에 입문하여 책에 흥미를 느끼면서 독서를 습관화하며 마음을 넓히는 단계이다. 이렇게 시작한 독서 과정에서 친구들과 생각을 나누면서 비판적, 창의적인 사고를 키우게 된다. 5~6학년은 진로 교육이 좀 더 현실화, 구체화되는 시기로 3~4학년의 독서에서 나아가 꿈을 싹트게 하고 슬기를 키우는 독서를 지향한다. 이 시기에는 독서 단원을 통해 책 속에서 만나는 새로운 세상을 경험하고 세상을 보는 안목을 넓히도록 구성되었다.

4) 독서 단원의 운영

독서 단원은 통합 여부, 집중 여부, 수업 시기에 따라 다양하게 운영할 수 있다.

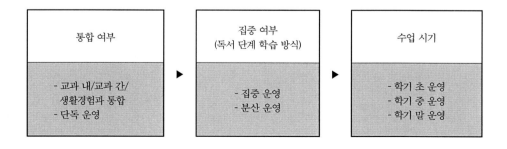

○ 통합 여부 결정(통합 대 단독)

　- 통합 운영: 국어 교과 내 통합 / 국어와 다른 교과 간 통합 / 삶과 통합

　　* 국어 교과 내 통합: 독서 단원과 국어과 내 다른 단원을 통합하여 독서 단원을 배우는 방식

　　* 국어와 다른 교과 간 통합: 국어와 다른 교과의 통합을 통하여 독서 단원을 배우는 방식, 교과 연계 독서

　　* 삶과 통합: 학생들의 실생활 문제에 독서 단원을 통합하여 독서 단원을 배우는 방식

　　* 통합요소: 주제, 학습 내용, 학습 과제 해결을 위한 사고나 기능 등을 매개로 도서를 선정하고 활동을 구성하는 통합이 가능

　　* 가능하면 학기 시작 전에 재구성 계획을 세워야 통합의 실효성을 거둘 수 있음

　　* 국어 교과서 단원은 교과 내 여러 성취 기준이 통합되어 있으므로, 별도의 재구성 없이 활동이 가능

　- 단독 운영: 국어 교과서의 독서 단원을 별도의 통합 없이 운영한다.

○ 집중 여부 결정(집중 대 분산)

　- 집중 운영

　　* 독서 준비 / 독서 / 독서 후 활동을 연속해서 운영

　- 분산 운영

　　* 독서 준비 / 독서 / 독서 후 활동을 비연속적으로 운영

　　* 독서 준비 단계의 경우, '읽고 싶은 책 정하기'와 '읽기 전 활동'으로 나누어 수업 진행

　　* 도서 준비를 위한 물리적 시간 확보 가능

○ 수업 시기 결정(학기 초 / 학기 중 / 학기 말)

2. **한 학기 한 권 읽기 지도 방법**

1) 독서 준비 단계

단원 개관
- 독서 단원 성격 알기 - 한 권 읽기 활동 안내 및 흥미

▶

읽을 책 정하기
- 읽을 책 정하기 - 독서 참여 형태 정하기

▶

읽기 전 활동
- 내용 예상하기 - 표지, 작가 살펴보기 - 훑어 읽기

독서 준비 단계는 독서 단원의 성격을 이해하고 독서에 관심을 두도록 하는 단계이다. 세부적으로 '단원 개관', '읽을 책 정하기', '읽기 전 활동'으로 구성된다.

'단원 개관'에서는 독서 단원의 성격을 설명하고, '한 학기 한 권 읽기' 독서 활동이 도달하려는 목표를 안내한 뒤에 단원 활동 순서를 제시한다. 독서 활동 단계별 세부 활동을 제시해 학생들이 독서 활동을 개관하게 하고 학생들의 흥미를 자극한다.

'읽을 책 정하기'에서는 학생들이 자신의 수준과 목적에 맞는 책을 선정하도록 한다. 자신이 관심있는 주제와 그동안 독서한 이력, 친구가 관심있는 분야, 선생님이 권하는 책 등을 알아보고 읽을 책을 정하도록 한다. 책을 선정할 때에는 책의 길이, 주제, 문장의 난이도, 구조, 선행 지식, 장르 친숙성, 경험 연관성, 흥미 등과 연관되는지 판단하도록 교사가 시범을 보이거나 목록 등을 제시하도록 한다.

'읽을 책 정하기'에서 교사는 다양한 독서 참여 형태를 활용할 수 있다. 교사는 대집단(학급 전체) 읽기 활동, 소집단(모둠) 읽기 활동, 개별 읽기 활동 등을 소개하고, 학생들이 상황과 여건에 맞게 적절히 선택하도록 한다. 어느 방법이 수업 효율을 높이고 학생들에게 도움이 될 지를 늘 고민해, 적절한 독서 참여 형태를 안내하고 다양하게 활용해야 한다.

'읽기 전 활동'에서는 책을 살펴보고 내용을 예상해보게 하는 미리보기 전략을 활용한다. 책 그림, 표지, 차례, 작가 등을 살펴보거나 훑어 읽기를 하여 책 내용을 예측하도록 한다.

2) 독서 단계

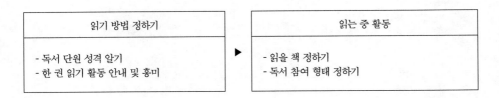

읽기 방법 정하기	읽는 중 활동
- 독서 단원 성격 알기 - 한 권 읽기 활동 안내 및 흥미	- 읽을 책 정하기 - 독서 참여 형태 정하기

독서 단계에서는 다양한 읽기 방법을 정해 책을 읽으며, 독서에 몰입할 수 있도록 읽기 시간을 확보한다. 세부적으로 '읽기 방법 정하기', '읽는 중 활동'으로 구성된다.

'읽기 방법 정하기'에서는 학생 묵독, 교사가 책 읽어주기, 교사와 학생이 번갈아 읽기, 학생과 학생끼리 번갈아 읽기와 같은 책읽기(책 읽어 주기) 방법 가운데에서 한 가지 이상을 정한다.

'읽는 중 활동'에서는 독서 시간을 충분히 제공하고, 읽는 중 활동 가운데에서 적절한 내용(이미지 형성하기, 점검하기, 질문하기, 추론하기, 중심 내용 파악하기 등)을 선택해 충분히 독서에 몰입할 수 있도록 한다.

3) 독서 후 단계

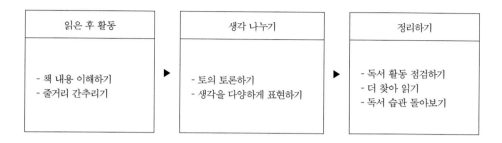

읽은 후 활동		생각 나누기		정리하기
- 책 내용 이해하기 - 줄거리 간추리기	▶	- 토의 토론하기 - 생각을 다양하게 표현하기	▶	- 독서 활동 점검하기 - 더 찾아 읽기 - 독서 습관 돌아보기

독서 후 단계에서는 읽은 책을 종합적으로 이해하는 활동, 독서 경험을 다른 사람과 충분히 공유하고 표현하는 활동, 자신의 독서 활동 및 습관을 되돌아보는 활동을 한다. 세부적으로 '읽은 후 활동', '생각 나누기', '정리하기'로 구성된다.

'읽은 후 활동'에서는 책 내용을 요약하거나 줄거리를 간추리는 활동을 하여 책 내용을 종합적으로 이해하도록 한다.

'생각 나누기'에서는 도서의 종류에 따라 독서 활동을 선택할 수 있다. 자신이 선택한 독서 참여 형태와 책 종류에 따라 다양하게 활동할 수 있다. 먼저, 독서 토의나 독서 토론 활동을 하여 자신의 생각을 나눈 다음, 정리된 자신의 생각을 말하고, 쓰고, 그리고, 만드는 등 다양하게 표현하도록 한다. 교사는 학생들이 자신의 생각과 타인의 생각을 공유하고 표현하는 경험을 하여 독서의 즐거움을 느끼고 깊이 있는 독서를 경험하는데 초점을 둔다.

'정리하기'에서는 자신의 독서 활동을 점검한다. 점검하기 요소는 독서 단계별로 한두 개를 제시한다. 그리고 주제, 작가, 소재, 장르 등의 요소와 연관지어 다양한 책을 찾아보고 독서 계획을 세워 독서를 생활화하도록 한다. 또 평소에 자신의 독서 습관을 돌아보고 점검하면서 바람직한 독서 습관을 기르도록 한다.

3. 한 학기 한 권 읽기 추천 도서

1) 그림책

구분	도서명	주제(핵심키워드)	학년
그림책	까마귀 소년	차별, 진정한 교육	5
	리디아의 정원	희망, 이해, 사랑	5
	머나먼 여행 시리즈	상상력	3
	조개맨들	전쟁, 가족	6
	여우	우정, 사랑, 학교폭력	6
	사라 버스를 타다	인권	5
	피아노치기는 지겨워	진로, 이해	5
	슈퍼거북, 슈퍼토끼	자아정체성, 삶	4
	폭풍우 치는 밤에 시리즈	친구	3
	프레드릭	의미 있는 삶	3
	100만 번 산 고양이	삶과 죽음	6
	강아지똥	삶, 가치	3
	스갱 아저씨의 염소	자유, 안전	5
	낱말공장나라	단어	4
	아름다운 가치사전	가치	4
	행복을 나르는 버스	이웃, 나눔, 행복	4
	할머니와 하얀 집	행복	3
	아나톨과 고양이	자아정체성, 나눔	5
	누가 내 치즈를 옮겼을까	변화, 실천	6
	세 가지 질문	삶, 가치, 인생, 사랑	6
	행복한 여우	행복, 자존감	5
	천사들의 행진	사랑, 봉사, 믿음	6
	우리는 언제나 다시 만나	인생, 사랑	3
	무지개 물고기	자아 존중, 타인 배려	5
	쥐 둔갑 타령	자아정체성	4
	아모스와 보리스	우정	3

2) 글자책

구분	도서명	주제(핵심키워드)	학년
글자책	꽃들에게 희망을	경쟁, 사랑, 우정	4
	소리질러 운동장	편견, 우정	4
	나의 린드그랜 선생님	책, 성장	3
	아홉 살 인생	사랑, 인생	5
	푸른사자 와니니	리더, 인생, 신뢰	5
	샬롯의 거미줄	사랑, 우정, 행복	4
	몽실언니	역사, 삶, 전쟁	5
	책도령은 왜 지옥에 갔을까	독서, 책임, 역할	6
	명탐정 두덕씨	문제 해결	3
	내 이름은 삐삐롱 스타킹	상상력, 꿈	4
	존 아저씨의 꿈의 목록	진로	5
	그 많던 싱아는 누가 다 먹었을까	전쟁, 역사, 사회	6
	감정종합 선물세트	감정, 관계, 사랑	4
	소나기	사랑	6
	커피우유와 소보로빵	차별, 인권	5
	안네의 일기	전쟁, 우애, 역사	6
	행복한 왕자	결핍, 사랑	6
	어린 왕자	삶, 사랑, 행복	6
	마지막 왕자	역사, 국민, 리더	6
	한밤중 달빛식당	기억, 회복	5
	레기, 내 동생	우애, 관계	4
	자전거 도둑	양심, 신뢰	5
	꽝 없는 뽑기 기계	마음, 사랑	4
	세종대왕이 뿔났다	한글	4
	책과 노니는 집	역사, 정의	5
	초정리 편지	한글, 약속	5
	우리들의 일그러진 영웅	민주주의, 리더	6
	정의란 무엇인가	정의	6
	수일이와 수일이	자아정체성	4
	유진과 유진	성, 자존감	5
	주병국 주방장	용기, 꿈	5
	까매서 안 더워	차별, 편견	5
	만국기 소년	성장, 관계	4
	아빠와 배트맨	가족애, 우정, 용기	4
	오메 돈 벌자고?	욕심, 요행	5
	버스 놓친 날	장애, 이해, 자존	6

4. 한 학기 한 권 읽기 재구성 사례

- 『꽃들에게 희망을』

1) 교육과정 / 수업 / 평가 일체화 의도

어떤 대상이나 사실에 대해 자신의 의견을 밝히는 글을 쓰며 학생들은 자신의 생각을 명료화, 정교화, 구체화하게 되고, 이러한 쓰기 경험은 논리적으로 글을 쓰는 능력을 향상시킨다. 1~2학년군에서는 자신과 자신의 주변에서 일어난 일에 대해 내용과 형식의 제한 없이 자유롭게 썼다면, 3~4학년군에서는 자신의 생각을 좀 더 구체적으로 정리해 의견으로 제시하는 글을 쓰도록 한다. 이 때 읽는 이를 고려하여 자신의 의견을 명확히 표현해야 하며, 다른 사람들이 자신의 의견을 이해할 수 있도록 그에 대한 이유를 알맞게 진술해야 한다는 점을 학생들이 깨닫도록 한다.

4학년 2학기 국어 5단원은 글쓴이가 주장하는 의견이 적절한지 판단하며 글을 읽고, 사람마다 서로 다른 의견이 있음을 아는 것을 목적으로 한다. 주장하는 글의 목적은 어떤 문제에 대한 주장을 논리적으로 증명하여 독자를 설득하는 것이다. 이러한 글을 읽을 때에는 전하고자 하는 내용이 어떻게 연결되는지 파악할 수 있어야 한다. 이 단원에서 학생들은 논설문의 주장과 근거, 논설문에 나타난 논리적 연결관계 등을 배우게 된다.

성취기준을 중심으로 재구성한 내용을 통해 학생들은 글쓴이의 주장이 올바른지, 근거로 제시한 사항이 정확한지 판단하는 능력을 기를 수 있고, 자신과 다른 주장에 대하여 비판적으로 생각하는 습관을 가지게 될 것이다. 또한 정확한 근거를 들어 자신의 생각을 말할 수 있고, 평가문항을 통해 자신의 생각을 글로 쓸 수 있을 것이다.

과목		국어(내 생각은 이래요!)
관련 단원		4학년 2학기 5단원 - 의견이 드러나게 글을 써요.
교육과정 성취기준	성취 기준	○ [4국03-03] 관심있는 주제에 대해 자신의 의견이 드러나게 글을 쓴다. ○ [4국05-04] 작품을 듣거나 읽거나 보고 떠오른 느낌과 생각을 다양하게 표현한다.
	재구성	책 속의 사실에 대해 이유를 들어 자신의 의견을 분명하게 말하고, 이를 토대로 글을 쓸 수 있다.
수업		○ 온 책 읽기(꽃들에게 희망을) ○ 글을 읽고 주장과 근거의 연결 관계 알기 ○ 주장에 대한 자신의 생각을 이야기하기 ○ 토의토론하기 ○ 주장하는 글쓰기
평가	지필	제시문을 읽고 타당성 있는 이유를 들어 자신의 의견이 드러나게 주장하는 글쓰기
	수행	토의토론에 참여하기

2) 교육과정 / 수업 / 평가 일체화 계획

관련단원			5. 의견이 드러나게 글을 써요.		
온 책 읽기 도서			『꽃들에게 희망을』		
성취 기준			○ 4국05-04 : 작품을 듣거나 읽거나 보고 떠오른 느낌과 생각을 다양하게 표현한다. ○ 4국03-03 : 관심있는 주제에 대해 자신의 의견이 드러나게 글을 쓴다. (재구성) 책 속의 사실에 대해 이유를 들어 자신의 의견을 분명하게 말하고, 이를 토대로 글을 쓸 수 있다.		
		학습 주제	학습 내용	비고	
차시	1	주제 프로젝트 구성하기	책 소개 및 내용 익히기 프로젝트 정하기 책을 읽고 하고 싶은 활동 브레인라이팅	브레인스토밍, 주제 프로젝트 구성	
	2	질문 만들기	질문 만들기(사실, 상상, 적용, 종합) 질문의 중요성 알기 질문 연습하기 '나에게 ~란 ~이다'	써클맵 활동, 롤링페이퍼, 메타포	
	3	하브루타 토의토론	하브루타 질문 만들기 책 전체적인 질문 만들기 짝 토론하기	하브루타 토의토론	

차시	4	이야기식 토론하기	지난 주 하브루타 질문으로 rws 토론하기 별점 주기 토론 소감 나누기	RWS 토의토론 [수행평가]
	5	논제 선정, 4단, 6단 논법 알기	핵심키워드 찾기 질문으로 논제 정하기 질문카페 놀이하기 4단 논법으로 의견말하기 피자판 성찰	피라미드, 질문카페
	6	비주얼씽킹 으로 질문 만들기	A4용지에 붙임 딱지 8개 비주얼씽킹 카드 2장 고르기 1분에 2장 따라서 그리기 시계방향으로 카드 돌리기 받은 그림 그리기 8장 중 2장 고르기 뒷장에 카드 2개 붙이기 떠오르는 단어 적기 2가지 키워드로 5줄 글쓰기	비주얼씽킹 토의토론 (간절히 원하면 꿈도 이루어질 수 있을까?)
	7	비주얼씽킹 으로 질문 만들기	친구의 글 보고 질문 만들기 사실 5개, 상상 3개, 종합 1개 돌아온 질문지에 답 쓰기 느낀 점 나누기	하브루타
	8	물레방아 토의토론하기	질문 만들기 어깨짝과 질문놀이 하기 물레방아 토론하기 인상적인 질문과 답 쓰기	경쟁은 필요한가?
	9	찬반 디베이트 (논술)	핵심키워드 찾기 모둠의 논제 정하기 학급의 논제 정하기 찬반 디베이트 하기 소크라틱세미나 토론	[지필평가]
	10	정리하기	수업 소감을 색면화로 전시하고 대표작품 뽑기	

3) 수업 계획

(가) 수업의 방향

'4국03-03 관심있는 주제에 대해 자신의 의견이 드러나게 글을 쓴다.'와 '4국
05-04 작품을 듣거나 읽거나 보고 떠오른 느낌과 생각을 다양하게 표현한다.'를

재구성하여 '책 속의 사실에 대해 이유를 들어 자신의 의견을 분명하게 말하고, 이를 토대로 글을 쓸 수 있다.'로 성취기준을 재구성하였다. 10차시인 이 단원에서는 학년 온 책 읽기 도서 '꽃들에게 희망을'을 제재로 다양한 의견을 듣고 서로의 생각을 나누며 자신의 생각이 드러나게 글을 써보도록 한다. 적절한 근거를 들어 말하는 가운데 논리적이고 합리적인 사고력을 키우고 학생 주도 학습활동을 통해 문제해결력과 창의적인 협력태도를 기르고자 한다. 이를 위하여 다양한 토의토론과 비주얼씽킹 논술학습법으로 재구성하여, 학습에 흥미 있게 참여하며 독서를 통해 사고력을 증진할 수 있는 시간으로 구성하였다.

(나) 차시별 수업계획

차시	단계	교수·학습 활동	자료 및 유의점
1	도입	○ 동기유발 - 책의 표지 보고 질문하기 ○ 공부할 문제 확인 - 온 책 읽기 주제망 구성하기	도서
	전개	○ '꽃들에게 희망을' 내용 파악하기 ○ 하고 싶은 활동 적고(브레인스토밍) 유목화하기 ○ 모둠별 내용 정하여 발표하기	모둠별 종이, 붙임 딱지
	정리	○ 전체적으로 활동 내용 선정하기 ○ 정리하고 게시하기 - 소감 나누기 - 활동 계획 공책에 정리하기	

차시	단계	교수·학습 활동	자료 및 유의점
2	도입	○ 동기유발(~까 놀이하기) ○ 공부할 문제 확인하기 - 질문의 중요성 알기	
	전개	○ 질문의 종류 - 사실확인질문 : 사실을 묻는 질문 - 사고확장질문 : 문장의 표현, 느낌, 의견 - 적용질문 : 생활에 적용, 가정, 종합 ○ 질문 만들기 - 써클맵 활동지 - 사실확인질문 5개 만들기(누가, 언제, 어디서, 무엇을, 어떻게)	써클맵 활동지

2	전개	- 90도 회전하여 답 달아주기 - 사고확장 질문 3개 만들기(왜) - 90도 회전하여 답 달아주기 - 친구들의 질문을 보고 적용질문 1개 만들기	써클맵 활동지
	정리	○ 이 시간의 핵심 단어 쓰기 ○ 핵심단어로 메타포(나에게 ~란 ~다.) ○ 정리하기	

차시	단계	교수·학습 활동	자료 및 유의점
3	도입	○ 동기유발 - 꼬리물기 질문하기 ○ 공부할 문제 확인하기 - 하브루타 토의토론을 해보자	
	전개	○ '꽃들에게 희망을'의 내용 파악하기 - 나오는 인물은? - 어떤 일이 있었나요? ○ 책 표지 보고 질문 만들기 ○ 질문 10개 이상 만들기 ○ 짝과 나의 공통 질문 뽑아보기 ○ 최고의 질문 뽑기 ○ 짝 토론하기	도서, 색도화지
	정리	○ 소감 나누기(피자판 성찰)	

차시	단계	교수·학습 활동	자료 및 유의점
4	도입	○ 동기유발 - 그림 보고 이야기하기 ○ 공부할 문제 확인하기 - 책을 읽고 이야기식 토론을 해보자	
	전개 [수행 평가]	○ 전시학습상기 - 지난 주 만들었던 질문 이야기하기 ○ 책 별점 주기 - 별 1~5개 자유롭게 주기 - 이유 이야기하기 ○ 자유롭게 질문하고 답하기 - 지난 시간 질문 중 최고의 질문으로 이야기 나누기	동그랗게 모두가 마주보고 앉아서 토의 토론하기
	정리	○ 정리하기 - 토론 소감 나누기	

차시	단계	교수·학습 활동	자료 및 유의점
5	도입	○ 동기유발 - 그림카드 보고 주제어 찾기 ○ 공부할 문제 확인하기 - 논제를 선정하여 토론해 보자	그림카드
	전개	○ 핵심키워드 찾기 - 발제문의 내용 읽기 - 핵심키워드 찾기 ○ 질문으로 논제 정하기 ○ 질문카페 놀이하기 ○ 4단 논법으로 의견 말하기	발제문
	정리	○ 정리하기 - 피자판 성찰	색도화지

차시	단계	교수·학습 활동	자료 및 유의점
6	도입	○ 동기유발 - 감정을 비주얼씽킹으로 표현하기 ○ 공부할 문제 확인하기 - 비주얼씽킹으로 질문을 만들어 보자	
	전개	○ A4용지에 붙임딱지 8개 ○ 비주얼씽킹 카드 2장 고르기 ○ 1분에 2장 따라서 그리기 ○ 시계방향으로 카드 돌리기 ○ 받은 그림 그리기 ○ 8장중 2장 고르기 ○ 뒷장에 카드 2개 붙이기 ○ 떠오르는 단어 적기 ○ 2가지 키워드로 5줄 글쓰기	비주얼 씽킹 카드, A4용지
	정리	○ 자신이 쓴 글 공유하기 ○ 정리하기	

차시	단계	교수·학습 활동	자료 및 유의점
7	도입	○ 동기유발 - 지난 시간에 쓴 글 공유하기 ○ 공부할 문제 확인하기 - 질문놀이를 해보자	A4용지, 쓴 글

차시	단계	교수·학습 활동	자료 및 유의점
7	도입	○ 동기유발 - 지난 시간에 쓴 글 공유하기 ○ 공부할 문제 확인하기 - 질문놀이를 해보자	A4용지, 쓴 글
	전개	○ 친구의 글 보고 질문 만들기 - 모둠별로 서로의 글 돌려 읽기 - 자리 차례에 질문 만들기 ○ 사실 질문 5개 만들기 ○ 상상 질문 3개 만들기 ○ 종합 질문 1개 만들기 ○ 돌아온 질문지에 답 쓰기 - 내 글에 적힌 질문들에 대해 답 쓰기	
	정리	○ 갤러리 활동하기 - 벽에 붙이고 느낀 점 나누기	

차시	단계	교수·학습 활동	자료 및 유의점
8	도입	○ 동기유발 - 추측하기 게임 ○ 공부할 문제 확인하기 - 물레방아 토의토론을 해 보자	교육연극적 요소
	전개	○ 이야기 읽기 ○ 질문 만들기 - A4 두 번 접기 - 들은 이야기의 장소 생각나는 대로 자기 칸에 쓰기 - 시간의 흐름에 따라 이어지도록 그림 그리기(8절 도화지) - 그려진 장소 보면서 이야기의 흐름 떠올리기 - 붙임딱지 1장마다 질문 만들기 2개 ○ 어깨짝과 질문놀이하기 - 질문 2개중 1개 고르기 ○ 물레방아 토론하기 - 바깥 원과 안쪽 원이 서로 자신의 질문 묻고 답하기 - 바깥쪽 원의 사람이 자리 옮기기 - 가장 인상적인 질문과 답을 붙임 딱지에 써서 해당 그림에 붙이기	A4용지, 8절 도화지 바깥쪽 원에 있는 사람만 오른쪽으로 두 칸씩 이동
	정리	○ 인상적인 이야기 발표하기 - 내가 만난 친구들의 질문과 답 중 인상적인 것 발표하기 ○ 정리하기(소감 나누기)	

차시	단계	교수·학습 활동	자료 및 유의점

9	도입	○ 동기유발
		  - 스크래치 프로그램으로 내용 파악하기
		○ 공부할 문제 확인하기
		  - 이유를 들어 자신의 의견을 분명히 말해 보자.
			온 책 읽기
			스크래치
			학생작품

	전개	○ 핵심키워드 찾기 ○ 학급의 논제 정하기 ○ 브레인라이팅으로 모둠의 의견 정하기 ○ 모둠별로 대표자 모이기 - 나머지 모둠원은 대표자 뒤에 앉기 ○ 소크라틱세미나 토론하기	토론자는 자유롭게 자리를 교환 할 수 있다.
	정리	○ 정리하기 - 소감을 이야기하기	

차시	단계	교수·학습 활동	자료 및 유의점

10	도입	○ 동기유발
		  - 질문카드 뽑아 의견 말하기
		○ 공부할 문제 확인하기
		  - 자신의 의견을 이유를 들어 글로 써 보자
			질문카드

	전개
	[지필
	평가]
		○ 자신의 의견 말하기
		  - 논제에 대해 자신의 생각을 이야기하기(4단 논법)
		○ 논술 글쓰기(지필평가)
		  - 경쟁은 필요한가?
		○ 수업 소감을 색면화로 나타내기
		  - 인상적인 작품 뽑기
		  - 어떤 감정인지 추측하기
		○ 전시하기
			논술평가지,
			32절 도화지,
			파스텔

	정리	○ 정리하기 - 소감을 이야기하기	

4) 평가 계획

(가) 평가의 방향

'4국03-03 관심있는 주제에 대해 자신의 의견이 드러나게 글을 쓴다.'와 '4국

05-04 작품을 듣거나 읽거나 보고 떠오른 느낌과 생각을 다양하게 표현한다.'를 재구성하여 '책 속의 사실에 대해 이유를 들어 자신의 의견을 분명하게 말하고, 이를 토대로 글을 쓸 수 있다.'로 성취기준을 재구성하였다. 10차시인 이 단원에서는 학년 온 책 읽기 도서 '꽃들에게 희망을'을 제재로 지필평가 시 사용할 수 있는 논술형 문항으로 두 개의 성취기준을 평가하고자 한다. 구체적인 평가 내용은 '제시문을 읽고 타당성 있는 이유를 들어 자신의 의견이 드러나게 주장하는 글쓰기'로 하여 평가를 실시한다.

(나) 평가 개요

교과	성취기준		평가 내용	평가 방법
	내용	재구성		
국어	○ [4국03-03] 관심있는 주제에 대해 자신의 의견이 드러나게 글을 쓴다. ○ [4국05-04] 작품을 듣거나 읽거나 보고 떠오른 느낌과 생각을 다양하게 표현한다.	책 속의 사실에 대해 이유를 들어 자신의 의견을 분명하게 말하고, 이를 토대로 글을 쓸 수 있다.	제시문을 읽고 타당성 있는 이유를 들어 자신의 의견이 드러나게 주장하는 글쓰기	지필평가(논술형), 수행평가(관찰법)

(다) 평가 설계 및 문항

○ 평가 설계

교과	학년-학기	내용 / 행동 영역	난이도	평가방법
국어	4-2	쓰기 / 적용	중	지필(논술형평가)
		듣기, 말하기 / 적용	중	수행(관찰)

관련단원	7. 적절한 의견을 찾아요.
성취기준	○ 4국03-03 관심있는 주제에 대해 자신의 의견이 드러나게 글을 쓴다. ○ 4국05-04 작품을 듣거나 읽거나 보고 떠오른 느낌과 생각을 다양하게 표현한다. (재구성) 책 속의 사실에 대해 이유를 들어 자신의 의견을 말할 수 있다. (재구성) 책 속의 사실에 대해 이유를 들어 자신의 의견이 드러나는 글을 쓸 수 있다.
평가요소	제시문을 읽고 타당성 있는 이유를 들어 자신의 의견이 드러나게 주장하는 글쓰기
자료출처	도서『꽃들에게 희망을』

○ 평가 문항

※ 다음 글을 읽고 물음에 답하시오.

「내가 방금 이야기를 나눈 애벌레를 어떻게 밟고 올라설 수 있단 말인가?」
줄무늬 애벌레는 되도록 노랑 애벌레와 마주치지 않으려고 애썼습니다. 그러나 어느 날 올라가는 유일한 통로를 막고 서 있는 그녀와 만나고 말았습니다.
「자, 네가 올라가느냐 내가 올라가느냐 이거다.」
라는 말과 함께 그는 단호하게 그녀의 머리를 밟고 올라섰습니다. 자기를 바라보는 노랑 애벌레의 시선에서 그는 자기 자신이 무서운 놈이구나 하는 느낌을 갖게 되었습니다. 「저 꼭대기에 무엇이 있든, 과연 이런 행동을 할 가치가 있단 말인가.」

1. 애벌레 기둥에서는 꼭대기에 오르기 위해 다른 애벌레를 밟고 올라가야 합니다. 우리 삶에서도 '애벌레 탑'과 같은 경쟁이 많고 그 종류도 다양합니다. 경쟁의 장점과 단점은 무엇이 있을지 한 가지 이상씩 쓰시오.(2점)

장점 _____

단점 _____

2. 교육에서 경쟁이 꼭 필요한 것인지 이유를 2가지 이상 들어 자신의 생각을 쓰시오.(3점)

_____

_____

(라) 평가 기준

성취기준		성취수준
[4국03-03] 관심있는 주제에 대해 자신의 의견이 드러나게 글을 쓴다.	상	사실에 대해 여러 가지 이유를 들어 자신의 의견이 드러나게 글을 쓸 수 있다.
	중	사실에 대한 의견과 이유를 부분적으로 드러내어 글로 쓸 수 있다.
	하	이유는 드러나지 않지만 사실에 대한 자신의 의견만 드러나게 글을 쓸 수 있다.
[4국05-04] 작품을 듣거나 읽거나 보고 떠오른 느낌과 생각을 다양하게 표현한다.	상	분명한 이유를 들어 자신의 의견을 간결하고 효과적으로 말할 수 있다.
	중	이유를 들어 자신의 의견을 말할 수 있다.
	하	분명한 이유가 없이 자신의 의견을 말할 수 있다.

* 평가는 체크리스트 방식(자기평가, 상호평가) 혹은 관찰평가로 진행한다.

문항	구분		답안 내용	배점	성취기준
1	기본		경쟁의 장점과 단점을 1가지 이상씩 쓴 경우	2	상
	예시답안	장점	개인의 발전을 가져온다. 성공한다. 꿈을 이룬다.		
		단점	스트레스를 받는다. 서로를 미워한다. 결과에 치중한다.		
	분할 점수 기준		경쟁의 장점과 단점 중 한 가지만 쓴 경우	1	중
			문항에 대한 반응을 전혀 하지 않은 경우	0	하
2	기본		경쟁에 대한 자신의 생각을 2가지 이상의 근거를 들어 쓴 경우		
	예시답안		경쟁은 필요하다. 왜냐하면 경쟁은 때로 목표를 확실히 정할 수 있는 기회를 제공해 주기 때문이다. 또한, 경쟁을 통해 자신이 살아왔던 삶과 지금의 삶, 앞으로 살아가야 할 삶에 대해 더 깊이 생각할 수 있게 만들어 준다.	3	상
	분할 점수 기준		- 경쟁에 대한 입장을 적었으나 근거가 분명하지 않은 경우 - 근거가 한 가지 이상인 경우	2	중
			주장과 근거가 불분명한 경우	1	하
			문항에 대한 반응을 전혀 하지 않은 경우	0	-

7장

블렌디드 러닝 독서
교육과정 사례

1. 철학이 있는 6학년 독서수업

1) 학생 실태를 반영한 교육과정 재구성 의도

6학년 학생들의 특징은 개인적인 성향이 강하고 자기 조절 능력이 다소 미흡하여 관계 맺기에 어려움을 느끼는 경우가 많다는 것이다. 또 전반적으로 독서 친화력이 낮고 가정이나 학교에서의 학업 스트레스를 게임이나 물리적인 움직임을 통하여 해결하고자 한다. 구체적 조작기의 특징에 따라 경험을 통해 문제를 해결하고자 하지만, 서로 협력하고 배려하는 과제에서는 종종 어려움을 느끼며 각자의 이기적인 성향이 학급문화를 이루어 미래사회에 필요한 협력적 문제해결 역량이나 자기관리, 의사소통, 공동체역량 등이 매우 미흡한 실정이다. 또한 독서 문해력 및 사유의 바탕이 되는 책 읽기 경험이 부족하여 초등학교의 최고학년으로서 건강한 인성과 바른 행동력으로 공감하고 소통하고 연대하도록 하는 교육과정의 설계 및 운영이 매우 절실하게 느껴진다. 따라서 학생들이 깊이 생각하고 서로 소통하고 연대하는 프로그램을 통해 학습의 즐거움을 느끼며 책을 통해 내면의 틀을 넓히는 창의적인 사고와 협력적으로 문제를 해결할 수 있는 역량 중심 교육과정을 운영하고자 하였다.

이 16차시의 교육과정은 인간의 근원적인 자기 성찰을 중심으로 한 철학적인 인문 도서(그림책)를 선정하여 콘텐츠를 강화하고 국어과의 자기 생각 만들기, 책을 통한 독서친화력 향상, 서로의 생각을 나누는 토의토론에 교육 연극적 요소를 재구성하여 철학이 있는 독서프로젝트로 운영하고자 하였다.

2) 관련 단원 및 성취기준

○ 관련 교과 및 단원 : 국어(독서, 연극단원), 창체
○ 차시 : 학급별 8회 16차시(2차시별 블록타임)
○ 핵심역량 : 의사소통역량, 창의적 사고역량, 공동체역량
○ 도서명 :『사람은 무엇으로 사는가』,『사람에게는 얼마만큼의 땅이 필요한가』,
　　　　　『아나톨의 작은 냄비』,『소크라테스의 죽음』,『유대인 수용소의 두 자
　　　　　매 이야기』,『조개맨들』, 영화 '12인의 성난 사람들'
○ 성취기준

단원	성취기준
6국01-02	의견을 제시하고 함께 조정하며 토의한다.(독서단원-토의토론5-1)
6국01-03	절차와 규칙을 지키고 근거를 제시하며 토론한다.(4단원-토의토론5-2)
6국02-06	자신의 읽기 습관을 점검하며 스스로 글을 찾아 읽는 태도를 지닌다.(독서단원, 공통)
6국05-04	일상생활의 경험을 이야기나 극의 형식으로 표현한다.(연극단원, 공통)
6국05-05	작품에 대한 이해와 감상을 바탕으로 하여 다른 사람과 적극적으로 소통한다.(독서, 연극, 공통)

○ 성취기준 분석

교육과정 내용			
국어	책을 읽고 근거를 제시하며 토론하기		
창체	독서 체험 활동하기		
성취기준 분석			
성취기준 코드	교과역량	기능	성취기준 재구조화
6국01-02	공동체대인 관계, 의사소통역량	경청, 공감하기	책을 읽고 친구들과 협력하며 토의·토론활동에 참여할 수 있다.
6국01-03	의사소통역량	맥락 이해하기, 공감능력 기르기	4단, 6단 논법을 알고 근거를 제시하며 토론할 수 있다.

6국02-06	비판적창의적 사고	매체 활용하기	책을 읽고 소통하며 독서 능력과 태도를 기를 수 있다.
6국05-04	비판적창의적 사고, 공동체 대인관계	내용 조직하기	책을 읽고 인상 깊은 장면을 연극으로 표현할 수 있다.
6국05-05	공동체대인 관계, 의사소통역량	경청, 공감하기	책을 읽고 자신의 생각을 글로 표현하며 근거를 들어 토 의·토론활동에 참여할 수 있다.

○ 블렌디드 실태 분석

정서적 환경	배타적, 개인주의적 성향, 사고력, 자기 관리역량 미흡	건강한 인성과 바른 행동력으로 공감하고 소통하고 연대하도 록 하는 교육과정의 설계 협력적 문제해결역량이나 자기관리, 의사소통, 공동체 역량 중심
인지적 환경	이해력, 자기 생각 표현하기, 독서친화력이 낮음	독서 친화적 환경 구성, 독서 동기부여
물리적 환경	가정 내 온라인 시스템 구축 비교적 용이	구글 클래스룸 환경 구축

○ 블렌디드 수업설계

대상	6학년	차시	16차시	관련 교과	국어, 창체
핵심역량	의사소통역량, 창의적 사고역량, 공동체역량				
수업 유형	등교	독서 토론, 원격학습 결과 공유 및 피드백, 평가			
	원격	구글 클래스룸을 이용한 영상 시청, 영상매체 제작, 유튜브 영상, 행 아웃 미팅, 채팅, 패들렛, 댓글, 피드백, 평가, 소크라티브, 멘티미터			

3) 블렌디드 교육과정 운영 계획

○ 교수학습 활동 조망도

관련 단원	교과 역량	성취기준	단원 학습 목표	차 시	주요 학습 내용 및 활동	블 렌 디 드	유형	도구
				1	○ 토론의 의미 알고 약속을 정하기	원 격	실시간 미팅, 컨텐츠 제작	구글 미팅, 유튜브 영상, 구글 설문
[독서 단원] 책을 읽고 생각을 넓혀요.	의사 소통 역량	[6국05-05] 작품에 대한 이해와 감상을 바탕 으로 하여 다른 사람과 적극적으로 소통한다. [6국02-06] 자신의 읽기 습관을 점검하며 스스로 글을 찾아 읽는 태도를 지닌다.	책을 읽고 소통 하며 독서 능력과 태도를 기를 수 있다.	2	○ 인간의 의미 생각해보기 - '인간이란 무엇인가?'	원 격	컨텐츠 제작	유튜브 영상, 구글 설문
				3	○ 나에게 던지는 질문 ○ 비주얼씽킹 알아보기	원 격	컨텐츠 제작	유튜브 영상, 구글 설문
				4	○ 4단논법, 6단논법 으로 쓰기 - '12인의 성난 사람들'	원 격	컨텐츠 제작	유튜브 영 상, 구글 행아웃
				5	○ 책 읽고 생각해 보기 - 『얼마나 가져야 행복 할까?』	원 격	컨텐츠 제작	유튜브 영상, 구글 설문
				6	○ 키워드로 질문 만들기 ○ 모둠의 논제 뽑기 ○ 의견을 내세우며 토의 하기	원 격	실시간 모둠 채팅	구글 행아웃
[연극 단원] 함께 연극을 즐겨요.	공동 체· 대인 관 계 역 량	[6국05-04] 일상생활의 경험을 이야기나 극의 형식으로 표현한다. [6국05-05] 작품에 대한 이해와 감상을 바탕으로 하여 다른 사람과 적극 적으로 소통한다.	경험을 살려 연극 으로 표현 할 수 있다.	7	○ 책 읽고 생각해보기 ○ 핵심키워드로 질문 만들기 - 『사람은 무엇으로 사는가?』	원 격	실시간 모둠 채팅	구글 행아웃
				8	○ 논제 정하기 ○ 질문카페 토론하기	등 교		
				9	○ 책 읽고 생각해보기 ○ 핵심키워드로 질문 만들기 - 『아나톨의 작은 냄비』	원 격	실시간 모둠 채팅	구글 행아웃, 패들렛
				10	○ 인상 깊은 장면 표현하기 ○ 교육연극 기법 활용하기 ○ 뜨거운 의자 토론하기	등 교		

4. 근거를 들어 주장해요.	비판적, 창의적 사고 역량	[6국01-03] 절차와 규칙을 지키고 근거를 제시하며 토론한다. [6국01-02] 의견을 제시하고 함께 조정하며 토의한다.	글을 읽고 근거를 들어 토의·토론 활동에 참여할 수 있다.	11	○ 그림 읽기 - '소크라테스의 죽음' ○ 두 마음 토론 방법 알기	원격	실시간 모둠 채팅	구글 행아웃
				12	○ 책 읽고 생각해보기 - '악법도 법인가' ○ 핵심키워드로 질문 만들기 ○ 소크라틱세미나 토론하기	등교		
				13	○ 책 읽고 생각해보기 ○ 전쟁과 평화의 의미 -『유대인 수용소의 두 자매 이야기』	원격	실시간 모둠 채팅	구글 행아웃, 패들렛
				14	○ 논제 정하기 ○ 육색생각모자 토론하기	등교		
				15	○ 책 읽고 생각해보기 ○ 전쟁과 평화의 의미 -『조개맨들』	원격	실시간 모둠 채팅	구글 행아웃, 소크라티브
				16	○ 논제 정하기 ○ 생각의 피자판 토론하기	등교		

○ 평가 및 환류계획

* 온 : 온라인 / 오 : 오프라인

교육과정 성취기준	평가 요소	평가 방법 및 시기	평가 도구	평가기준 (4단계)	
[6국01-02] 의견을 제시하고 함께 조정하며 토의한다.	자신의 의견을 제시하고 조정하며 토의하기	토의 토론, 자기 평가, 동료 평가 6월	온 : 구글 설문 온 : 실시간 채팅	매우 잘함	토의에서 자신의 의견을 타당하게 제시하고 다른 사람의 의견을 능동적으로 수용하며 함께 조정할 수 있다.
				잘함	토의에서 자신의 의견을 제시하고 다른 사람의 의견을 수용하며 함께 조정할 수 있다.
				보통	토의에서 다른 사람의 의견을 고려하여 자신의 의견을 제시할 수 있다.
				노력 요함	토의에서 다른 사람의 의견을 고려하여 자신의 의견을 제시하는 데 어려움을 느낀다.

				매우 잘함	토론의 절차와 규칙을 정확하게 지키며 타당한 근거를 다양하게 제시하면서 토론할 수 있다.
[6국 01-03] 절차와 규칙을 지키고 근거를 제시하며 토론한다.	토론의 절차와 규칙을 알고 근거를 제시하며 토론하기	토의 토론, 자기 평가, 동료 평가 7월	온 : 구글 설문 오 : 토의토론	잘함	토론의 절차와 규칙을 지키고 타당한 근거를 제시하며 토론할 수 있다.
				보통	토론의 절차와 규칙을 일부 지키고 근거를 부분적으로 제시하며 토론할 수 있다.
				노력 요함	토론의 절차와 규칙을 지키고 근거를 제시하며 토론하는 데 어려움을 느낀다.
정의적 영역	다른 사람의 의견 존중 하며 협력적 으로 참여 하기	자기 평가, 동료 평가	온 : 실시간 채팅 오 : 토의토론	매우 잘함	규칙을 잘 지키며 토의토론활동에 협력적이고 능동적으로 참여한다.
				잘함	규칙을 지키고 협력적으로 토의토론활동에 참여한다.
				보통	규칙을 지키고 협력적이나 토의토론활동에 소극적으로 참여한다.
				노력 요함	규칙을 이해하지 못하고 토의토론활동에 소극적으로 참여한다.

59-구글 채팅을 이용한 토론

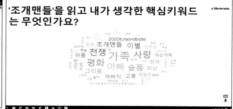

60-멘티미터를 이용한 키워드 찾기

2. 생각이 자라는 5학년 독서수업

1) 학생 실태를 반영한 교육과정 재구성 의도

학생 실태	재구성 방향
○ 자기조절능력 다소 미흡 ○ 독서친화력 다소 낮음 ○ 토의토론 역량 부족 ○ 실천적 의지 약함 ○ 토의토론에 관심 많음 ○ 자기 생각을 다양하게 표현하는 것이 어려움 ○ 친구를 좋아함, 관계에 대한 이해 부족	○ 협력적 문제해결역량, 자기관리, 의사소통, 공동체 역량 ○ 다양한 토의형태의 자기 생각 나누기 ○ 자기 생각을 글로 나타내기 ○ 사회성 관련 그림책 선정

친구를 좋아하고 친구와의 관계성에서 비롯된 학교생활의 의미를 찾는 시기인 5학년 학생들에게 지혜로운 관계 맺기에 관한 성찰을 중심으로 한 도서(그림책)를 선정하고자 하였다. 국어과의 자기 생각 만들기, 책을 통한 독서친화력 향상, 서로의 생각을 나누는 토의토론요소를 재구성하여 관계에 기반한 자기 생각 표현 중심 독서프로젝트로 운영하고자 하였다.

2) 관련 단원 및 성취기준

○ 관련 교과 및 단원 : 국어(독서, 연극단원)

○ 차시: 학급별 16차시

○ 핵심역량 : 의사소통역량, 창의적 사고역량, 공동체역량

○ 도서명 :『책도령은 왜 지옥에 갔을까』,『폭풍우 치는 밤에』시리즈,『나는 사실대로 말했을 뿐이야』,『낱말공장나라』,『아나톨』,『스갱 아저씨의 염소』, 시「왜 그럴까」

○ 성취기준

단원	성취기준
6국01-02	의견을 제시하고 함께 조정하며 토의한다.(독서단원-토의토론5-1)
6국01-03	절차와 규칙을 지키고 근거를 제시하며 토론한다.(4단원-토의토론5-2)
6국02-06	자신의 읽기 습관을 점검하며 스스로 글을 찾아 읽는 태도를 지닌다.(독서단원, 공통)
6국05-05	작품에 대한 이해와 감상을 바탕으로 하여 다른 사람과 적극적으로 소통한다.(독서, 연극, 공통)

○ 성취기준 분석

교육과정 내용	
국어	책을 읽고 근거를 제시하며 토론하기
창체	독서 체험 활동하기

성취기준 분석			
성취기준 코드	교과역량	기능	성취기준 재구조화
6국01-02	공동체대인관계	경청, 공감하기	책을 읽고 친구들과 협력하며 토의·토론활동에 참여할 수 있다.
6국01-03	의사소통역량	맥락 이해하기	4단, 6단 논법을 알고 근거를 제시하며 토론할 수 있다.
6국02-06	비판적·창의적 사고	매체 활용하기	책을 읽고 소통하며 독서 능력과 태도를 기를 수 있다.
6국05-05	공동체대인관계, 의사소통역량	경청, 공감하기	책을 읽고 자신의 생각을 글로 표현하며 근거를 들어 토의·토론활동에 참여할 수 있다.

○ 블렌디드 수업설계

대상	5학년	차시	16차시	관련 교과	국어, 창체
핵심역량	의사소통역량, 창의적 사고역량, 공동체역량				
수업 유형	등교	독서 토론, 원격학습 결과 공유 및 피드백, 평가			
	원격	줌을 이용한 실시간 쌍방향 소통, 영상매체제작(한쇼, 스크린캐티스파이), 유튜브 영상, 패들렛, 멘티미터, 클래스팅수업댓글, 피드백, 평가			

3) 블렌디드 교육과정 운영 계획

○ 교수학습 활동 조망도

관련 단원	교과 역량	성취 기준	단원 학습 목표	차시	주요 학습 내용 및 활동	블렌 디드	유형	도구
[독서 단원] 책을 읽고 생각을 넓혀요.	의사 소통 역량	[6국05-05] 작품에 대한 이해와 감상을 바탕으로 하여 다른 사람과 적극적으로 소통한다. [6국02-06] 자신의 읽기 습관을 점검하며 스스로 글을 찾아 읽는 태도를 지닌다.	책을 읽고 소통 하며 독서 능력과 태도를 기를 수 있다.	1~2	○ 나를 비주얼씽킹으로 표현하기 ○ 토론수업에서 하고싶은 것, 약속을 정하기	원격	실시간 미팅, 컨텐츠 제작	유튜브 영상, 구글 설문
				3	○ 친구란 무엇인가 ○ 책 읽고 생각해 보기 - 『폭풍우치는 밤에』	원격	컨텐츠 제작	유튜브 영상, 구글 설문
				4	○ 키워드로 질문 만들기 (써클맵) ○ 4단 논법으로 자기 생각 말하기	등교	토의 토론, 4단 논법	대면 (평가)
				5	○ 하얀 거짓말은 필요한가 ○ 핵심키워드로 질문 만들기 - '나는 사실대로 말했을 뿐 이야' ○ 두 마음 토론하기(가족)	원격	실시간 채팅, 두 마음 토론	구글 채팅, 패들렛
				6	○ 논제 정하기 ○ 가치수직선 토론하기	등교	토의 토론	대면 (평가)
				7	○ 진정한 지혜란 무엇인가 ○ 책 읽고 생각해보기 - 『책도령은 왜 지옥에 갔을까』	원격	실시간 채팅	클래스팅 수업 댓글
4. 근거를 들어 주장 해요.	비판적· 창의적 사고 역량	[6국01-03] 절차와 규칙을 지키고 근거를 제시 하며 토론 한다. [6국01-02] 의견을 제시하고 함께 조정 하며 토의한다.	글을 읽고 근거를 들어 토의 토론 활동에 참여 할 수 있다.	8	○ 핵심키워드로 질문 만들기 ○ 원탁 토론하기	등교	대면 토의 토론	대면
				9~ 10	○ 책 읽고 생각 나누기 ○ 선택적 독후활동하기 (글로 쓰기, 비주얼씽킹, 만화, 시, 가족 인터뷰)	원격	실시간 채팅	패들렛, 클래스팅 수업댓글
				11~ 12	○ 『스갱 아저씨의 염소』 ○ 핵심키워드로 질문 만들기 ○ 찬반대립 토론하기	등교	대면 토의 토론	대면
				13~ 14	○ 책 읽고 생각나누기 - 『아나톨』	원격	실시간 채팅	패들렛, 클래스팅 수업댓글
				15~ 16	○ 내 주변의 대상 정하여(가족) 자세히 관찰하기 ○ 관찰한 내용을 줄글로 쓰기, 줄여서 쓰기 ○ 시 읽고 나만의 이야기 만들기 - 『왜 그럴까』	등교	토의 토론	대면 (평가)

3. 책의 재미를 알아가는 4학년 독서수업

1) 학생 실태를 반영한 교육과정 재구성 의도

학생 실태	재구성 방향
○ 자기조절능력 다소 미흡 ○ 독서친화력 다소 낮음 ○ 토의토론 역량 부족 ○ 실천적 의지 약함 ○ 발달 단계에 맞는 독서능력 미흡 ○ 말하기 영역 관심 많음	○ 협력적 문제해결역량, 자기관리, 의사소통, 공동체 역량 ○ 책을 통해 다양한 사고 공유 ○ 발달단계에 맞는 그림책 선정 ○ 한 권 읽기와 연계한 토의토론

4학년은 '소리질러 운동장'이란 도서로 한 학기 한 권 읽기를 하고 있다. 한 권 읽기를 통해 책 읽기의 재미를 느끼고, 함께 읽고 다양한 생각을 나누며, 논리적인 말하기 소양과 경청하고 존중하는 토의토론의 기본을 배우는 데 중점을 두려고 하였다. 한 권의 책을 통해 여러 권의 책이 읽고 싶어지는 독서친화적인 수업 문화를 만들고, 토의토론에 재미를 느끼도록 하는 독서프로젝트로 운영하고자 하였다.

2) 관련 단원 및 성취기준

○ 관련 교과 및 단원 : 국어(독서, 연극단원)
○ 차시 : 학급별 10차시
○ 핵심역량 : 의사소통역량, 창의적 사고역량, 공동체역량
○ 도서명 :『소리질러 운동장』,『꽃들에게 희망을』,『커다란 질문』,『슈퍼거북』,
　　　　　『프레드릭』,『사소한 소원만 들어주는 도깨비』
○ 성취기준

단원	성취기준
4국01-02	회의에서 의견을 적극적으로 교환한다.
4국02-05	읽기 경험과 느낌을 다른 사람과 나누는 태도를 지닌다.

4국05-04	작품을 듣거나 읽거나 보고 떠오른 느낌과 생각을 다양하게 표현한다.
4국05-05	재미나 감동을 느끼며 작품을 즐겨 감상하는 태도를 지닌다.

○ 성취기준 분석

교육과정 내용	
국어	재미를 느끼며 책을 읽고 다양하게 생각 나누기
창체	독서 체험 활동하기

성취기준 분석			
성취기준 코드	교과역량	기능	성취기준 재구조화
4국02-05	공동체대인관계 의사소통역량	경청, 공감하기	책을 읽고 자신의 생각을 이야기할 수 있다.
4국01-02 4국05-04	비판적, 창의적 사고역량	공감 능력 기르기	4단 논법을 알고 근거를 제시하며 토론할 수 있다.
4국05-05	공동체대인관계	맥락 이해, 내용 조직	책을 읽고 소통하며 독서 능력과 태도를 기를 수 있다.

○ 블렌디드 수업설계

대상	4학년	차시	10차시	관련 교과	국어, 창체
핵심역량	의사소통역량, 창의적 사고역량, 공동체역량				
수업 유형	등교	독서 토론, 원격학습 결과 공유 및 피드백, 평가			
	원격	줌을 이용한 실시간 쌍방향 소통, 영상매체 제작(한쇼, 스크린캐티스파이), 유튜브 영상, 패들렛, 멘티미터, 소크라티브, 페어덱 피드백, 평가			

3) 블렌디드 교육과정 운영 계획

○ 교수학습 활동 조망도

차시	주요 학습 내용 및 활동	한 권 읽기	블렌디드	유형	도구
1	○ 자기소개 ○ 독서토론논술수업 약속 ○ 책 소개하기	소리질러 운동장	원격	실시간 미팅, 컨텐츠 제작	줌
2	○ 질문의 중요성 ○ 책 읽기 - 『커다란 질문』 ○ 커다란 질문이란? - 멘티미터 ○ 나는 왜 태어났을까? - 패들렛	소리질러 운동장 커다란 질문	원격	실시간 미팅, 컨텐츠 제작	줌 실시간, 멘티미터, 패들렛
3	○ 질문하기 - 선생님 ○ 질문 나누기 - 열린 질문, 닫힌 질문 ○ 질문의 특징 알기 ○ 책 읽기 - 『소리질러 운동장』1장 ○ 꼬리물기 질문하기 ○ 논제, 4단 논법 알아보기	소리질러 운동장 사소한 소원만 들어주는 도깨비	등교	토의토론 (4단 논법 으로 자기 생각 말하기)	대면
4	○ 책 읽기 - 『꽃들에게 희망을』 ○ 책의 내용 알기 ○ 4단 논법으로 자기 생각 쓰기 ○ 구글 설문 학습지하기	소리질러 운동장 꽃들에게 희망을	원격	컨텐츠 제작	유튜브 영상, 구글 설문
5	○ 책 읽기 - 『꽃들에게 희망을』,『소리질러 운동장』1장 ○ 핵심키워드 찾아보기, 대표질문 정하기 ○ 질문으로 논제 정하기 ○ 논제에 대해 두 마음 토론하기	소리질러 운동장 꽃들에게 희망을	등교	토의토론 (두 마음 토론)	대면
6	○ 책 읽고 질문 만들기 ○ 나의 대표 질문 뽑기 ○ 4단 논법으로 말하기 ○ 두 마음 토론방법 알기	소리질러 운동장 프레드릭	원격	컨텐츠 제작	유튜브 영상, 구글 문서, 패들렛
7	○ 책 읽기 - 『슈퍼거북』 ○ 지우개 지우기로 내용 파악 ○ 별점, 소감 나누기 ○ 키워드 찾기 ○ 『슈퍼거북』이 준 커다란 질문은? ○ 질문카페 토론하기	소리질러 운동장 슈퍼거북	등교	토의토론 (질문카페 토론)	대면
8	○ 책 읽기 - 『소리 질러 운동장』7장 ○ 내가 아는 유명한 것 ○ 명예로운 것이란? ○ 가족의 명예를 지키기 위하여 내가 하는 일은? ○ 질문카페 토론방법 알기	소리질러 운동장	원격	컨텐츠 제작	유튜브 영상, 구글 문서, 패들렛

9	○ 책 읽기 - 『소리 질러 운동장』 10장 ○ 내가 아는 훌륭한 사람, 이유 ○ 훌륭한 사람의 조건 3가지 ○ 피라미드 토론하기 ○ 우리 반이 뽑은 훌륭한 사람의 기준 ○ 『소리 질러 운동장』에서 훌륭한 사람은?	소리질러 운동장	등교	토의토론 (피라미드 토론)	대면
10	○ 백만 시간의 법칙 영상 보기 ○ 느낀 점 쓰기 ○ 좌우명이란 ○ 나의 좌우명 만들기	소리질러 운동장 영상자료	원격	컨텐츠 제작	유튜브 영상, 구글 문서

8장

학년별 독서토론수업 과정안

1. 그림책이 재미있는 저학년

순	도서명	주제 (핵심키워드)	토의토론기법	글쓰기 주제(논제, 질문)
1	돼지책	가족, 역할	신호등 토론	가족의 역할은 정해져 있을까?
2	지각대장 존	이해, 사랑, 신뢰	질문 하브루타	내가 바라는 좋은 선생님은?
3	난 무서운 늑대라구!	교양, 문화인	이야기식 토론	교양 있는 사람은 어떤 사람일까?
4	우리는 친구	친구	하브루타 토론	좋아하는 친구의 특성은?
5	난 네가 부러워	자존감	롤링페이퍼 토론	내가 잘하는 것은 무엇일까?
6	알사탕	이해, 관계	하브루타 토론	누구의 마음의 소리를 듣고 싶은가?
7	사소한 소원만 들어주는 도깨비	사소함, 우정	포토스탠딩 토론, 개념 탐구 토론	나의 소원은 무엇인가?, 내게 도깨비 가 있다면 빌고 싶은 소원은?
8	치과의사 드소토 선생님	문제해결방법	하브루타 토론, 트리즈	드소토는 여우를 치료해야 하는가?
9	고 녀석 맛있겠다	문제해결방법	둘 가고 둘 남기 토론	육식공룡과 초식공룡이 같이 살 수 있 는 방법은?
10	민들레는 민들레	자기 존중	질문 하브루타	내가 소중하다고 느낄 때는?
11	커다란 질문	질문의 힘	브레인라이팅 토론	나는 왜 태어났을까?

1) 돼지책

도서명	돼지책	
지은이	앤서니브라운	
관련 학년	1, 2학년	
관련 교과	국어, 창체	
핵심 키워드	가족, 역할, 양성평등	

내용 및 도서 선정 이유	아빠 피곳 씨와 두 아들은 엄마를 전혀 도와주지 않는다. 엄마는 가정의 모든 일을 도맡아 하는 무거운 짐을 안은 채 살고 있다. 늘 우울한 모습으로 힘겹게 살아가는 피곳 씨 아내이자 두 아들의 엄마는 어느 날 '너희들은 돼지야!'라는 편지 한 장만을 남기고 가출을 한다. 아내가 없는 피곳 씨와 엄마가 무엇이든지 다 해 주기만 했던 사이먼과 패트릭에게 엄마의 빈 자리는 너무나 컸다. 집은 점점 돼지우리가 되어가고 피곳 씨와 두 아들은 할 수 없이 집안일을 스스로 하며 아내와 엄마라는 소중한 존재를 깨닫게 된다. 아내 없이, 엄마 없이 힘들게 지내던 돼지 가족은 다시 가정으로 돌아온 아내이자 엄마를 환영하며 가정의 모든 일을 서로 도와주며 함께 한다. 이젠 돼지 가족이 아닌 진정한 가족으로 돌아오게 된 것이다. 집안일을 함께 하며 다시 행복한 가정으로 돌아온 모습에서 돼지 가족은 다시 평화로운 가족의 모습으로 바뀌게 된다. 함께 한다는 것, 그리고 가족 모두가 소중하고 서로 존중하며 도와야 한다는 가르침을 주는 이 책은 진정한 가족의 의미가 무엇인지 생각하게 한다. 그리고 마지막 페이지에서 차를 수리하고 있는 피곳 씨 아내의 모습에서 '양성평등' 정신을 깨닫게 한다. 남녀의 할 일이 따로 정해진 것이 아니라는 것도 생각하게 한다. 결국 가족 모두가 서로 이해하고 배려하며 협력할 때 행복한 가정을 이룰 수 있다는 내용이다.

수업 과정	도입	○ 사진 보며 이야기하기 - 더러운 집안과 깨끗한 집안의 모습
	전개	○ 비교 하브루타하기 - 왜 그렇게 됐을까? 그런 경험이 있나? ○ 책 읽고 생각 나누기 - 하브루타 질문 만들기 - 질문에 대한 생각 나누기
	정리	○ 행복한 가족의 모습 이야기하기

2) 지각대장 존

도서명	지각대장 존
지은이	존 버닝햄
관련 학년	1, 2학년
관련 교과	국어, 창체
핵심 키워드	이해, 사랑, 신뢰

내용 및 도서 선정 이유	날마다 학교 가는 길에 예상치 못한 일을 만나 지각을 하는 존은 그 때마다 선생님께 지각한 이유를 말하지만 선생님은 믿지 않고 "이 동네에서는 그런 일이 일어날 수 없다"고 말하면서 심한 벌을 준다. 몸집이 크고, 커다란 손과 이목구비를 가진 선생님, 그리고 상대적으로 작은 체구와 작은 눈을 가졌으며 긴장한 표정을 짓고 약해 보이는 존의 모습을 통해 교사와 학생 사이 힘의 차이를 짐작할 수 있다. 학교에서 선생님의 존재는 교실 전체 분위기를 좌우할 수 있는 큰 영향력을 가지고 있다. 학생의 이야기에 귀기울이지 않는 교사와 자신의 생각을 말했으나 받아들여지지 않는 학생, 이 답답한 교실 상황은 교육에서 교사와 학생, 어른과 아이의 관계를 나타내며 어린 아이들에 대한 기성세대들의 이해와 관심이 중요함을 깨닫게 한다.

수업 과정	도입	○ 책 표지 보고 짐작하기 - 관계, 성격 등 - '지우개 지우기'로 책의 내용 상상하기 (지우개 지우기 : 부록 활동지 참고)
	전개	○ 책 읽기 ○ 하브루타 질문 만들기 ○ 짝끼리 질문 대화하기 ○ 최고의 질문으로 생각 나누기(짝, 모둠, 전체) - 하브루타 질문 만들기 　* 예 : 내가 바라는 좋은 선생님은? - 질문에 대한 생각과 경험 나누기 - 뒷이야기 상상하기
	정리	○ 소감 나누기 ○ 나의 수업 자기 평가하기(별점 주기)

3) 난 무서운 늑대라구!

도서명	난 무서운 늑대라구!	
지은이	베키 블룸	
관련 학년	1, 2학년	
관련 교과	통합교과	
핵심 키워드	독서, 교양, 존중, 이해	

내용 및 도서 선정 이유	늑대는 무섭고 성격이 고약한 동물로 묘사되는데 이 책은 그런 성향의 늑대가 책을 통해 교양 있는 늑대가 되어가는 과정을 보여준다. 여행에 지친 배고픈 늑대가 마을로 들어올 때, 다른 동물들은 도망가지만 책의 재미에 빠진 오리, 젖소, 돼지는 꿈적도 하지 않는 걸 보고 늑대도 책을 깊이 읽게 되는 과정이 재미있게 나타나 있다. 글자를 읽다가 내용을 이해하고 실천하게 되는 늑대의 모습에서 책을 읽는 진정한 의미를 알 수 있다. 초등학교 저학년 수준에서 독서의 흥미를 높이고 책이 주는 장점과 그로 인해 변화되는 모습을 재미있게 묘사한 책이다. 진정한 교양인이 되어가는 것이 배움의 자세가 아닐까 싶다. 통합교과에서 과학지식, 동물 관련, 노래, 그림, 체육 활동 등 다양한 활동을 함께 융합하여 지도하면 좋다.

수업 과정	도입	○ 책 표지 보고 짐작하기 　- 나오는 동물들의 특징, 성격, 좋아하는 동물 등 이야기하기
	전개	○ 책 읽기 ○ 하브루타 질문 만들기 ○ 짝끼리 질문 대화하기 ○ 최고의 질문으로 생각 나누기(짝, 모둠, 전체) 　- 하브루타 질문 만들기 　＊예1 : 늑대의 성격이나 행동이 바뀌게 된 이유는 무엇일까? 　＊예2 : 책을 읽으면 교양 있게 되는 이유는 무엇일까? 　- 질문에 대한 생각 나누기 ○ 경험 나누기
	정리	○ 소감 나누기 ○ 나의 수업 자기 평가하기(별점 주기)

4) 우리는 친구

도서명	우리는 친구
지은이	앤서니 브라운
관련 학년	1, 2학년
관련 교과	통합교과
핵심 키워드	친구, 우정, 이해, 관계

내용 및 도서 선정 이유	동물원에 손짓으로 말을 할 줄 아는 특별한 고릴라가 살았다. 갖고 싶은 것이 있으면 동물원 사람들한테 손짓으로 말하는 고릴라에게는 부족한 것이 하나도 없어 보였지만, 고릴라는 친구가 필요했다. 동물원에 고릴라는 한 마리뿐이어서 친구가 없었고, 고민하던 동물원 사람들은 고릴라에게 '예쁜이'라는 이름의 작은 고양이를 데려다 주었다. 고릴라는 '예쁜이'가 마음에 들었다. 그래서 모든 일을 함께 하며 행복했는데 어느 날 '킹콩' 영화를 보고 화가 나서 텔레비전을 부수어 버린다. 놀란 사람들은 고양이 때문이라고 생각하고 데려가려 하지만 고양이가 텔레비전을 망가뜨린 건 자기라고 이야기하며 함께 지내게 된다. 　동물원에서 살고 있는 특별한 고릴라가 작은 고양이 '예쁜이'와 친구가 되면서 벌어지는 이야기이다. 고릴라의 '어떤 행동'에 놀란 동물원 사람들이 위험하다며 자신을 데려가려고 하자 '예쁜이'가 보여 주는 행동은 '진정한 친구의 의미'를 일깨워준다. 서로 이해하고 소통하고 배려하는 친구에 대해서 수업할 때 좋은 책이다.

수업 과정	도입	○ 좋아하는 동물 이름 대기 ○ 책 표지 보고 짐작하기 - 표정 보고 감정 맞추기

	전개	○ 책 읽기
		 ○ 하브루타 질문 만들기
		 ○ 짝끼리 질문 대화하기
		 ○ 최고의 질문으로 생각 나누기(짝, 모둠, 전체)
		  - 하브루타 질문 만들기
		   * 예 : 진정한 친구는 어떤 사람일까요?
		  - 질문에 대한 생각 나누기
		 ○ 경험 나누기

	정리	○ 소감 나누기 ○ 나의 수업 자기 평가하기(별점 주기)

5) 난 네가 부러워

도서명	난 네가 부러워
지은이	김영민
관련 학년	1, 2학년
관련 교과	통합교과
핵심 키워드	친구, 우정, 이해, 관계

내용 및 도서 선정 이유	이 책에는 자신의 단점을 부끄럽게 여기는 열한 명의 아이가 등장한다. 찰랑찰랑 생머리가 부러운 곱슬머리 아이, 축구보단 인형놀이가 좋은 남자아이, 수줍음이 많은 아이, 집중력이 약한 아이, 자신감 없는 아이, 겁이 많은 아이, 덜렁거려서 늘 다치는 아이, 눈물이 많은 아이, 차가워 보이는 아이, 운동을 못하는 아이, 이름이 '공주'인 아이가 그들이다. 우리의 교실에서 만나는 다양한 아이들이 서로의 개성을 장점으로 인정하고 그로 인해 서로 존중하고 이해하며 자존감을 높일 수 있도록 지도하기에 좋은 책이다. 아이들을 위축되게 만드는 건 세상의 편견 때문이다. 남자아이는 인형 놀이보다 축구를 좋아해야 할까? 다른 사람보다 눈물이 많은 건 꼭 고쳐야만 하는 나쁜 습관일까? 축구보다 인형 놀이를 더 좋아하는 남자아이는 여자아이들과도 잘 어울려 놀고, 겁이 많은 아이는 조심성이 많다. 눈물이 많은 아이는 감정이 풍부하고 다른 사람 일에도 공감하는 능력이 뛰어나다. 이렇듯 이 책은 아이들 각자의 고민과 단점이 장점이 될 수도 있다는 메시지를 전한다. 또한 겉으로 보이는 한 가지로 그 사람의 모든 것을 판단하는 것은 옳지 않다는 걸 깨닫게 한다. 이 수업을 통해 모든 사람은 소중하며 장점이 있다는 것을 알 수 있고, 결국 자기를 존중하고 사랑하는 방법을 느끼게 할 수도 있을 것이다.

수업 과정	도입	○ 나를 표현하는 단어 찾아 써보기(롤링페이퍼, 써클맵 활용) ○ 책 제목 보고 부러운 사람 이야기하기
	전개	○ 책 읽기 ○ 책의 내용 이해하기(교사 질문) ○ 나의 단점 쓰고 이야기하기(모둠별, 롤링페이퍼) ○ 친구의 단점을 장점으로 바꾸어주기 - 댓글로 달아주기 ○ 친구들의 글을 보고 나를 표현하는 단어 바꾸어 쓰기
	정리	○ 소감 나누기 ○ 나의 수업 자기 평가하기(별점 주기)

6) 알사탕

도서명	알사탕	
지은이	백희나	
관련 학년	1, 2학년	
관련 교과	통합교과	
핵심 키워드	관계, 이해, 사랑, 소외, 이웃	

내용 및 도서 선정 이유

혼자 노는 외로운 동동이는 친구들이 먼저 말 걸어 주기를 바란다. 놀이터 한 구석에서 '혼자 노는 것도 나쁘지 않다'며 애써 태연한 척해 보지만 늘 외롭다.

그리고는 동네 문방구에 들러 구슬처럼 생긴 사탕 한 봉지를 산다. 그런데 크기도 모양도 색깔도 다양한 이 사탕은 마음의 소리를 들을 수 있는 사탕이다. 리모컨이 옆구리에 끼어서 아프다고, 아빠가 제 위에 앉아 방귀를 뀌는 통에 숨쉬기가 힘들다고 푸념을 늘어놓는 낡은 소파, 온종일 동동이 손에 끌려다니는 늙은 개 구슬이의 속사정, 동동이와 눈만 마주치면 쉴 새 없이 잔소리를 퍼붓는 아빠의 속마음, 너무나 그립지만 만날 수 없는 할머니의 반가운 안부를 차례로 들려준다. 이처럼 꿈에도 생각지 못했던 이들의 마음들을 알게 된 후, 이제 동동이에겐 투명한 사탕 한 알이 남았고 동동이는 이 사탕으로 친구에게 먼저 마음을 보이며 손을 내민다. 동동이의 입에서 어떤 말이 나오게 되는지 그림책을 눈여겨보는 재미가 있다.

이 책은 가정적인 환경 탓에 소외되고 수동적이었던 동동이가 알사탕을 먹고 능동적으로 변해가는 과정의 의미를 담고 있다. 우리의 주변에, 교실에 이렇듯 소외되고 마음을 열지 못하는 아이들이 함께 마음을 열고 웃을 수 있는 그런 세상이 될 수 있길 바라는 마음으로 수업하기에 좋다.

수업 과정	도입	○ 알사탕을 먹어본 경험 나누기 - 사탕을 먹었을 때의 기분 생각해 보기
	전개	○ 책 읽기 ○ 책 속에 나와 있지 않은 내용 추측하기 - 동동이의 가정 환경, 할머니, 엄마, 아버지 ○ 동동이의 마음의 변화 알아보기 ○ 나에게 알사탕이 생긴다면 듣고 싶은 소리는 무엇인지 나누기 ○ 뒷이야기 상상하기 - 책 뒤의 킥보드와 스케이트보드는 누구의 것일까?
	정리	○ 소감 나누기 ○ 나의 수업 자기 평가하기(별점 주기)

7) 사소한 소원만 들어주는 도깨비

도서명	사소한 소원만 들어주는 도깨비	
지은이	전금자	
관련 학년	1, 2학년	
관련 교과	통합교과	
핵심 키워드	친구, 우정, 배려, 약속	
내용 및 도서 선정 이유	등교길에 우연히 두꺼비 한 마리를 구해 주는 훈이에게 두꺼비는 사소한 소원 한 가지를 들어주겠다고 한다. 하지만 훈이에게 사소하다고 생각되는 소원은 두꺼비에게 매번 거절당하고 만다. 짝꿍과 다퉈 다시 친해지고 싶다고 하지만 화가 많이 난 짝꿍의 마음을 대신 돌리는 건 '결코 사소하지 않다'고 하고, 또 싫어하는 미술 시간을 체육 시간으로 바꿔 달라고 하지만 모두가 한 약속을 지키는 게 얼마나 중요한지 말하며 거절한다. 또, 나물 반찬 대신 햄 반찬으로 바꿔 달라는 소원은 편식하는 건 사소한 게 아니라며 거절한다. 화가 잔뜩 나서 "도대체 사소한 게 뭔데?"라고 묻는 훈이에게 두꺼비는 "음… 아주 작고, 보잘것없는 그런 거"라고 말한다. 나중에 지우개를 빌려 달라는 짝꿍의 말에 두꺼비가 지우개를 만들어 주어서 친구와 화해하게 된다. 어느 날 훈이의 일상 속으로 마법 같이 툭 뛰어들어온 두꺼비에게서 다른 사람의 감정을 배려하고 친구들과 사이좋게 지내며 약속을 지키는 일 등이 결코 사소하지 않다는 것을 배울 수 있고, 이에 대해 학생들과 함께 이야기해 보기에 좋은 책이다. 학생들이 '사소함'이란 단어의 의미를 알아보게 하고, 우리 주변에 사소하지만 없어서는 안 될 삶의 가치를 찾게 하는 수업을 한다면 저학년에서부터 고학년까지도 활용이 가능한 책이다.	
수업 과정	도입	○ 주변의 사소한 것들 찾아보기 ○ 책 제목 보고 궁금한 점 질문하기
	전개	○ 책 읽기 ○ 책을 읽고 생각난 단어 이야기하기 ○ '사소함'이란 단어로 개념탐구 토론하기 ○ '사소함'의 정의 내리기(전체) ○ 우리 주변의 사소한 것들 다시 찾아보기 ○ 사소한 것들의 특징과 의미 알기
	정리	○ 소감 나누기 ○ 나의 수업 자기 평가하기(별점 주기)

2017 황금도깨비상 수상작

8) 치과의사 드소토 선생님

도서명	치과의사 드소토 선생님
지은이	윌리엄 스타이그
관련 학년	1, 2학년
관련 교과	통합교과
핵심 키워드	호기심, 지혜, 직업정신

치과 의사 **드소토 선생님**

윌리엄 스타이그 글·그림 / 조은수 옮김

● 비룡소

내용 및 도서 선정 이유

생쥐이자 치과 의사인 드소토 선생은 이를 잘 고치기로 소문난 의사이기에 늘 환자들이 줄을 선다. 드소토 선생은 덩치가 큰 동물들의 입 안에 들어가서 이를 치료해 주었기에 위험한 동물은 치료하지 않았다. 그러던 어느 날, 여우가 찾아와 이가 아프니 고쳐 달라고 사정한다. 여우를 두려워한 드소토 선생 부부는 잠깐 망설이지만 환자로 온 여우의 이를 고쳐 주는데, 여우는 이를 다 고치고 나면 선생 부부를 잡아먹어야겠다고 마음먹는다. 이것을 알아차린 치과 의사 드소토 선생 부부는 꾀를 내어 여우의 턱을 꽉 붙여 버린다.

그림과 내용이 흥미롭게 구성되어 저학년 학생들이 재미있게 읽을 수 있는 책이다. 생쥐인 의사가 여우인 환자를 치료해주어야 할지 의사로서의 책임과 신변의 안전 사이에서 갈등하는 부분은 토론거리로도 이야기할 수 있다. 또한 어떤 꾀를 내면 여우를 안전하게 치료하면서도 의사로서 양심을 지킬 수 있을지 상상해보거나 내가 드소토라면 어떻게 할 것인지 글을 써 보아도 좋다.

수업 과정

도입	○ 책 표지 보고 짐작하기 - 등장인물의 특징, 성격 등 이야기하기
전개	○ 책 읽기 ○ 하브루타 질문 만들기 ○ 짝끼리 질문 대화하기 ○ 최고의 질문으로 생각 나누기(짝, 모둠, 전체) - 하브루타 질문 만들기 * 예 : 내가 드소토라면 어떻게 할 것인가? - 질문에 대한 생각 나누기 ○ 경험 나누기
정리	○ 소감 나누기 ○ 나의 수업 자기 평가하기(별점 주기)

9) 고 녀석 맛있겠다

도서명	고 녀석 맛있겠다	
지은이	미야니시 타츠야	
관련 학년	1, 2학년	
관련 교과	통합교과	
핵심 키워드	사랑, 우정, 이해, 가족애	

내용 및 도서 선정 이유

화산이 분출하던 아주 먼 옛날, 육식공룡 티라노사우루스 '하토'는 길에서 공룡알 하나를 발견한다. 알에서는 초식공룡인 아기 안킬로사우루스가 깨어난다.

이를 본 하토는 '고 녀석 맛있겠다'며 한 입에 삼키려 하지만 티라노사우루스를 처음 본 아기 공룡은 '고 녀석 맛있겠다'가 자신의 이름인 줄 알고 티라노를 '아빠'라 부르며 졸졸 따라다닌다. 하토는 자기를 아빠인 줄로 잘못 알고 따르는 아기 초식 공룡에게 마음을 빼앗기고, 자기 몸을 다치면서까지 아기를 돌봐준다. 아빠 공룡은 아기 공룡 '맛있겠다'가 잠시만 없어져도 걱정하는 부모의 마음을 가지게 된 것이다. 하지만 아빠 공룡은 더는 미룰 수 없는 이야기를 하고, 달리기 내기를 하자면서 '맛있겠다'를 초식공룡의 무리들 속으로 보내게 된다. 어찌 보면 생태계의 법칙을 무시한 이 이야기는 천적 관계에 있으면서도 서로를 이해하고 우정과 사랑으로 가까이 지낼 수 있다는 메시지를 준다.

저학년 학생들이 특히 좋아하는 동물인 공룡의 이야기로 호기심을 자극할 수 있고 생태계의 갑을 관계를 무시하면서까지 자식을 사랑하고 보호하려는 티라노의 마음을 통해 사랑과 이해의 관계맺기에 대해 수업할 수 있다. 같은 작가의 이 시리즈는 12권까지 있다.

수업 과정	도입	○ 책 표지 보고 짐작하기 - 공룡의 특징, 종류 등 이야기하기
	전개	○ 책 읽기 ○ 하브루타 질문 만들기 ○ 짝끼리 질문 대화하기 ○ 최고의 질문으로 생각 나누기(짝, 모둠, 전체) - 육식공룡과 초식공룡이 함께 살 수 있는 방법이 없을까? - 질문에 대한 생각 나누기(문제해결방법, 둘 가고 둘 남기) ○ 경험 나누기
	정리	○ 소감 나누기 ○ 나의 수업 자기 평가하기(별점 주기)

10) 민들레는 민들레

도서명	민들레는 민들레	
지은이	김장성	
관련 학년	1, 2학년	
관련 교과	통합교과	
핵심 키워드	자기 존중, 타인 존중	

내용 및 도서 선정 이유	한 편의 시를 보는 것 같은 그림책이다. 씨앗에서부터 바람에 흩어져 날리기까지 민들레의 한 생애를 아름답게 보여주고 있다. 어디에서나 흔하게 볼 수 있는 작고 약한 민들레가 여기저기 피어난다. 큰 도로변 비탈에도, 가로수 아래에도, 담장 밑, 낡은 기와지붕 위, 자동차 전용도로 중앙분리대 틈새에도, 흙먼지가 조금만 쌓인 곳이면 민들레는 싹을 틔우고 잎을 내고 노란 꽃을 피운다. 그리고 어느 틈에, 어딘가에서 또 초록 잎 노란 꽃을 피워낼 씨앗을 바람에 훨훨 날려보낸다. 작지만 야무진 생명력으로 언제든 어디서든 예쁘게 피고 싹을 틔우는 민들레는 민들레인 것처럼, 언제든 어디서든 나는 나로 사는 것이 중요하다는 이야기이다. 사람은 누구나 소중하다. 겉보기에 작고 흔하지만 저마다의 아름다움이 있고, 언제나 어디서나 다른 곳에 있어도 민들레는 민들레인 것처럼 자기정체성을 가진 사람으로서 스스로를 아끼고 사랑하는 것, 나아가 타인을 배려하는 삶으로 확장하는 수업을 해도 좋다.

수업 과정	도입	○ 다양한 민들레 그림 보고 이야기하기 - 민들레의 공통점, 다른 점
	전개	○ 책 읽기 ○ 다양한 장소의 민들레의 다른 점 이야기하기 ○ 민들레에 대한 질문 하브루타 하기 ○ 최고의 질문으로 생각 나누기(짝, 모둠, 전체) - 나는 언제 어디에서 가장 나 같을까? ○ '나는 나'로 시 쓰기 ○ 시 발표하기
	정리	○ 소감 나누기 ○ 나의 수업 자기 평가하기(별점 주기)

11) 커다란 질문

도서명	커다란 질문	
지은이	볼프 에를브루흐	
관련 학년	1, 2학년	
관련 교과	통합교과	
핵심 키워드	자기 존중, 삶	

『누가 내 머리에 똥 쌌어?』를 쓴 볼프 에를브루흐의 작품이다.

그림책을 한 장씩 넘길 때마다 등장하는 인물들이 대답하는 형식으로 전개된다. 첫 장에 왕관을 쓰고 생일을 맞은 아이에게 형은 이렇게 속삭인다. "넌 네 생일을 축하하기 위해 이 세상에 태어난 거야." 사탕을 손에 든 할머니는 "나한테 귀여움을 받기 위해서!"라고 말한다. 이어 고양이, 비행기 조종사, 새, 숫자 3, 군인 아저씨와 빵집 주인, 그리고 다소 괴이한 모습의 '죽음'은 "넌 삶을 사랑하기 위해서 태어난 거야."라고 말하는 등 이 세상에 제각각 존재하고 있는 것들이 스스로 존재의 이유를 들려준다. 맨 뒷장에는 아이들 스스로 '존재의 이유'를 채워 넣을 수 있도록 빈 노트도 수록되어 있다.

내용 및 도서 선정 이유

"나는 왜 이 세상에 태어났나요?"

어찌 보면 어려운 철학적 질문을 통해 '존재의 이유'를 생각해 보고 삶의 방향성을 갖는 것이 자신의 정체성을 잃지 않는 방법이다. 그래서 이러한 질문은 고학년이 아닌 저학년에서부터 시작되어야 한다는 생각으로 저학년에 적용해 보기로 한다.

수업 과정

도입	○ 선생님에게 질문하기 - 열린 질문과 닫힌 질문	
전개	○ 책 읽기 ○ 책을 읽고 궁금한 점 질문하기 - 제목은 커다란 질문인데 답만 있어요. - 질문은 뭐였을까 생각해보기 ○ 커다란 질문에 대한 답을 생각해보기 - '나는 왜 태어났을까'에 대한 각각의 생각 쓰기 ○ 나의 생각 공유하기	
정리	○ 소감 나누기 ○ 나의 수업 자기 평가하기(별점 주기)	

2. 서로를 알아가는 중학년

순	도서명	주제(핵심키워드)	토의토론기법	글쓰기 주제(논제, 질문)
1	나의 린드그렌 선생님	책	가치수직선 토론	선의의 거짓말은 필요한가?
2	폭풍우 치는 밤에 시리즈	친구	질문카페 토론	늑대와 염소는 친구가 될 수 있을까?
3	프레드릭	의미있는 삶	PMI 토론	프레드릭과 들쥐의 장단점은?
4	낱말수집가 맥스	어휘력	브레인라이팅 토론	나의 인생 단어는?
5	낱말공장나라	언어, 사랑	모서리 토론	세 개의 단어만 쓸 수 있다면?
6	슈퍼거북	자아정체성, 삶	두 마음 토론	거북은 느리게 걷는 것이 행복할까?
7	슈퍼토끼	자아정체성, 삶	두 마음 토론	토끼는 언제 행복할까?
8	피아노치기는 지겨워	진로, 이해	모서리 토론	진로를 결정할 때 가장 중요한 것은?
9	꽃들에게 희망을	경쟁, 사랑, 우정	두 마음 토론, 개념탐구 토론	경쟁은 필요한가?
10	소리질러 운동장	편견, 우정	피라미드 토론	훌륭한 사람의 조건은?
11	종이봉지 공주	내면의 아름다움	가치수직선 토론	배우자를 고를 때 외모가 중요한가?
12	샬롯의 거미줄	우정, 사랑, 관계	모서리 토론	가장 닮고 싶은 인물은?
13	우당탕탕 할머니 귀가 커졌어요	이웃 갈등 해결	둘 가고 둘 남기 토론	이웃과의 갈등을 해결하는 방법은?

1) 나의 린드그렌 선생님

도서명	나의 린드그렌 선생님	
지은이	유은실	
관련 학년	3, 4학년	
관련 교과	국어, 창체	
핵심 키워드	가족, 성장, 독서	
내용 및 도서 선정 이유	엄마와 단둘이 사는 소녀 '비읍이'는 엄마가 노래방에서 부른 '말괄량이 삐삐' 노래를 계기로 '삐삐롱 스타킹'이라는 책과 '아스트리드 린드그렌'이란 이름을 알게 된다. 그 후 린드그렌 선생님의 책을 하나하나 찾아 읽으며 책 읽는 재미에 푹 빠진다. 하지만 빠듯한 용돈에 책을 사기가 어려워 어느 날 헌책방을 찾아갔다가 주인인 '그르게 언니'를 만나게 된다. 그 언니는 우리나라에 있는 린드그렌의 책은 모조리 다 사 모으는 사람으로, 린드그렌의 작품에 대한 얘기뿐 아니라 막 사춘기를 맞은 비읍이의 엄마와의 갈등도, 학교 친구들과의 사소한 다툼도 귀기울여 들어주며 좋은 친구이자 선배가 되어준다. 책을 좋아하고 성장하는 주인공의 이야기가 학생들의 공감을 얻을 수 있는 책으로 챕터별로 구성되어 있어 다양한 토의토론 논제를 가지고 수업에 활용할 수 있다.	
수업 과정	도입	○ 말괄량이삐삐 보고 질문하기 - 열린 질문과 닫힌 질문
	전개	○ 책 읽기 ○ 하브루타 질문 만들기 ○ 짝끼리 질문 대화하기 ○ 최고의 질문으로 생각 나누기 - 하브루타 질문 만들기 ○ 가치수직선 토론하기 - 선의의 거짓말은 필요한가? ○ 경험 나누기
	정리	○ 소감 나누기 ○ 나의 수업 자기 평가하기(별점 주기)

2) 폭풍우 치는 밤에 시리즈

도서명	폭풍우 치는 밤에	
지은이	기무라 유이치	
관련 학년	3, 4학년	
관련 교과	국어, 창체	
핵심 키워드	친구, 우정	

내용 및 도서 선정 이유	번개가 치는 어두운 밤, 폭풍우를 피하기 위해 오두막으로 들어온 두 동물은 우연히 만난 서로에게 의지하여 하룻밤을 넘기게 되고 날씨가 좋아진 다음날 같은 오두막집에서 만나 점심을 먹으러 갈 것을 약속한다. 서로의 얼굴을 몰랐던 두 동물은 서로만의 암호를 '폭풍우 치는 밤에'로 정한다. 다음 날 먼저 오두막집에 도착한 염소 메이는 오두막집 옆 나무 뒤에 숨어있는데 나중에 도착한 늑대 가부는 메이가 움직일 때 풀이 움직이는 것을 보며 메이가 온 것을 알고 '폭풍우 치는 밤에' 라고 메이를 부르고, 메이도 웃으면서 '폭풍우 치는 밤에'라 하지만 서로가 늑대와 염소인 것을 보고 놀란다. 하지만 잡아먹지는 않고 그대로 점심을 먹으러 동산에 올라간다.(1편) 전 7권으로 이어진 그림책으로, 폭풍우 치는 날 만난 늑대와 염소가 서로 친구가 되는 과정이 스릴있게 전개되고 그 과정에서 기본적인 욕망을 억누르고 정신적으로 서로를 친구로 아끼는 두 동물의 이야기가 친구란 무엇인가를 생각하게 한다.

수업 과정	도입	○ 책 표지 보고 질문하기 - 등장인물의 특징, 관계 추측하기
	전개	○ 책 읽기 ○ 하브루타 질문 만들기 ○ 짝끼리 질문 대화하기 ○ 최고의 질문으로 생각 나누기 - 하브루타 질문 만들기 ○ 질문카페 토론하기(늑대와 염소는 친구가 될 수 있을까?)
	정리	○ 소감 나누기 ○ 나의 수업 자기 평가하기(별점 주기)

3) 프레드릭

도서명	프레드릭
지은이	레오 리오니
관련 학년	3, 4학년
관련 교과	국어, 도덕
핵심 키워드	의미 있는 삶, 더불어 사는 삶

내용 및 도서 선정 이유	헛간과 곳간 가까운 곳 돌담에 사는 들쥐 가족은 겨울을 대비해 밤낮없이 열심히 일을 하며 살아가지만 프레드릭만은 일을 하지 않는다. 프레드릭은 그들이 일을 할 동안 추운 겨울을 위해 햇살, 색깔, 이야기를 모으고 있다고 말한다. 다른 들쥐들은 누구 하나 프레드릭을 비난하거나 미워하지 않는다. 마침내 겨울이 찾아왔고 모두들 돌담 틈새 구멍으로 들어가 지난 시간 동안 모았던 먹이를 나누어 먹으며 행복하게 보낸다. 하지만 시간이 흐르자 먹을 것들이 모두 떨어져 춥고 배고픈 겨울날이 지속된다. 들쥐들은 햇살과 색깔과 이야기를 모은다는 프레드릭의 말이 떠올랐다. 프레드릭의 햇살 이야기를 들은 들쥐들은 몸이 따뜻해지는 것을 느낄 수 있었고 프레드릭이 파란 덩굴꽃과 노란 밀짚 속 붉은 양귀비꽃, 초록빛 딸기 덤불 얘기 등 그동안 모은 이야기들을 들려 주자 모두 박수를 치며 '시인'이라고 감탄한다. 이 이야기는 '개미와 베짱이'와 비슷하지만 프레드릭이 하는 일을 친구들이 인정해 주고 자신들이 애써 모은 곡식을 나누어 먹는다는 것이 다르다. 이웃과 더불어 사는 삶에 대해 수업을 해도 좋을 책이다.

수업 과정	도입	○ 개미와 베짱이에 대해 이야기 하기 ○ 책 표지 읽기
	전개	○ 책 읽기 ○ 들쥐의 장점과 단점 이야기 하기 ○ 프레드릭의 장점과 단점 이야기하기 ○ PMI토론하기(들쥐와 프레드릭의 장점, 단점, 흥미로운 점) ○ 두 마음 토론하기 - 누구의 삶이 더 행복할까?
	정리	○ 소감 나누기 ○ 나의 수업 자기 평가하기(별점 주기)

4) 낱말수집가 맥스

도서명	낱말수집가 맥스	
지은이	케이트 뱅크스	
관련 학년	3, 4학년	
관련 교과	국어, 창체	
핵심 키워드	낱말, 이야기, 어휘력	
내용 및 도서 선정 이유	맥스는 신문과 잡지에서 낱말을 오려내 '낱말'을 수집하는 '낱말수집가'이다. 우표와 동전을 수집하는 형들이 부러워서 시작한 낱말수집을 하면 할수록 낱말이 갖고 있는 매력에 빠져든다. 그런데 맥스가 수집한 낱말들을 배열하는 순간 신기한 일이 벌어지기 시작한다. 낱말이 모이면 '이야기'가 만들어지는 것이다. 형들이 모으는 동전과 우표는 아무리 배열을 다르게 해도 모양과 형태가 그대로지만 맥스가 수집한 '낱말'은 이리저리 배열하면 할수록 새로운 이야기가 태어나게 된다. 책을 많이 읽지 않거나 어휘력이 부족한 학생들이 이 책을 읽고 다양한 낱말들을 사용하여 문장과 이야기를 만들어 보며 창의성과 어휘력을 높일 수 있다. 모둠별로 다양한 낱말을 수집하여 이야기를 만들어 보고 그 이야기를 나만의 이야기로 구성해 보는 활동을 하면 좋다.	
수업 과정	도입	○ 내가 좋아하는 낱말 생각해 보기 ○ 책 표지 보고 떠오르는 낱말 이야기하기
	전개	○ 책 읽기 ○ 내가 낱말수집가라면 수집하고 싶은 낱말 생각해 보기 ○ 신문이나 책에서 수집할 낱말 고르기 ○ 낱말 카드 만들기(1인 5장, 모둠별 20장 정도) ○ 낱말 카드 자유롭게 배열하여 이야기 구성하기 ○ 모둠의 이야기 발표하기(이야기 책 만들기)
	정리	○ 나의 인생 낱말 이야기하기 ○ 나의 수업 자기 평가하기(별점 주기)

5) 낱말공장 나라

도서명	낱말공장 나라
지은이	아네스 드 레스트라드
관련 학년	3, 4학년
관련 교과	국어, 창체
핵심 키워드	낱말, 이야기, 어휘력

내용 및 도서 선정 이유	낱말을 공장에서 만들어내고, 사람들은 그 낱말을 사서 삼켜야만 말을 할 수 있는 나라가 있다. 이 나라에서는 부자만이 갖고 싶은 낱말을 살 수 있다. 어린 소년 필레아스는 낱말을 살 돈이 없어 곤충망으로 공중에 날아다니는 낱말을 붙잡는데 그가 잡은 낱말은 체리, 먼지, 의자이다. 필레아스는 이웃집 소녀 시벨을 사랑하지만 그 아이에게 '사랑한다'는 말을 할 수 없다. 한편 부잣집 아들 오스카는 언제나 자신만만하게 많은 낱말들을 늘어놓으며 시벨을 좋아한다고 말하지만 필레아스에게 있는 진심어린 마음이 없다. 필레아스는 소중하게 간직했던 세 낱말로 마음 속 사랑을 노래하듯이 말한다. 만약에 낱말을 사야만 말을 할 수 있다면 어떨지 학생들과 이야기해보고 낱말의 소중함과 낱말을 어떻게 써야 할지에 대해 생각해보는 수업을 하면 좋다.

수업 과정	도입	○ 내가 좋아하는 낱말 생각해 보기 ○ 책 표지 보고 떠오르는 낱말 이야기하기
	전개	○ 책 읽기 ○ 내가 사고 싶은 낱말 9개 만들기 ○ 내가 산 낱말로 마음 표현하기 - 9개 낱말 중 3개 사용하여 엄마가 아플 때의 문장 만들기 - 낱말 3개 사용하여 친구와 싸웠을 때의 문장 만들기 - 남은 3개의 낱말로 사랑하는 사람에게 나의 마음 표현하기 ○ 세 모서리 토론하기(3개의 낱말)
	정리	○ 나의 인생 낱말 이야기하기 ○ 나의 수업 자기 평가하기(별점 주기)

6) 슈퍼거북

도서명	슈퍼거북
지은이	유설화
관련 학년	3, 4학년
관련 교과	국어, 창체
핵심 키워드	나다운 삶, 정체성, 행복

내용 및 도서 선정 이유	옛 이야기 '토끼와 거북'의 뒷이야기로 경주에 이긴 거북이가 주인공이다. 거북이 '꾸물이'는 경주에서 토끼를 이긴 뒤, '슈퍼거북'이라는 별명을 얻게 되고 온 도시에 슈퍼거북 열풍이 불기 시작한다. 그런데 거북이 꾸물이는 이 상황이 마냥 좋지만은 않다. 꾸물이는 이웃들이 제 본모습을 알고 실망할까봐, 기대를 저버리지 않으려고 진짜 슈퍼거북이 되기로 마음먹는다. 꾸물이는 가장 먼저 도서관으로 달려가 빨라지는 방법을 다룬 책을 모조리 찾아 읽고, 책에 실린 내용을 낱낱이 실천에 옮긴다. 그 결과, 꾸물이는 누구보다도 빠른 거북으로 거듭나고 슈퍼거북이라는 이름에 걸맞는 실력을 갖추게 되지만 행복하지가 않다. 꾸물이의 소원은 딱 하루만이라도 느긋하게 자고 느긋하게 먹으며 예전처럼 천천히 걷는 것이다. 그런 꾸물이에게 토끼가 다시 도전장을 내민다. 경주 날, 몇 날 며칠 잠을 설친 꾸물이는 토끼가 보이지 않자 잠깐 잠이 들었고, 꾸물이가 자는 사이 토끼가 승리하게 된다. 경기에 진 후로 꾸물이는 소원하던 대로 느리게 살며 행복을 느낀다. 남의 시선을 의식하고 그 기대에 부응하며 살아가는 것이 행복인지, 나의 삶을 사는 것이 행복인지 생각해 보는 수업을 하면 좋다. 슈퍼토끼와 같이 이 책은 실수와 실패에 민감한 요즘 학생들에게 다른 사람의 시선을 의식하다가 자신의 삶을 놓치지 말라는 메시지를 준다.

수업 과정	도입	○ 토끼와 거북 이야기 상기하기 ○ 책 제목 보고 나올 것 같은 단어 상상하기
	전개	○ 책 읽기 ○ 책의 내용 이해하기 ○ 하브루타 질문 만들기 - 슈퍼거북이 천 년은 늙은 이유는 무엇인가요? - 슈퍼거북은 행복할까요?(두 마음 토론) ○ 짝 하브루타 하기 ○ 거북이다운 삶이란 무엇인지 생각해 보기
	정리	○ 소감 나누기('나다운 삶'이란?) ○ 수업 자기 평가하기(별점 주기)

7) 슈퍼토끼

도서명	슈퍼토끼	
지은이	유설화	
관련 학년	3, 4학년	
관련 교과	국어, 창체	
핵심 키워드	나다운 삶, 정체성, 행복	

내용 및 도서 선정 이유	옛 이야기 '토끼와 거북'의 뒷이야기로 경주에 진 토끼가 주인공이다. 꿈에도 생각지 못했던 패배를 맛본 토끼 '재빨라'는 경기 결과를 순순히 받아들일 수가 없어서 구경꾼들을 붙잡고 변명도 해 보고, '이 경기는 무효'라며 생떼도 부려 보지만 관심은 온통 새로운 스타 거북이 '구물이'에게 쏠려 누구도 그 말에 귀기울여주지 않는다. 거리에는 이제 '슈퍼토끼' 대신 '슈퍼거북'이라고 적힌 간판이 내걸리고, 토끼 티셔츠 대신 거북 등딱지가 팔려나가고 있다. 재빨라는 애써 괜찮은 척해 보지만 괜찮지가 않다. 남들의 말과 시선에 신경쓰느라 지쳐가던 재빨라는 급기야 달리기를 그만두기로 하고 절대 뛰지 않는 토끼로 거듭나려고 한다. 그러던 어느 날 우연히 달리기 시합에 휩쓸리게 되고 뛰다 보니 예전의 토끼의 모습으로 살아나 경주에 이긴다는 내용이다. 이 책은 슈퍼거북과 마찬가지로 실수와 실패에 민감한 요즘 학생들에게 다른 사람의 시선을 의식하다가 자신의 삶을 놓치지 말라는 메시지를 준다.

수업 과정	도입	○ 토끼와 거북 이야기 상기하기 ○ 책 제목 보고 나올 것 같은 단어 상상하기

	전개	○ 책 읽기
		○ 책의 내용 이해하기
		○ 하브루타 질문 만들기
		  - 슈퍼토끼가 늙은 이유는 무엇인가요?
		  - 토끼는 어떻게 할 때 행복할까요?
		○ 짝 하브루타 하기
		○ 토끼다운 삶이란 무엇인지 생각해 보기

	정리	○ 소감 나누기 ○ 수업 자기 평가하기(별점 주기)

8) 피아노치기는 지겨워

도서명	피아노치기는 지겨워	
지은이	다비드 칼리	
관련 학년	3, 4학년	
관련 교과	국어, 창체	
핵심 키워드	진로, 꿈, 적성	
내용 및 도서 선정 이유	마르콜리노는 피아노치기가 싫지만 날마다 3시가 되면 피아노를 친다. 엄마는 훌륭한 피아니스트가 되기 위해서는 연습을 열심히 해야 한다고 강요한다. 마르콜리노는 엄마가 그토록 되고 싶었던 피아니스트가 되지 못한 게 마음이 아파서 엄마를 위해 피아노를 친다. 하지만 마르콜리노는 피아니스트만 빼고 뭐든지 되고 싶다. 금요일이 되면 할아버지가 우주 박물관에 데려가 주셔서 마르콜리노는 집에 있지 않아도 된다는 사실이 기쁘다. 일요일 마르콜리노와 엄마는 할아버지 집에서 점심을 먹게 되고, 엄마의 어릴 적 사진을 보게 된다. 그 때 마르콜리노가 보게 된 건, 피아노 치는 엄마의 모습을 담은 사진이었다. 사진 속 엄마의 모습은 피아노치기를 싫어하는 자신의 모습과 같다. 이제 마르콜리노는 날마다 3시가 되면 투바를 연주한다. 3시 13분이면 엄마는 피곤하지 않냐고 물어보지만 마르코폴리는 조금도 피곤하지 않았다. 하고 싶지 않은 일과 하고 싶은 일을 할 때의 마르콜리노의 하루는 너무도 달라졌다. 이 책은 어린 시절 피아노치기를 싫어했던 엄마가 아들에게 피아니스트가 되기를 강요하면서 생긴 갈등을 할아버지가 재치 있게 풀어 주는 유쾌한 이야기로 진로교육과 연계하면 좋다.		

수업 과정	도입	○ 내가 좋아하는 것 이야기하기 ○ 책 표지 보고 이야기하기
	전개	○ 책 읽기 ○ 책의 내용 이해하기 ○ 하브루타 질문 만들기 - 내가 가장 하고 싶은 일은? - 나는 언제, 무슨 일을 할 때 행복한가? - 나의 꿈을 결정할 때 가장 중요한 것은?(모서리 토론) ○ 짝 하브루타 하기 ○ 책 제목 바꾸어보기(○○ 하기는 지겨워)
	정리	○ 소감 나누기 ○ 수업 자기 평가하기(별점 주기)

9) 꽃들에게 희망을

도서명	꽃들에게 희망을
지은이	트리나 폴러스
관련 학년	3, 4학년
관련 교과	국어, 창체
핵심 키워드	경쟁, 사랑, 우정

내용 및 도서 선정 이유	호랑 애벌레는 애벌레 더미로 이루어진 애벌레 기둥을 발견하고는 뭔가 다른 삶을 기대하며 애벌레 기둥을 오르기 시작한다. 그곳에서 호랑 애벌레는 노랑 애벌레를 만난다. 두 애벌레는 기둥에 오르는 것을 포기하고 내려와, 마음껏 풀을 뜯어 먹고 신나게 놀며 사랑을 키워나간다. 하지만 시간이 흐르면서 호랑 애벌레는 애벌레 기둥의 끝에 뭐가 있을지 계속 궁금해하고, 결국에는 노랑 애벌레와 헤어져 다시 애벌레 기둥을 오른다. 홀로 남겨진 노랑 애벌레는 정처 없이 헤매다 나비가 되려고 고치를 만드는 늙은 애벌레를 만나고, 노랑 애벌레는 나비를 꿈꾸며 고치를 만들고 나비로 다시 태어난다. 한편, 다른 애벌레들을 짓밟으며 기둥의 끝에 선 호랑 애벌레는 그 끝에 아무것도 없음을 알고 충격을 받는다. 그때, 호랑 애벌레 앞에 나타난 노랑 나비. 호랑 애벌레는 노랑 나비를 따라 고치를 만들고 나비가 된다. 그림이 많아서 가독성이 좋은 책이다. 노랑 애벌레와 호랑 애벌레의 삶을 통해서 경쟁과 우정과 사랑을 생각해볼 수 있다.

수업 과정	도입	○ 책 표지 보고 질문 만들기
	전개	○ 책 읽기 ○ 핵심키워드 찾기 ○ 키워드를 이용하여 질문 만들기 - 경쟁은 필요한가? - 기둥은 무엇을 의미하는가? ○ 개념 탐구 토론하기(선택1) - 경쟁의 예와 반례 찾아보기 - 예들의 공통점 찾아보기 ○ 개념 정의하기 ○ 찬반 대립 토론하기(선택2) - 경쟁은 필요하다.
	정리	○ 소감 나누기 ○ 수업 자기 평가하기(별점 주기)

10) 소리질러 운동장

도서명	소리질러 운동장	
지은이	진형민	
관련 학년	3, 4학년	
관련 교과	국어, 창체	
핵심 키워드	편견, 우정	

내용 및 도서 선정 이유	거짓말을 못하는 김동해와 씩씩한 공희주가 주인공이다. 김동해는 야구부지만 자기 팀에 불리한 판정이 옳다고 솔직하게 말했다가 야구부에서 쫓겨나고, 공희주는 야구를 아주 잘 하지만 여자라는 이유로 야구부에 들어가지 못한다. 야구가 좋은 두 사람은 아이들을 모집 해서 막야구부를 만든다. 제대로 된 장비도 없고 글러브와 방망이, 유니폼도 없지만 막야구 부 아이들은 자기들만의 방식으로 즐겁게 야구를 한다. 그런데 운동장에서 알짱거리는 막 야구부를 못마땅하게 여긴 야구부 감독님이 훼방을 놓기 시작하면서 막야구부는 운동장 에서 쫓겨날 위기에 처한다. 이에 김동해와 공희주는 운동장을 사용하기 위해 야구부원을 더 많이 모집하고 결국 운동장을 나누어 쓸 수 있게 된다는 이야기이다. 한 학기 한 권 읽기로 적당한 책이다. 거짓말을 못하는 김동해와 여자로 차별을 받은 공 희주는 중학년에서 다루기 쉬운 토론거리가 될 수 있다. '선의의 거짓말은 필요한가', '여자는 야구부에 들어갈 수 없는가' 등의 논제를 활용하기에 좋다.

수업 과정		
	도입	○ 책 표지 보고 이야기하기 ○ 운동장에서의 경험 나누기

	전개	○ 책 읽기
		○ 책의 내용 이해하기
		○ 핵심키워드로 질문 만들기
		  - 명예로운 것의 의미는?
		  - 훌륭한 사람의 조건은?
		○ 피라미드 토론하기(짝, 모둠, 전체)
		  - 내가 생각한 훌륭한 사람의 조건 3가지 붙임 딱지에 쓰기
		  - 짝끼리 6개중 3개 선정 ▶ 모둠에서 3개 ▶ 반에서 3개)
		○ 책 속 인물 중 훌륭한 사람은?(우리 반의 선정 기준)
		○ 가치수직선 토론, 찬반 대립 토론도 가능

	정리	○ 소감 나누기 ○ 수업 자기 평가하기(별점 주기)

11) 종이봉지 공주

도서명	종이봉지 공주
지은이	로버트 문치
관련 학년	3, 4학년
관련 교과	도덕, 국어, 창체
핵심 키워드	진정한 아름다움

내용 및 도서 선정 이유	몹쓸 용이 나타나서 예쁘고 똑똑한 공주의 터전을 불살라 버리고, 신랑감 왕자는 용에게 붙들려간다. 결국 공주는 왕자를 구하지만, 왕자는 고마워하기는커녕 종이봉지를 뒤집어쓴 공주의 꾀죄죄한 모습을 나무란다. 공주는 그제야 자신의 신랑감이 사람의 내부에 있는 보석을 들여다보지 못하고 겉만 보는 멍청이란 걸 깨닫고는 결혼하지 않는다. 예쁜 공주가 주인공인 이야기가 많다. 백설공주, 잠자는 숲속의 공주 등의 공통점은 모두 예쁘다는 것이다. 이 이야기는 외모의 아름다움보다 내면의 아름다움이 더욱 가치있다는 내용을 다루기에 좋다.

수업 과정	도입	○ '공주' 하면 떠오르는 단어 생각해 보기 - 예쁘다, 화려하다, 착하다 등
	전개	○ 책 읽기 ○ 핵심키워드 만들기 ○ 키워드로 질문 만들기 ○ 질문으로 짝 토론, 모둠 토론하기 ○ 모둠의 최고의 질문으로 이야기 나누기 - 배우자의 조건에 외모가 중요한가?(가치수직선 토론) - 배우자의 조건은 무엇인가?(피라미드 토론)
	정리	○ 토론 소감 나누기 ○ 자기 평가, 동료 평가하기(별점 주기)

(가) 『종이봉지 공주』 독서수업 과정안

단계	활동 및 수업형태	교수학습과정	자료(★), 유의점(※)
배움 열기	학습동기 유발, 개별 학습, 짝 활동, 학습 문제 확인	○ 전시학습상기 및 동기유발 - 감정(기분) 나누기 - 서로에게 느낌카드 골라주고 자기소개하기 - 질문 만들기(~까?) ○ 배움 목표(주제) 찾기 - 오늘의 배움 목표를 생각해 보기 * 질문을 만들어 토론해 보자.	★ 감정카드 ※ 협력적 학습 문제 발견
배움 활동	내용 파악하기, 개별학습	○ 드라마 영상 보기 - 인상적인 장면 이야기하기 - 여자의 고민은? - 남자는 왜 여자를 못 알아봤을까? ○ 단어를 듣고 공통점 찾기 - '공주'라면 떠오르는 단어는 무엇인가요? - 내가 아는 동화 속의 공주이름은?(백설, 인어, 숲속의 등) - 그들의 공통점은? ○ '종이봉지 공주' 동화 내용 파악하기 - '종이봉지 공주'의 표지 보고 이야기하기 - 공주의 어떤 모습이 보이나요? - 가장 인상적인 부분은 어디인가요?	★ 드라마 동영상 '그녀는 예뻤다', 『종이봉지 공주』 도서
	질문 만들기, 모둠 내 협력학습	○ 질문 만들기 - 질문 만들기(피라미드, 다중투표기법) - 각자 1개 이상의 질문 만들기(피라미드) - 모둠에서 한 개의 질문 선택하기(다중투표기법) * 예 : 배우자를 고를 때 외모가 중요한가?	★ 포스트잇, 모둠학습판 ※ 브레인스토밍, 피라미드기법, 돌아 가며 말하기, NGT
	토의토론 하기, 모둠 내 협력학습, 모둠 간 협력학습	○ 논제 정하기 - 토론형 논제 선정하기 - 각 모둠별로 선정된 논제 발표하기 - 신호등토론 방식으로 논제 정하기 - 찬성(초록), 반대(빨강), 중립(노랑) 표현하기 - 가장 찬반이 팽팽한 질문을 논제로 선정하기 ○ 선정된 논제로 가치수직선 토론하기 - 신호등으로 처음 생각 알아보기 - 자기의 생각을 붙임딱지에 써서 붙이기 - 찬반의 입장으로 나누어 앉기 - 생각 나누기(대표자 토론 3:3) - 생각이 바뀐 사람은 붙임 딱지 이동하기	※ 신호등 토론, 협력적 문제 해결방안 탐색
배움 정리	정리 및 느낌 나누기, 모둠 간 협력학습	○ 배움정리 - 토론 후 느낀 점 발표하기 - 오늘 활동한 내용을 음식(색, 사람)으로 표현한다면? - 짝과 함께 알게 된 점 나누기 ○ 다음 차시 준비 : 키워드 매트릭스로 논술문 작성하기	※ 짝 활동

(나) 『종이봉지 공주』 학습지

○ 가치수직선 토론 활동지

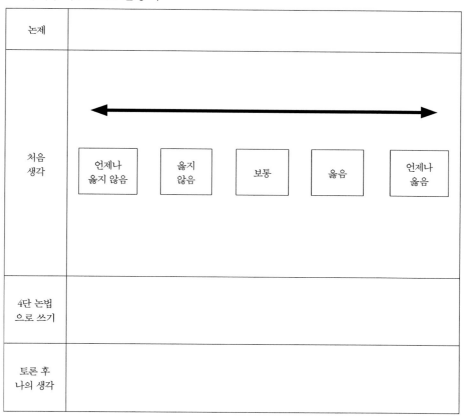

논제	
처음 생각	언제나 옳지 않음　옳지 않음　보통　옳음　언제나 옳음
4단 논법 으로 쓰기	
토론 후 나의 생각	

○ 토론 후 느낀 점을 적어 봅시다.

_____

_____

_____

12) 샬롯의 거미줄

도서명	샬롯의 거미줄
지은이	E.B.화이트
관련 학년	3, 4학년
관련 교과	도덕, 국어
핵심 키워드	우정, 편견, 친구

내용 및 도서 선정 이유	『샬롯의 거미줄』은 작은 시골 농장에서 태어난 아기 돼지 윌버와 거미 샬롯을 비롯한 동물들을 주인공으로 한 이야기이다. 　날 때부터 가장 작은 무녀리 돼지로 태어나, 보잘것없고 더러운 존재라고 무시당하던 돼지 윌버와 잔인하고 피에 굶주려 보이는 거미 샬롯은 친구가 된다. 샬롯은 크리스마스 햄이 될 위기에 처한 윌버를 구하기 위해 '근사한 돼지', '눈부신 돼지', '겸허하기까지 한 돼지'로 윌버에게 새로운 이름을 붙여 준다. 윌버는 그 덕분에 목숨을 구하고, 또한 자신이 얼마나 소중한 존재인지를 배워 가게 된다. "왜 나에게 그렇게 잘해주었니? 난 그럴 만한 자격이 없는데. 난 너에게 아무것도 해준 게 없어." 아무런 편견 없이 외로운 누군가의 친구가 되어주고, 친구이기 때문에 그를 이해하려 애쓰고, 어떤 대가도 바라지 않고 친구를 도와주는 것. 윌버와 샬롯의 우정은 따뜻한 위로와 감동을 준다.

수업 과정	도입	○ 감정 나누기 ○ 가장 인상적인 인물 이야기하기
	전개	○ 책 읽기 ○ 인상 깊었던 장면 나누기 ○ 이 책에서 내가 생각한 가장 중요한 인물 이야기하기 ○ 인물의 특징, 성격 이야기하기 ○ 핵심키워드(인물)별로 모이기 ○ 모서리 토론하기 　- 가장 좋았던 점, 행동, 말 등 ○ 모서리별 토의내용 공유하기
	정리	○ 소감 나누기 ○ 나의 수업 자기 평가하기(별점 주기)

(가) 『샬롯의 거미줄』 독서수업 과정안

성취기준	[4국02-05] 읽기 경험과 느낌을 다른 사람과 나누는 태도를 지닌다.		
역량	자기주도적 학습역량, 의사소통역량, 공동체의식		
학습주제	책을 읽고 생각 나누기		
수업자 의도	4학년 학생들과의 두 번째 만남이다. 토의토론을 좋아하는 아이들을 만나고 싶은 수업자의 호기심과 학생들의 발랄한 소망(?)이 빚어낸 결과가 오늘의 수업으로 이어졌다. 대체적으로 둔전초 4학년 학생들은 토의토론 수업을 좋아한다. 토론은 자기 생각 만들기다. 요즘 학생들은 말하기는 좋아하지만 효과적인, 논리적인 말하기에 약하다. 말은 자기 생각의 노출이며 자기 생각은 독서로 깊어질 수 있다. 책을 즐겨 읽지 않는 아이들과 또 읽어도 자기 생각을 만들고 말하기에 익숙하지 않은 학생들은 토의토론을 즐기기가 힘겹다. 학생들에게 익숙한 문학 작품을 소재로 하여 질문하고, 어렵게 느껴지는 토의토론을 놀이처럼 즐기며, 협력하는 가운데 소통하고 공감하며 공부의 즐거움을 배우게 하는 것이 이 수업의 의도이다.		
활용 자료	도서『샬롯의 거미줄』	수업모형	토의토론학습
단계	교수·학습 활동	자료(★), 유의점(※)	
배움열기	○ 기분나누기(2, 3, 4자 나누기) - 관찰하고 질문하기 ○ 배움 목표 확인하기		
배움활동	○ 책의 내용 이야기하기 - 인상 깊었던 장면 이야기하기 - 들은 이야기 중 기억나는 것 말하기(경청의 미덕) ○ 핵심 단어(인물) 찾기 - 인상적인 인물 이야기하기 ○ 핵심키워드별로 모이기(모서리 토론) - 자기 소개, 키워드를 선택한 이유 말하기 ○ 모서리 토론하기 - 핵심단어로 각자 질문하기 - 꼬리물기 질문하기 - 모둠 대표가 정리하고 발표하기	★해당 도서, 모둠학습판 ※돌아가며 말하기	
배움정리	○ 수업 소감 나누기		

모서리 토론이란?	여러 가지 중에 한 가지를 선택하여 정해야 하는 수업을 할 때, 선택지 중에서 하나를 선택하여 각 선택지들의 근거를 강화하는 연습을 하기 좋다. 같은 선택을 한 친구들과 함께 근거를 강화시켜 나가는 토론 방식이다.
이 수업에서의 모서리토론 방식	이 책에 등장하는 다양한 인물에 대한 생각을 바탕으로 각 모서리별로 모여 모서리 선택 이유와 인물에 대한 질문 나누기를 통하여 인물의 성격이나 그를 통한 책의 주제에 대해 자유롭게 이야기한다.
수업 순서	1. 모서리 제시하기 2. 모서리 선택하기 3. 모서리 별로 선택 이유 말하기, 질문 나누기 4. 모서리 대표의 발표 후 전체 논의하기 5. 모서리 최종선택하기(생략)

13) 우당탕탕 할머니 귀가 커졌어요

도서명	우당탕탕 할머니 귀가 커졌어요	
지은이	엘리자벳 슈티메르트	
관련 학년	3, 4학년	
관련 교과	도덕, 국어	
핵심 키워드	이웃 갈등	

내용 및 도서 선정 이유

　좁은 집에 살던 '위층 가족'은 넓은 집으로 이사를 간다. 그런데 아래층에 사는 할머니가 매일 올라와 우당탕거리지 말라고 잔소리를 한다. 풀이 죽은 위층 아이들은 기가 죽어서 생각을 잃어가고 아무런 소리도 내지 않기로 결심한다. 위층 식구들이 조용해지자 할머니는 위층에 귀를 점점 더 기울이다가 결국은 귀가 엄청 커져 버리고 만다.
　층간소음으로 이웃 간의 갈등이 많은 요즘, 갈등을 원만히 해결하고 이웃과 사이좋게 잘 지내는 방법을 찾아보며 창의적인 문제해결력을 기르기에 좋은 책이다. 브레인라이팅이나 피라미드 토론을 통해 해결 방법을 찾아보고, 둘 가고 둘 남기 토론을 통해 문제를 해결하는 다양한 방법을 공유하면 좋을 것이다

수업 과정	도입	○ 이웃과 갈등의 종류 이야기하기 ○ 책 표지 보고 짐작하기 - 어떤 갈등이 있을까 생각해 보기
	전개	○ 책 읽기 ○ 경험 나누기 ○ 하브루타 질문 만들기 ○ 짝끼리 질문 대화하기 ○ 최고의 질문으로 생각 나누기(짝, 모둠, 전체) - 이웃과의 갈등을 해결하는 방법이 있을까? ○ 둘 가고 둘 남기 토론 - 모둠원끼리 갈등 해결방안 찾기 - 2명은 다른 모둠에서 찾아오기 - 2명은 남아서 다른 모둠에게 우리 모둠의 방안 설명하기 - 돌아와서 우리 모둠의 최종안 만들기 ○ 모둠별 해결 방안 공유하기
	정리	○ 소감 나누기 ○ 나의 수업 자기 평가하기(별점 주기)

(가) 『우당탕탕 할머니 귀가 커졌어요』 독서수업 과정안(세안)

멋진 이웃! 어떻게 되나요?

[1] 아이의 눈으로 수업 보기

'좋은 수업'은 어떤 수업일까?

학교 현장에서 지금까지의 수업은 학생의 학습보다는 교사의 수업 기술을 향상시키는 데만 치중한 것이 사실이다. 하지만 창의적인 인성을 갖춘 미래 사회의 인재를 길러내는 것이 교육의 본질적인 목표라면 수업을 바라보는 관점과 방법을 전환할 필요가 있다. '가르침'보다 '배움'에 무게를 둔, 교사의 교수 중심에서 학생의 배움 중심으로의 변화가 바로 그것이며 배움 중심 수업을 위한 대안을 모색하는 데 다음과 같은 방법을 시도해볼 수 있을 것이다.

첫째는 수업을 학생의 관점에서 바라보는 것이다.

좋은 수업의 일반적인 기준에 따라 수업이 이루어지는지를 관찰자의 관점에서 판단하는 대신, 학생의 관점에서 개별 학생에게 의미 있는 학습이 가능한지를 고려하여 바라보는 것이다. 그렇게 할 때 수업자 역시 관찰자의 기준에 부합하는 수업 대신 학생에게 의미 있는 학습이 이루어지는 수업을 하기 위해서 노력하게 된다.

둘째는 교사와 학생의 외적인 활동 대신 학생의 내면을 바라보는 것이다.

학생 내면의 사고 과정이 외적인 활동으로 드러나기도 하지만, 그렇지 않은 경우도 많다. 따라서 관찰자는 외적인 활동과 내면의 사고를 동일한 것으로 간주하는 대신, 외적인 활동을 단서로 내면의 사고 과정을 들여다볼 수 있어야 한다.

셋째는 수업의 여러 맥락과 학생을 둘러싸고 있는 상황을 고려하여 수업이 학생

에게 의미 있는 학습의 경험을 제공하는지를 살펴보아야 한다.

왜냐하면 학생에게 의미 있는 학습은 수업의 맥락과 학생이 처한 상황에 따라 달라지기 때문이다.

하지만, 수업에 대한 관점을 바꾼다는 것만으로 학생 내면의 세계를 잘 들여다 볼 수는 없다. 수많은 시도와 노력을 기울여야 하며, '아이 세상 이해하기', '아이 눈으로 수업 보기', '아이 수업으로 대화하기' 등의 새로운 시도가 필요하다.

그러나 교사가 학생의 관점에서 이해하고 그것을 토대로 학생이 스스로 학습하도록 할 수 있는 방안을 모색하는 일은 쉽지 않다.

따라서 우리에게 먼저 필요한 것은 우리의 눈을 벗어나는 일이다. 학생들의 관점으로 수업을 들여다볼 수 있어야 한다. 이러한 능력은 언어적 설명에 의해 형성될 수는 없다. 직접 해보고 익히고 연습하고 생각해야 한다.

'아이 눈으로 수업보기'는 학생들이 수업 속에서, 또는 일상생활 속에서 어떤 타자들과 어떻게 상호작용하고 그 과정에서 어떻게 기존의 자신을 성찰하고 새로운 자신을 형성해가는지를 구체적으로 파악할 수 있게 한다. 교육은 단순히 교사가 학생을 가르치고 학생은 배우는 일이 아니라, 학생이 주변의 타자와 상호작용하는 가운데 스스로 자신을 형성해가는 과정이며 교사는 학생 주변에 존재하는 '의미 있는 타자' 가운데 하나라는 것이다.

[2] 수업! 그 진정성을 위하여!

1) 수업자의 철학

'더불어 나누는 이웃 사랑'.

'더불어'라는 말은 공동체 생활의 기본 가치인 예절과 존중, 배려의 마음으로 기쁨과 슬픔, 즐거움 등을 이웃과 함께 나누며 살아가는 것을 의미한다. 또한 '이웃 사랑'은 도시화, 핵가족화로 인한 익명성의 사회에서 공동체의 삶을 회복시킬 수 있는 중요한 가치이기도 하다. 이웃끼리 믿고 의지하며 살아간다면 세상은 한

결 밝아지고 이러한 환경 속에서 아이들은 훨씬 더 안정적으로 성장할 수 있다.

인간은 더불어 살아가는 사회적 존재로 혼자서는 살아갈 수 없다. 가족 이외에 내 주변에서 가장 자주 접할 수 있는 사회적 존재는 이웃이다. 그러므로 '이웃'의 의미와 소중함을 생각해보고 이웃과 행복하고 화목하게 살아가기 위해서 서로 지켜야 할 예절을 알아보고 이웃과 갈등 상황에서의 해결 방법을 토의토론 활동을 통하여 찾아보도록 한다. 또한 자신의 의견과 근거를 말하는 토의토론 과정을 통해 비판적 사고력 및 논리적 표현력을 기르고, 서로의 다양한 생각을 공유하는 활동을 통해 '같이'의 '가치'를 공유하게 하고자 한다.

2) 이 수업의 주요 가치 덕목

○ 존중

존중이란 다른 사람을 나와 같은 인격적 가치와 권위, 합당한 권리를 가진 존재로 대우하는 것을 말한다. 더불어 살아가는 공동체에서 개개인이 각자 서로 다른 가치와 생활 방식을 가지고 살아가더라도, 타인을 나와 같은 인격을 가진 존재라고 인정할 수 있어야 바람직한 공동체가 성립될 수 있다.

○ 예절

예절이란 사전적 의미로는 예의와 범절 또는 예의에 관한 범절로 이해한다. 여기서 예의란 경의를 표하는 몸가짐 또는 예로써 하는 말씨나 몸가짐을 뜻하고, 범절이란 일이나 물건이 지닌 모든 질서와 절차를 가리키는 것으로 이해된다. 이웃 간에 지켜야 할 예절이 무엇인지 알고 이를 적절한 형식으로 드러낼 수 있다면 서로가 오해해서 관계를 해치는 일이 적을 것이다.

○ 배려

배려란 사물이나 사람 등의 대상에 대해 걱정하고 염려하며 주의를 기울이는 정신의 상태, 그러한 대상들에 관심을 기울이고 보살피고자 하는 성향, 그러한 대상들을 보호하고 그 복지를 증진 내지 유지하기 위해 책임을 느끼고 실행하는 것 등을 의미한다. 이러한 배려의 덕이 인간을 넘어 확대되면 자연에 대한 존중으로까지 연결되어 자연 애호와 환경 보존의 자세로 나타나게 된다.

3) 단원의 성취 기준

단원명	교과서 내용(차시 내용)	성취기준
작은 실천 아름다운 세상	○ 이웃의 의미와 소중함 ○ 이웃 간의 바른 도리와 예절 및 그 실천 방법	[4도02-03] 예절의 중요성을 이해하고, 대상과 상황에 따른 예절이 다름을 탐구하여 이를 습관화한다.

4) 지도상의 유의점

이웃 간에 필요한 예절과 관련한 올바른 마음가짐, 행위 방식 및 절차 등을 바르게 이해함과 동시에 지속적으로 실천할 수 있도록 하는 것이 중요하다. 이를 위해 수업 시간에 실천 동기와 의지를 북돋아줌은 물론 그 외 시간에도 교사가 지속적으로 관심을 갖고 칭찬과 독려로 꾸준히 관심을 기울여야 한다.

이웃 사랑 실천을 내면화하고 장기적인 동기 부여가 될 수 있도록 학생들이 평소에 실천하였던 이웃 사랑의 사례들을 발표하게 하고 그것을 충분히 칭찬한다. 작은 실천도 칭찬받을 일이며 이웃 사랑의 시작이라는 것을 느껴보는 역할놀이를 통해 이웃을 배려하고 돕는 기회를 간접적으로 체험해보도록 한다.

[3] 함께 하는 동행!

1) 학습자 실태 분석 및 시사점

(4학년 학생 28명 대상)

영역	조사 내용	조사 방법	조사 결과	분석 및 지도 대책
인지적 영역	이웃의 의미와 이웃이 소중한 까닭을 알고 있는가?	질문지	25명 (89.3%)	○ 이웃의 의미와 소중함을 알고 있으나 공동체적인 삶으로서의 이웃에 대한 개념이 협소한 편이다. 이웃을 단지 내 주변의 사람으로만 보고 있다. ○ 더불어 살아가는 사회의 일원으로서 폭넓게 이웃의 다양함을 이해하고, 이웃과 함께하는 가치를 인식하도록 지도해야 한다.
	이웃의 종류를 다양하게 알고 있는가?		24명 (85.7%)	
정의적 영역	이웃과의 갈등 경험이 있는가?	질문지	24명 (85.7%)	○ 이웃과의 갈등 경험이 많은 편이나 이를 해결하기 위한 적극적인 노력은 상대적으로 낮게 나타난다. ○ 아동들의 다양한 생활 경험을 바탕으로 이웃과 갈등을 해결하는 과정의 문제점을 찾아보고 서로의 의견을 공유하도록 지도해야 한다.
	갈등을 해결하기 위하여 노력한 경험이 있는가?		22명 (78.6%)	
	이웃을 배려했던 경험이 있는가?		24명 (85.7%)	
행동적 영역	이웃 간의 예절을 실천한 경험이 있는가?	면담, 관찰, 질문지	25명 (89.3%)	○ 이웃과의 갈등의 원인을 타자중심적으로 생각하고 행동하는 경향이 있다. 토의토론학습을 통하여 작은 의미의 이웃인 친구와 소통하고 협력하여 갈등상황을 해결하려는 실천 의지를 갖게 해야 한다.
	합리적인 의사결정 토론학습에 적극적으로 참여하는가?		26명 (92.9%)	

2) 본 수업 적용 교수학습모형

이 차시는 화목한 이웃 생활을 위해 이웃과의 갈등이 있을 때 어떻게 판단을 내려야 하는지에 대한 내용을 다룬다. 본 수업은 가치 판단 중심의 수업과정 절차로서 가치분석 모형이나 합리적 의사결정 모형의 적용이 가능하다. 이웃과의 갈등이 있을 때 아동들의 노력만으로 해결되는 경우는 많지 않다. 그러나 이 차시에서는 아동들의 경험과 밀접한 '층간소음'을 소재로 한 내용을 다루어 아동의 수준에서 이웃 간의 갈등을 해결하기 위한 방법적인 면과 내용적인 면을 토의토론학습을 통해 탐구해 볼 수 있도록 **합리적 의사결정 모형**을 적용하도록 한다.

3) 단원 재구성 계획

차시	소단원	재구성 내용		역량
		주요 학습 내용	주요 학습활동 재구성	
1	1. 다양한 이웃, 모두 소중해요	○ 단원의 개관 및 학습 안내 ○ 『소중한 나의 이웃』을 읽고 이웃의 소중함 생각해보기 ○ 다양한 이웃의 종류 알아보기 ○ 가치어 사전 만들기	○ 단원의 개관 및 학습 안내 ○ 이웃 관련 동영상 시청하기 ○ 다양한 이웃 찾기 마인드맵하기 ○ 경험 이야기하기 ○ 이웃 가치사전 만들기	자기관리역량, 의사소통능력, 협력적 문제 발견 해결능력
2	2. 멋진 이웃! 어떻게 되나요? (본시)	○ 교과서 삽화 보고 이웃 관계 파악하기 ○ 이웃 사이의 문제 알아보기 ○ 갈등을 해결하기 좋은 방법 선택하기 ○ 가치연속선 표시하기 ○ 가장 좋은 해결책 생각하기 ○ 이웃과의 갈등 해결하려는 마음 가지기	○ 이웃의 의미 이야기하기 (이웃이란?) ○ 동영상 보고 문제 추측하기 ○ 이웃 간의 갈등의 종류 알기 ○ 갈등의 종류 및 갈등 경험 나누기 ○ 책 읽고 이야기 나누기 ○ 부분 토론하기(피라미드, 둘 가고 둘 남기) ○ 토론활동 정리 발표하기 ○ 느낀 점 나누기	협력적 문제 발견 해결능력, 자기관리역량, 의사소통능력, 공동체역량
3	3. 화목한 이웃! 마음을 활짝 열어요.	○ 그림을 보고 이웃의 마음을 열 수 있는 방법 알아보기 ○ 『마법의 열쇠를 찾아라 1 : 거인 정원』을 읽고 이야기 나누기 ○ 『마법의 열쇠를 찾아라 1 : 양말 한 켤레』를 읽고 이야기 나누기 ○ 이웃과 화목하게 지내기 위한 태도 정리하기	○ 영상 보고 문제점 찾기 ○ 『마법의 열쇠를 찾아라』를 읽고 이야기 나누기 ○ 이웃과 잘 살기 위하여 가장 필요한 가치 모서리 토론하기 ○ 토론 후 발표하기 ○ 이웃과 화목하게 지내려면? 한 줄 글로 정리하기	협력적 문제 발견 해결능력, 자기관리역량, 의사소통능력, 공동체역량
4	4. 이웃사랑을 실천해요.	○ 이웃과 화목하게 지내기 위하여 실천할 일 생각해보기 ○ 이웃 간에 지켜야 할 예절 알아보기 ○ 역할놀이 하기 ○ 이웃사랑 실천계획 세우기 및 점검표 작성하기	○ 이웃 간의 예절의 종류 알아보기 ○ 모둠별 상황 설정하기 ○ 역할놀이 하기 ○ 이웃사랑 실천계획 세우기 및 점검표 작성하기	창의적 사고역량, 공동체역량, 자기관리능력

4) 창의 서술형 평가 계획

○ 평가의 방향

이 단원은 학생들이 만드는 프로젝트 수업으로 이웃의 의미와 중요성에 대해 알아보고 생활 속에서 이웃과의 갈등을 해결하기 위한 방법을 탐구하며 이웃과 화목하게 지내려는 마음으로 이웃 간의 예절을 실천하는 내용으로 구성하였다.

특히 갈등 상황에서 이웃 간의 배려, 존중, 예절에 대하여 생각해보고, 서로 협력하고 소통하는 가운데 바르게 판단할 수 있는 힘을 기르도록 하였다.

따라서 이웃의 소중함을 알고 배려와 존중의 마음을 일상생활에서 실천하고 있는지에 대하여 서술형, 행동관찰, 상호평가, 자기평가를 통해서 평가하고자 한다.

○ 영역별 평가 내용

구분	평가관점	방법	시기	역량
인지적 영역	이웃의 의미와 중요성을 인식하고 갈등을 해결하는 방법을 바르게 말할 수 있는가?	관찰법, 자기평가, 상호평가	수업 중	자기관리역량, 협력적 문제해결, 의사소통역량
정의적 영역	이웃과 화목하게 지내려는 마음을 갖고 이웃을 배려하는가?	수행평가	수업 중	협력적 문제해결, 자기관리, 공동체역량
행동적 영역	이웃 간에 지켜야 할 예절을 알고 계획을 세워 실천할 수 있는가?	수행평가, 관찰법	수업 중, 평상시	자기관리, 공동체역량, 민주시민역량

○ 차시별 평가 내용

차시	학습활동	창의 서술형 평가 방향 (성장참조형 평가)	역량
1	○ 『소중한 나의 이웃』을 읽고 이웃의 소중함 생각해보기 ○ 다양한 이웃의 종류 알아보기	이웃의 의미와 소중함을 알고 있는가?	협력적 문제 해결, 공동체역량
2	○ 갈등을 해결하기에 좋은 방법 선택하기 ○ 이웃과의 갈등 해결하고자 하는 마음 가지기	이웃 간의 갈등 상황을 올바르게 판단하고 해결하려 하는가?	협력적 문제 해결, 자기관리, 공동체역량

| 3 | ○ 그림을 보고 이웃의 마음을 열 수 있는 방법 알아보기
○ 이웃과 화목하게 지내기 위한 태도 지니기 | 이웃을 배려하는 마음을 지니고 있는가? | 협력적 문제 해결, 공동체역량 |
| 4 | ○ 이웃 간에 지켜야 할 예절 알아보기
○ 이웃사랑 실천계획 세우기 및 점검표 작성하기 | 이웃 간의 예절 생활을 실천하는가? | 자기관리, 공동체역량, 민주시민역량 |

5) 본시 학습 과정안

<table>
<tr><td>단원
(프로젝트명)</td><td colspan="2">작은 실천 아름다운 세상
(멋진 이웃! 어떻게
되나요?)</td><td>차시</td><td>2/4</td></tr>
<tr><td>학습(배움)주제</td><td colspan="4">이웃 간의 갈등을 해결하는 방법 토론하기</td></tr>
<tr><td>학습(배움)목표</td><td colspan="4">이웃 간의 갈등을 해결하는 방법을 알 수 있다.</td></tr>
<tr><td>학습모형</td><td colspan="4">합리적 의사결정 모형</td></tr>
<tr><td>토론형태(기법)</td><td colspan="4">부분토론(피라미드, 둘 가고 둘 남기)</td></tr>
<tr><td rowspan="7">수업
설계</td><td>교육과정
재구성 및
수업자의
의도</td><td colspan="3">이웃의 의미와 소중함을 알고, 이웃 간의 다양한 갈등상황을 통하여 더불어 화목하게 살아갈 수 있는 방법을 모둠별 토론활동을 통하여 탐구하는 학습으로 재구성하였다. 이 수업의 의도는 자신의 의견과 근거를 말하는 토의토론 과정을 통해 비판적 사고력 및 논리적 표현력을 기르고, 서로의 다양한 생각을 공유하는 활동을 통해 합리적인 의사결정의 방법을 익히는 것이다. 또한 더불어 살아가는 사회의 일원으로서 이웃과 화목하게 지내고자 하는 마음과 이웃에 대한 예절을 익혀 민주시민의 자질을 기르는 것이다.</td></tr>
<tr><td>자료 활용</td><td colspan="3">동영상자료, 토론학습지, 모둠발표용 칠판, 참고도서, 붙임 딱지, 네임펜, 그림카드</td></tr>
<tr><td rowspan="5">배움
중심
수업전략</td><td>활용자료</td><td colspan="2">○ 도서 : 『우당탕탕 할머니 귀가 커졌어요』(엘리자베스 슈티메르트, 비룡소)
○ 경험 : 이웃과의 갈등 경험</td></tr>
<tr><td>역량</td><td colspan="2">○ 창의적사고역량 ○ 협력적 문제해결역량 ○ 의사소통역량
○ 공동체역량   ○ 민주시민역량</td></tr>
<tr><td>자기 생각 만들기</td><td colspan="2">이웃과의 갈등을 해결하는 방법(피라미드 토의)</td></tr>
<tr><td>배움 내용 확인</td><td colspan="2">토론을 통하여 이웃 간의 갈등을 해결하는 방법을 말할 수 있다.</td></tr>
<tr><td>배움
단계</td><td>학습내용
학습형태
(시간)</td><td colspan="2">배움 중심 교수·학습활동</td><td>자료(★), 유의점(※)</td></tr>
</table>

배움 열기	동기유발 도덕적 문제사태 제시 **전체** (8′)	○ 전시학습 상기하기 - 이웃의 중요성, 이웃의 의미 이야기하기 - '이웃이란?' 포토스탠딩 발표하기 - 그림카드를 뽑아서 이웃에 대한 이야기 만들기 ○ 동영상 보고 공부할 문제 추측하기(고슴도치의 고민) - 등장인물이 누구인가요? - 고슴도치에게 무슨 일이 생겼나요? - 고슴도치의 고민은 무엇인가요? - 고슴도치는 어떤 선택을 할까요? ○ 공부할 문제 알기 - 오늘 공부할 문제를 다음 빈 칸에 써 보세요.	★ 그림카드 ★ 동영상자료 ※ 학습 주제에 대한 실 천 동기와 의지를 북 돋운다.
배움 전개	경험 나 누기 **전체** (3′) 주제 확인 **전체** (5′) 활동 안내 **전체** (2′) 토론하기 **전체,** **개별** (12′)	○ 경험 나누기 - 이웃과의 갈등이 있었던 경험 발표하기 - 이웃과의 갈등을 해결하였던 경험 발표하기 - 이웃과의 갈등의 종류 이야기하기 ○ 책을 읽고 이야기하기 - 『우당탕탕 할머니 귀가 커졌어요』 모둠별로 읽어보기 - 책을 읽고 생각나는 단어 말하기 - 어떤 주제로 토론하면 좋을까요? - 책을 통해서 알게 된 토론 주제는 무엇인가요? • 이웃 간의 갈등( )의 해결 방법을 알아보자. ○ 토론 활동 내용 소개하기 - 피라미드 토론, 둘 가고 둘 남기 토론활동 방법 안내 - 토론활동 시 주의할 점 알아보기 ○ 피라미드 토의하기 - 어깨 짝과 함께 각자 2가지씩 해결 방법을 붙임 딱 지에 쓰기 - 어깨 짝과 함께 토의하여 4가지 중 2가지 해결 방법 선정하기 - 모둠별로 토의하여 최종적으로 2가지 해결 방법 선 정하기 - 문제점을 고려하여 최종 의견 선정하기 ○ 둘 가고 둘 남기 토론활동 하기 - 모둠원 중 두 명(사랑이, 정직이)이 다른 두 모둠의 의견 알아오기(1모둠 → 2모둠, 3모둠) (2모둠 → 3모 둠, 4모둠) - 모둠원 중 두 명(성실이, 존중이)은 남아서 다른 모둠 에게 우리 모둠의 의견 들려주기 - 모둠원의 토론활동을 통하여 모둠의 최종 의견 선 택하기	★ 관련도서 ★ 토론학습지 ★ 붙임 딱지, 네임펜, 모둠 칠판, 유성펜, 스티커 ※ 해결 방법을 선정할 때 문제점을 고려하도록 지 도한다. ※ 이동 시 다른 사람을 배 려하는 것도 학습주제 와 관련하여 지도한다. ※ 의사 결정 과정에서 문 제점을 확인해보고 합리 적인 선택을 하도록 지 도한다.
배움 확인	발표하기 **전체**(8′) 정리하기 **전체** (2′)	○ 토론활동 정리하기 - 모둠별 최종 선택한 내용 발표하기 - 동영상 결과 보기 ○ 토론활동을 하며 느낀 점 발표하기 ○ 정리 및 차시활동 예고하기 - 이웃과 화목하게 지내려면 어떤 마음이 필요할까? - 모서리토론 예고	★ 영상자료

6) 본시 평가 및 피드백 계획

성취 기준	다양한 생활 장면에서 이웃 간에 일어나는 갈등을 해결하기 위한 바른 판단을 할 수 있다.			
영역	성취 수준		시기 및 방법	피드백
배움 문제 관련 평가 (인지· 행동적 영역)	잘 함	○ 이웃 간의 갈등을 해결하기 위한 올바른 방법을 알고 실천의지가 높다.	○ 수업 중 - 관찰평가 - 자기평가	○ 이웃과 화목하게 살아가려고 노력 한다. ○ 이웃과의 갈등 상황을 만들지 않는 배려, 존중의 생활태도가 중요함을 알게 한다.
	보 통	○ 이웃 간의 갈등을 해결하기 위한 올바른 방법을 알고 있지만 실천의지가 낮다.		
	미 흡	○ 이웃 간의 갈등을 해결하기 위한 올바른 방법을 알지 못하고 실천의지도 낮다.		
배움 활동 참여도 평가 (정의적 영역)	잘 함	○ 배움 문제가 무엇인지 알고 배움 목표를 세워 스스로 해결하려고 노력한다. ○ 친구와 협력하여 토론학습에 적극적으로 참여 한다.	○ 수업 중 - 관찰평가 - 자기평가	○ 배움공책에 실천 다짐을 구체적으로 제시할 수 있도록 지도한다.
	보 통	○ 배움 문제가 무엇인지 알고 있으나 배움 목표를 스스로 세우지 못한다. ○ 친구와 협력하여 토론학습에 소극적으로 참여 한다.		
	미 흡	○ 배움 문제와 배움 목표를 잘 알지 못하고 실천 의지가 낮다. ○ 토론학습에 참여하지 못한다.		

7) 판서 계획

〈단원〉 작은 실천 아름다운 세상 〈학습문제〉 이웃 간의 갈등을 해결하는 방법을 토론해 보자. ○ 활동1 : 책을 읽고 생각하기 ○ 활동2 : 부분토론하기	(보조칠판 사용) ○ 토론활동 시 유의할 점 ○ 토론 형태 : 피라미드, 둘 가고 둘 남기 ○ 토론 주제 : 이웃 간의 갈등(층간 소음)의 해결방 법을 알아보자.

8) 학습 자료(교사가 준비)

○ PPT 이야기자료, 동영상자료, 모둠 학습지, 붙임카드, 모둠판

(나)『우당탕탕 할머니 귀가 커졌어요』학습지

멋진 이웃! 어떻게 되나요?

※『우당탕탕 할머니 귀가 커졌어요』를 읽고

○ 이 책을 읽고 떠오르는 단어(강조하는 키워드) 적어 보기

○ 키워드로 질문을 만들어 본다면? 오늘의 토론주제는 무엇이 좋을까?

○ 토의토론활동 내용

피라미드 토의	둘 가고 둘 남기 토의
① 갈등을 해결하는 방법을 붙임 딱지에 각각 2가지 쓰기	① 모둠의 의견 모으기
② 어깨 짝과 함께 4가지의 의견 중 토의하여 2가지로 줄이기	② 모둠의 2명은 다른 두 모둠의 의견 모아오기
③ 4명의 모둠원이 모여 4가지의 의견을 놓고 토의하기	③ 2명은 남아서 다른 모둠에게 우리 모둠의 의견 알려주기
④ 문제점을 고려하여 최종적으로 2개의 모둠 의견 결정하기	④ 문제점을 고려하여 최종적으로 모둠 의견 결정하기

○ 이웃이란? (   ) 이다.

○ 새롭게 알게 되거나 느낀 점 적기

3. 생각이 깊어지는 고학년

순	도서명	주제(핵심키워드)	토의토론기법	글쓰기 주제(논제, 질문)
1	사람은 무엇으로 사는가	사랑	모서리 토론	사람은 무엇으로 사는가?
2	얼마나 가져야 행복할까	행복	터부 토론	행복의 척도는 무엇인가?
3	기게스의 반지	도덕성	짝 토론	진정한 선이란 무엇인가?
4	아나톨의 작은 냄비	편견, 장애, 사랑	브레인라이팅 토론	나에게 냄비는 무엇인가?
5	안네의 일기	전쟁, 사랑, 가족	회전목마 토론	안네의 가족이 다른 사람을 돕는 것은 가능한 일인가?
6	유대인 수용소의 두 자매 이야기	전쟁, 우정, 약속	육색모자 토론	전쟁이 주는 교훈은?
7	조개맨들	전쟁, 평화	회전목마 토론	남북이 평화롭게 살 수 있는 방법은?
8	책도령은 왜 지옥에 갔을까	독서, 책임, 나눔	원탁 토론	책도령이 지옥에 간 이유는? 살면서 실천이 필요할 때는?
9	어린 왕자	삶, 사랑, 행복	하브루타 토론	어린이와 어른의 차이점은?
10	행복한 왕자	사랑	디딤돌학습지 토론	어떻게 하면 행복할 수 있을까?
11	소나기	사랑	개념지도 만들기 토론, 2:2 토론	초등학생의 이성 교제는 필요한가?
12	천국의 아이들	결핍, 사랑	하브루타 토론	1등은 행복할까? 가난하면 불행한가?
13	사랑손님과 어머니	사랑, 여자의 삶	하브루타 토론	옥희 엄마의 선택은 옳았나?
14	그 많던 싱아는 누가 다 먹었을까	전쟁, 역사, 사회	소크라틱세미나 토론	창씨 개명을 반대한 완서 오빠의 선택은 옳았나?
15	몽실언니	역사, 삶, 전쟁	모둠문장 만들기 토론	몽실이는 행복했을까?
16	스갱 아저씨의 염소	안전, 생명	찬반대립 토론	안전과 자유 중 중요한 것은?
17	100만 번 산 고양이	삶과 죽음	소크라틱세미나 토론	고양이의 선택은 옳은가?

1) 사람은 무엇으로 사는가

도서명	사람은 무엇으로 사는가
지은이	톨스토이
관련 학년	5, 6학년
관련 교과	국어, 창체
핵심 키워드	사랑

내용 및 도서 선정 이유

하나님에게 벌을 받고 세상에 온 천사 미하일을 구두장인인 시몬이 돌보게 된다. 시몬은 미하일에게 구두수선 일을 가르치고, 미하일이 일을 잘 해서 시몬은 많은 돈을 벌게 된다.

사람의 마음 속에는 무엇이 있는가?

사람에게 주어지지 않은 것은 무엇인가?

사람은 무엇으로 사는가?

이 세 가지 질문의 답을 찾을 때까지 사람들에게 가 있으라 명령을 받은 미하일. 인간계로 내려온 미하일은 알몸으로 차가운 길바닥에서 웅크리고 있던 자신을 시몬과 마트료나가 대접하는 것을 보고, 사람의 마음 속에는 하느님의 '사랑'이 있음을 깨달았다. 귀족 신사가 1년을 신어도 끄떡없는 구두를 주문했지만 그가 곧 죽을 것을 미하일 자신은 알았기에 구두 대신 슬리퍼를 만들었지만 시몬은 그 이유를 모르는 것을 보고, 사람에게 주어지지 않은 것은 자신의 미래를 보는 능력임을 깨달았다. 엄마를 잃은 아이들을 사랑으로 키우는 부인을 보고 사람 '사랑'으로 산다는 사실을 깨달았다. 미하일은 세 가지 질문에 대해 깨달은 답을 말하고 하늘로 돌아간다.

삶에서 가장 중요한 가치가 무엇인지를 생각하게 하는, 토론거리가 있는 책이다.

수업 과정	도입	○ 선생님에게 질문하기 - 열린 질문과 닫힌 질문
	전개	○ 책 읽기 ○ 책을 읽고 궁금한 점 질문하기 ○ 세 가지 질문에 대한 답 생각해 보기 ○ 모서리 토론하기 - 사람이 살아가는 데 가장 중요한 것은 무엇인가? ○ 토론 후 모서리별 발표하기
	정리	○ 메타포로 정리하기 - 사랑은 ~다. 인생은 ~다. ○ 나의 수업 자기 평가하기(별점 주기)

2) 얼마나 가져야 행복할까(사람에게는 얼마만큼의 땅이 필요한가)

도서명	얼마나 가져야 행복할까	
지은이	톨스토이	
관련 학년	5, 6학년	
관련 교과	국어, 창체	
핵심 키워드	행복	

내용 및 도서 선정 이유	소작농 바흠은 성실하게 살았지만 밭 한 뙈기 살 수 없는 형편이다. 그러던 어느 날, 바시키르 마을 촌장과 '1000루블만 내면 해가 뜰 때부터 해가 질 때까지 걸어서 돌아온 땅을 모두 가질 수 있다'는 계약을 한다. 단 해가 질 때까지 출발 지점으로 돌아오지 못하면 땅을 하나도 받을 수 없다. 바흠은 많은 땅을 갖기 위하여 부지런히 걷고 또 걷는다. 가면 갈수록 더욱 비옥한 땅이 눈 앞에 펼쳐졌기에 반환점을 돌지 못하고 앞으로 계속 전진만 한다. 문득 정신을 차려 하늘을 보니 해가 어느덧 서산을 향해 기울어가고 있어 깜짝 놀란 바흠은 그제야 발걸음을 돌려 출발선을 향해 뛰어가기 시작한다. 바흠은 마침내 해가 서산마루를 막 넘어가려는 순간 가까스로 출발선 위에 가슴을 쥐며 쓰러진다. 애타게 그를 기다리던 가족들과 바시키르인들은 환호성을 지르며 그의 성공을 축하하지만 바흠은 이미 죽어 있다. 물질을 최고의 가치로 여기는 요즘 학생들이 읽고 진정한 행복의 의미를 새겨보는 수업을 하기에 좋다. 삶의 가치와 행복의 의미를 생각해 보고 토론해 보는 가치내면화수업에 효과적이다.

수업 과정	도입	○ 나의 감정 나누기(프리즘카드) ○ 행복의 기준 생각해 보기
	전개	○ 책 표지 보고 생각 나누기 ○ 책 읽기 ○ 책을 읽고 핵심키워드 찾기 ○ 키워드로 질문 만들기 ○ 모둠의 대표 질문으로 논제 정하기(신호등 토론) ○ 터부토론하기(원탁 토의형) - 행복의 기준은 무엇일까?
	정리	○ 소감 나누기 ○ 나의 수업 자기 평가하기(별점 주기)

3) 기게스의 반지

도서명	기게스의 반지	
지은이	플라톤	
관련 학년	5, 6학년	
관련 교과	국어, 도덕	
핵심 키워드	양심, 도덕성	

내용 및
도서 선정
이유

리디아 왕의 양떼를 돌보는 양치기 기게스는 양들에게 풀을 먹이고 있던 어느 날 폭우가 쏟아지고 지진이 일어나 갈라진 땅 속에서 반지를 끼고 있는 시체를 보게 된다. 반지를 빼서 밖으로 나온 기게스는 그 반지를 자신의 손가락에 끼고 다닌다. 며칠 후 반지를 끼고 앉아 있던 기게스는 무심코 반지의 구슬이 자신을 향하도록 돌리자 갑자기 자신의 모습이 보이지 않게 되는 걸 알게 된다. 이러한 사실을 알게 되자 그는 왕에게 양떼의 상태에 대해 보고하는 역할을 자청해서 왕궁으로 가 왕비와 짜고 왕을 죽이고 왕이 된다.

누가 볼 때와 보지 않을 때 사람의 행동이 달라지는 경험을 이야기하며 도덕적인 행동은 어떤 것인가에 대해 이야기 나누는 철학수업의 형태이다. 조금은 어려울 수 있지만 인간이라면 누구나 경험하고 갈등하는 도덕적 딜레마를 극복하고 선한 선택을 할 것인지 토론하는 수업을 통해 가치판단의 기준과 선을 행하는 마음에 대해 이야기할 수 있는 책이다.

수업 과정	도입	○ 지킬박사와 하이드 듣기 ○ 성선설과 성악설에 대해 생각해 보기
	전개	○ 책 표지 보고 생각 나누기 ○ 책 읽기 ○ 철학자 플라톤 알아보기 ○ 책을 읽고 질문 만들기 ○ 모둠의 대표 질문으로 논제 정하기(신호등 토론) ○ 짝 토론하기(회전목마 토론) - 왜 누가 보지 않으면 행동이 달라질까? - 진정한 선이란 - 선의 기준은 무엇일까?
	정리	○ 소감 나누기 ○ 나의 수업 자기 평가하기(별점 주기)

4) 아나톨의 작은 냄비

도서명	아나톨의 작은 냄비	
지은이	이자벨 카리에	
관련 학년	5, 6학년	
관련 교과	국어, 도덕	
핵심 키워드	편견, 장애, 사랑	

내용 및 도서 선정 이유	아나톨은 잘하는 게 많고 상냥하고 그림도 잘 그리고 음악도 사랑하는 그저 평범한 아이이다. 그런 아나톨에게 어느 날 작은 냄비 하나가 떨어진다. 달그락 달그락 언제나 붙어 다니는 냄비 때문에 아나톨은 친구랑 놀기도 불편하고, 시끄럽고, 거추장스럽다. 마음이 여린 아나톨은 점점 스스로가 부끄러워져서 숨어 버린다. 그렇게 잊혀져가던 어느 날, 특별한 친구가 나타난다. 그 사람은 아나톨에게 냄비와 함께 살아가는 방법을 가르쳐주고, 무서울 때 어떻게 해야 하는지, 무엇을 잘 할 수 있는지 가르쳐준다. 우리 모두에겐 냄비가 하나씩 있다. 눈에 보이든 보이지 않든 자신의 냄비를 찾아내고 그 냄비를 가지고 살아가는 지혜를 알려 주는 평범하지 않은 사람에 대해서도 이야기를 나누어 본다면 자기를 존중하고 타인을 배려하며 더불어 살아가는 삶에 대한 수업이 될 것이다.

수업 과정		
	도입	○ 완벽한 사람의 특징 말하기 ○ 완벽한 사람에게 어떤 일이 생긴다면 어떨지 생각해 보기
	전개	○ 책 표지 보고 생각 나누기 ○ 책 읽기 ○ 아나톨의 기분 알기(사건 순) ○ 아나톨에게 평범한 사람과 평범하지 않은 사람은? ○ 나에게 냄비는 무엇일지 생각 나누기 ○ 브레인라이팅 토론하기 - 나에게 냄비는 무엇인가?
	정리	○ 소감 나누기 ○ 나의 수업 자기 평가하기(별점 주기)

5) 안네의 일기

도서명	안네의 일기
지은이	안네 프랑크
관련 학년	5, 6학년
관련 교과	국어, 사회
핵심 키워드	전쟁, 가족, 사랑

내용 및 도서 선정 이유	2차 세계대전이 한창이던 1942년 6월, 안네 프랑크는 열세 번째 생일에 한 권의 일기장을 선물받는다. 소녀는 일기장에 '키티'라는 이름을 붙여주고 속마음을 털어놓기 시작한다. 그러던 중에 그녀는 나치의 유대인 박해를 피해 가족, 동료들과 함께 네덜란드 암스테르담의 은신처로 숨어 들어간다. 2년이 넘는 은신 생활 동안 안네는 전쟁과 죽음에 대한 두려움, 은신 생활로 인한 답답함과 그로 인한 가족과의 갈등, 쓸쓸함, 배고픔 등과 싸우게 된다. 하지만 그와 동시에 소소한 일상의 즐거움, 자유에 대한 의지와 미래를 향한 희망, 풋풋한 사랑 등으로 스스로를 지키며 그 모든 것들을 진솔한 표현으로 일기에 기록한다. 1944년 8월 1일, 안네의 일기는 끝을 맺는다.
	유대인 학살을 널리 알린 안네 프랑크의 일기는 사춘기 소녀의 성장과 전쟁으로 인한 상처, 고통 등을 다루기에 좋다. 학생들이 많이 아는 히틀러와 독일, 유대인들의 삶을 재조명하고 전쟁이 주는 교훈과 그 속에서도 피어나는 사랑, 가족 등 한 소녀의 성장을 이야기하는 책이다.

수업 과정	도입	○ 일기장 읽기 - 누구의 일기일까 추측하기
	전개	○ 일기장의 주인공 안네의 사진 보고 추측하기 ○ 책의 일부 읽기 ○ 안네의 가족에게 있었던 일 알기 ○ 안네의 감정 알아보기(프리즘카드) ○ 논제 정하기 - 안네의 가족이 남을 돕는 것에 대한 나의 생각은? ○ 회전목마 토론하기
	정리	○ 소감 나누기 ○ 나의 수업 자기 평가하기(별점 주기)

6) 유대인 수용소의 두 자매 이야기

도서명	유대인 수용소의 두 자매 이야기
지은이	프니나 밧 츠비, 마지 울프
관련 학년	5, 6학년
관련 교과	국어, 도덕
핵심 키워드	전쟁, 우정, 약속
내용 및 도서 선정 이유	유대인 소녀 토비와 동생 레이첼은 나치에게 끌려가던 날 밤 부모님으로부터 무슨 일이 있어도 동생과 함께 있어야 한다는 당부와 함께 금화 세 개를 받는다. 토비는 그 당부를 꼭 지키겠다고 약속하고 자매는 아우슈비츠 유대인 수용소로 끌려가 희망을 저버리지 않고 서로 의지하며 살게 된다. 어느 날 동생이 병이 나 격리되고 부모님과의 약속을 지키지 못할 상황이 되자 토비는 금화가 든 구두약 통을 들고서 목숨을 걸고 동생을 구하러 간다. 위험을 무릅쓰고 동생을 구하러 간 토비는 금화를 다 쓰고 동생을 구해낸다. 참혹했던 유대인 대학살 사건인 홀로코스트의 현장을 어린이의 시선으로 기록한 그림책이다. 유대인 두 자매가 유대인 수용소에서 실제로 겪은 이야기를 그 딸들이 그림책으로 재구성해 풀어내고 있는 이 책은 전쟁 속에서도 서로 믿고 의지하는 우애와 약속을 지키는 마음이 돋보이는 책이다. 고학년 전쟁과 평화 프로젝트로 구성해 활용하면 좋다.
수업 과정	**도입** ○ 안네의 일기 내용 상기하기 ○ 느낀 점 이야기하기 **전개** ○ 안네의 일기 주인공이 되어보기(뜨거운 의자 토론) ○ 그 때의 감정 나누기 ○ 책 표지 보고 이야기 나누기(질문 만들기) ○ 책 읽기 ○ 육색생각모자 토론하기 ○ 각 색깔별로 자신의 생각 쓰기 - 하양(알게 된 사실), 빨강(느낌), 노랑(장점), 검정(단점) 초록(해결 방법 모색), 파랑(책을 통해 배운 점) **정리** ○ 소감 나누기 ○ 나의 수업 자기 평가하기(별점 주기)

7) 조개맨들

도서명	조개맨들	
지은이	신혜은	
관련 학년	5, 6학년	
관련 교과	국어, 도덕	
핵심 키워드	전쟁, 평화	

내용 및 도서 선정 이유	영재의 고향은 강화도 교동면 대룡리이다. 그곳에는 조개껍질들이 가득해서 붙여진 지명 '조개맨들'이 있다. 아빠가 지은 집에서 가족들과 단란하게 사는 영재는 시계를 잘 고치는 기술자 아빠와의 추억이 많다. 아빠와 조개맨들에 참외를 심으러 가기도 하고, 붓꽃 길을 걸으며 산책도 한다. 자상한 아빠는 서울에 갔다 오실 때마다 장난감도 사 오시고, 턱받이 이불도 사다 주신다. 이웃집에 사는 유리꼬와 화자랑 노는 것도 참 재미있다. 학교 입학을 앞둔 영재는 인사 연습을 열심히 한다. 새로 만날 선생님과 새로 사귈 친구들 생각에 가슴이 두근거린다. 그런데 이렇게 평화롭고 즐거운 영재의 일상이 깨지는 엄청난 사건이 터진다. 그것은 바로 6.25 전쟁이다. 외할아버지를 비롯해 친척들이 잡혀가고, 피난민들이 끊임없이 내려온다. 그리고 아빠도 잡혀가서 돌아오질 않으신다. 소식 없는 아빠를 하염없이 기다리는 영재 가족. 이모부는 강화도로 이사 오라고 하고, 영재는 아빠를 그리워하며 강화도로 이사해 열심히 공부하여 아빠가 원하는 딸이 되겠다고 다짐한다. 한 아이의 일기로 구성된 실화를 바탕으로 한 책이다. 그림과 글이 아이의 입장에서 본 그대로를 실감나게 재현했으며 한국전쟁의 피해와 남북 평화통일의 필요성을 수업할 때 좋다.

수업 과정	도입	○ 한국전쟁 영화 포스터 보기(포화 속으로, 고지전) ○ 영화 속의 인물이 되어 이야기하기
	전개	○ 책 표지 보고 생각 나누기 - 일기 형식의 글 공통점 알기(안네의 일기) ○ 책 읽기 ○ 하브루타 질문 만들기 - 전쟁이 일어난 이유, 평화로운 남북 관계에 대한 질문 ○ 내가 생각한 핵심키워드 쓰기 ○ 키워드로 논제 정하기 ○ 회전목마 토론하기 - 남북이 평화롭게 살 수 있는 방법은 무엇일까? - 통일을 반드시 해야 할까?
	정리	○ 소감 나누기 ○ 나의 수업 자기 평가하기(별점 주기)

8) 책도령은 왜 지옥에 갔을까

도서명	책도령은 왜 지옥에 갔을까	
지은이	김율희	
관련 학년	5, 6학년	
관련 교과	국어, 도덕	
핵심 키워드	독서, 책임, 나눔	

내용 및 도서 선정 이유	별명이 책도령인 박도령은 책만 읽는 책벌레이다. 책도령은 어머니가 먹여 주지 않으면 밥도 거르기 일쑤였고, 옷도 갈아입지 않으며, 아무것도 하지 않고 오로지 집안에 처박혀 책만 읽는다. 그러던 어느 날, 어머니가 돌아가신 뒤에도 책만 읽다가 굶어 죽어 지옥에 가게 된다. 그 이유는 책에 빠져 사람된 도리를 하지 못했기 때문이다. 지옥에서도 책을 읽고 싶어 하루 종일 소리쳐서 염라대왕은 3개의 과제를 다 해결하면 책이 많이 있는 천국으로 보내주겠다고 약속하였고, 책도령은 과제를 해결하기 위해 이승으로 내려간다. 우리는 책을 많이 읽어야 한다는 걸 강조한다. 하지만 책을 단순히 많이 읽는 것이 좋은 것인지에 대해 새로운 시각으로 접근해보면 좋을 것이다. 단순히 책을 읽는 것이 아니라 책을 읽고 실천하는 의지를 갖는 것, 그리고 실천에 옮기는 것, 그것이 사회적 실천이 되고 타인과 더불어 살아갈 수 있는 길임을 알 수 있게 하기에 좋은 책이다.

수업 과정	도입	○ 좋아하는 책 소개하기 ○ 책을 읽고 실천한 것 이야기하기
	전개	○ 책 표지 보고 생각 나누기 ○ 책의 일부 읽기 ○ 하브루타 질문 만들기 ○ 짝 하브루타하기 ○ 모둠 하브루타하기 - 책도령이 지옥에 간 이유는? - 살면서 실천이 필요한 때는 언제인가? ○ 원탁토론 하기
	정리	○ 소감 나누기 ○ 나의 수업 자기 평가하기(별점 주기)

9) 어린 왕자

도서명	어린 왕자	
지은이	쌩떽쥐베리	
관련 학년	5, 6학년	
관련 교과	국어, 창체	
핵심 키워드	삶, 사랑, 행복	

내용 및 도서 선정 이유	아프리카 사막을 여행하고 있던 조종사가 비행기 고장으로 사막에 불시착해서 소년을 만나게 된다. 조종사는 이 소년과 대화하던 중 그가 B612라는 작은 혹성에서 온 왕자라는 걸 알게 된다. 그리고 어린 왕자가 사랑한 장미 이야기와 여러 별을 여행하며 만난 사람들에 대한 이야기를 듣는다. 자신의 권위가 무엇보다 중요했던 어느 왕, 자기를 칭찬하는 말 이외에는 들으려 하지 않는 허영심 많은 사람, 술 마시는 것이 부끄럽지만 그것을 잊기 위해 다시 술을 마신다는 술꾼, 하늘에 보이는 5억 개의 별이 모두 자기 것이라 주장하는 과대망상증 상인, 별이 작아서 그럴 필요가 없는데도 계속 1분마다 불을 켜고 끄는 이상한 사람, 지리학자지만 한 번도 산과 강을 본 적이 없다는 지리학자, 그리고 지구에서 만난 수많은 꽃과 여우. 어린 왕자는 세상에 많은 장미가 있지만 자신이 아끼며 돌보던 장미는 이 세상에 하나밖에 없음을 여우를 통해 깨닫고 자기의 별로 돌아갈 것을 결심한다. 비행기 수리를 끝낸 조종사는 자신과 함께 가자고 권하지만 어린 왕자는 가시 4개로 자신을 보호하려는 꽃이 너무 안쓰러워서 그를 돌봐주러 가야겠다고 말하며 뱀의 독을 이용하여 죽게 된다. 시간이 흘러 6년 후, 조종사는 하늘의 수많은 별들을 볼 때마다 어린 왕자가 어딘가에 살고 있으리라는 희망을 품는다. 여러 번 읽어도 이상하지 않을 이 책에는 여러 가지 의미가 담겨져 있어서 고학년 학생들의 한 권 읽기 수업에 활용하기에 좋다.

수업 과정	도입	○ '왕자' 하면 생각나는 것 이야기하기 ○ 책 표지 보고 짐작하기
	전개	○ 책 읽기 ○ 하브루타 질문 만들기 ○ 짝끼리 질문 대화하기 ○ 최고의 질문으로 생각 나누기(짝, 모둠, 전체) - '어른'과 '아이'의 가장 큰 차이점은? - 내게 가장 소중한 것은 무엇인가? ○ '어린 왕자' 속 맘에 드는 글 찾기(명언) ○ 나만의 명언 만들기 ○ 경험 나누기
	정리	○ 소감 나누기 ○ 나의 수업 자기 평가하기(별점 주기)

10) 행복한 왕자

도서명	행복한 왕자	
지은이	오스카 와일드	
관련 학년	5, 6학년	
관련 교과	국어, 창체	
핵심 키워드	사랑, 희생, 행복	

내용 및 도서 선정 이유	높이 솟은 기둥 위에 보석들로 치장한 행복한 왕자 동상이 있고 사람들은 그 동상을 찬미한다. 어느 겨울날, 따뜻한 나라로 가지 못한 제비가 동상 위에서 쉬다가 행복한 왕자의 눈물을 본다. 행복한 왕자 동상은 아래로 내려다보이는 비참한 도시의 모습이 마음 아프다며, 제비에게 자신을 도와줄 것을 부탁한다. 이에 제비는 왕자가 들고 있던 칼자루의 루비를 아픈 아이에게 물어다 주어 엄마가 아픈 아이에게 오렌지를 먹일 수 있도록 했고, 배가 주려서 글을 쓰지 못하던 가난한 작가와 성냥팔이 소녀에게 눈에 박혀 있던 사파이어를 가져다 준다. 또한 몸을 덮고 있던 금 조각들을 모두 떼어 가난한 사람들에게 나누어 준다. 행복한 왕자의 모습은 점점 초라해져 가고, 심부름을 하던 제비는 추운 날씨 탓에 눈을 감고 마는데, 이제는 볼품없어진 행복한 왕자 동상을 시의원들은 아예 녹여 버리기로 한다. 이 때 하늘나라에서는 하나님이 도시에서 가장 귀한 두 가지를 가져오라고 천사에게 명령하고, 천사는 주저없이 행복한 왕자의 쪼개진 심장과 죽은 제비를 가져다 바친다. 세계고전문학인 이 책은 진정한 사랑과 희생, 행복함이 무엇인지를 이야기한다. 왕자와 제비의 입장에서 행복이 무엇인지, 삶의 가치를 어디에 두고 살아야 행복한지 이야기해보는 수업에 좋은 책이다.

수업 과정	도입	○ '왕자' 하면 생각나는 것 이야기하기 ○ 책 표지 보고 짐작하기
	전개	○ 책 읽기 ○ 하브루타 질문 만들기 ○ 짝끼리 질문 대화하기 ○ 최고의 질문으로 생각 나누기(짝, 모둠, 전체) ○ 디딤돌 학습지 토론하기 - 어떻게 하면 행복할 수 있을까? ○ 토론 결과 공유하기
	정리	○ 소감 나누기 ○ 나의 수업 자기 평가하기(별점 주기)

(가) 『행복한 왕자』 독서수업 과정안

단계	활동 및 수업형태	교수학습과정	자료(★), 협력수업 기법(※)
배움 열기	학습동기유발, 개별학습, 짝 활동	○ 동기유발 - 자기 소개하기 - 짝에게 어울리는 느낌카드 골라주기 - 짝 이름을 써서 붙여주기	★ 느낌카드
	학습문제 확인, 개별학습	○ 느낌카드로 질문 만들기(무엇을 하면 ~까?) ○ 배움목표(주제) 찾기 - 오늘의 배움 목표를 생각해 보기 * 질문을 만들어 해결방안을 공유해보자.	※ 협력적 학습 문제 발견
배움 활동	내용 파악하기, 개별학습	○ '행복한 왕자' 이야기 듣기 ○ 책의 내용 알아보기 - 어떤 일이 있었나요? - 인상적인 장면이나 글 이야기하기	★ 읽기 도서
	질문 만들기, 모둠 내 협력학습	○ 질문 만들기 - 이야기를 듣고 떠오르는 낱말이나 단어 생각해 보기 - 단어에서 연상하여 질문 만들기(피라미드, NGT) * '무엇을(어떻게) 하면 ~할 수 있을까?'(행복, 사랑, 봉사, 천국에 갈)	★ 포스트잇, 모둠학습판 ※ 브레인스토밍, 피라미드기법, NGT
	아이디어 작성하기, 모둠 내 협력 학습	○ 디딤돌 단어 만들기(그림카드 연상하기) - 즉흥 단어를 중심으로 떠오르는 대상(사람, 물건 등)을 자유롭게 쓰기 ○ 연결/결합한 아이디어 붙이기 - 디딤돌 단어가 완성되면 원래의 질문이 보이도록 하기 - 본래의 질문에 대한 아이디어를 작성하기 - 모둠별 토론하여 유목화하기	※ 브레인스토밍, 브레인라이팅, 협력적 문제해결 방안 탐색
	논술하기, 개별학습	○ 내 생각 논술하기(4단, 6단 논법)	★ 공책
배움 정리	정리 및 느낌 나누기, 모둠 간 협력학습	○ 배움 정리 - 모둠별 토론 내용 발표하기 - 오늘 활동한 내용을 음식(색, 사람)으로 표현한 다면? - 짝과 함께 알게 된 점 나누기 ○ 다음 차시 준비	※ 짝 활동

(나) 『행복한 왕자』 학습지

○ 다음 제시문을 보고 자신의 새로운 생각을 만들어 봅시다. (※ 참고 도서: 『행복한 왕자』)

> 공원 한가운데 황금을 씌운 행복한 왕자의 동상이 있었습니다.
> 사파이어 눈을 가졌으며 루비로 장식한 칼자루를 들고 있었습니다.
> 늦가을의 어느 날, 남쪽 나라로 가던 제비가 왕자의 발등에 내려앉아 하룻밤 잠을 청했습니다.
> "뚝, 뚝"
> 잠을 자던 제비는 깜짝 놀라 물었습니다.
> "행복한 왕자님께서 왜 우세요?"
> "세상엔 불쌍한 사람이 너무 많구나!"
> "제비야, 저 집에 있는 병든 소년에게 루비를 전해 주렴."
> 제비는 왕자의 부탁대로 루비를 뽑아 소년의 방에 넣어 주었습니다.
> "제비야, 추위와 굶주림을 참으며 어린이를 위해 글을 쓰는 젊은이에게 내 눈의 사파이어를 전해 주렴."
> "눈을 뽑다니요? 그럴 수는 없어요."
> 제비는 왕자의 간곡한 부탁을 거절할 수 없어 루비와 사파이어를 전했습니다.
> "이렇게 추운 날인데도 마음이 따뜻하네요."
> "그건 제비 네가 착한 일을 했기 때문이란다."
> 제비는 흐뭇해하며 떠날 준비를 했습니다.
> "제비야. 하루만 더 머물러 다오."
> "지금 떠나지 못하면 저는 얼어죽고 말아요."
> "꽁꽁 언 발로 울고 있는 저 성냥팔이 소녀에게 사파이어를 전해 주렴."
> "마지막 남은 눈을 뺄 수는 없어요."
> "차라리 불쌍한 사람들을 보지 않는 게 좋겠구나."
> 제비는 하루를 더 머물면서 왕자의 마지막 남은 눈을 빼내어 성냥팔이 소녀에게 전했습니다.
> "제비야, 이제 떠나거라."
> "장님이 된 왕자님만 두고 떠날 순 없어요."
> 다음날, 사람들은 흉측한 왕자의 동상을 용광로에 넣어 녹였습니다. 그런데 왕자의 심장은 녹일 수가 없었습니다. 쓰레기더미에 버려진 심장 옆에는 얼어 죽은 제비가 있었습니다. 하늘 나라의 하느님께서 천사에게 말했습니다.
> "땅으로 내려가 가장 소중한 것 두 가지를 가져오너라."
> 하느님의 명령에 천사는 왕자의 심장과 제비의 시체를 가져왔습니다. 제비는 영원히 하늘나라에서 노래했으며, 행복한 왕자의 심장은 황금 도시에서 행복하게 지내게 되었습니다.

○ 생각나는 단어나 낱말 이야기하기(예 : 사랑, 행복, 봉사 등)

○ 질문을 만들어 봅시다.(예 : 어떻게 하면 행복해질까?, 진정한 사랑이란 무엇인가?)

○ 우리 모둠에서 뽑은 최고의 질문을 써 봅시다.(피라미드 기법)

○ 자신의 생각을 논술해 봅시다.(4단 논법)

○ 오늘 활동에서 느낀 점을 이야기해 봅시다.

4단 논법의 과정	
1	주장하기
2	이유나 근거 이야기하기
3	근거를 뒷받침하는 설명하기
4	재주장하기

11) 소나기

도서명	소나기
지은이	황순원
관련 학년	5, 6학년
관련 교과	국어, 창체
핵심 키워드	사랑

내용 및 도서 선정 이유	소년은 서울에서 온 윤초시네 증손녀인 소녀를 만나게 된다. 산에서 꽃을 꺾다가 소나기를 만나게 되는 그들은 원두막으로 들어간다. 소녀는 추위에 떠는 소녀의 어깨에 무명 저고리를 덮어준다. 그래도 소녀가 비를 맞으니까 수숫단을 세워 소녀를 들어가게 하고 자신은 비를 맞게 된다. 얼마 후에 소녀는 분홍 스웨터 자락에 검붉은 진흙 물이 들었는데 그 날 도랑을 건너다가 소년의 등에서 옮은 물이라고 소년에게 이야기한다. 소녀가 이사 간다는 소식을 들은 소년은 잠시 잠이 드는데 잠결에 아버지와 어머니가 나누는 이야기를 듣게 된다. 소녀가 죽기 전에 이런 말을 했다며, 자기가 죽거든 입던 옷을 그대로 입혀서 묻어 달라고. 이성에 눈뜨는 고학년 시기에 순수하고 아름다운 소년과 소녀의 사랑이야기로 고학년 수준의 순수한 이성교제에 관해 수업하기에 좋은 문학 책이다.

수업 과정	도입	○ 소나기 영상 보기
	전개	○ 책의 일부 읽기 ○ 인상적인 장면 이야기하기 ○ 책을 읽고 연상되는 단어 생각하기(연꽃 학습지) ○ 연상 단어로 질문 만들기 ○ 질문으로 논제 정하기(신호등 토론) - 초등학생의 이성교제는 필요한가? ○ 짝 토론, 2:2 토론하기 ○ 토론 활동 공유하기
	정리	○ 소감 나누기(메타포로 나누기) ○ 나의 수업 자기 평가하기(별점 주기)

『소나기』를 읽고 논제 만들어 토론하기

[1] 학생들에겐 이 수업이 왜 필요할까?(수업의 필요성)

'경쟁을 넘어 협력으로'.

입시 위주의 지나친 경쟁교육은 학생들의 인성을 황폐화하고 그들의 삶의 질을 저하시켰다. 이에 학습에 참여하는 학생들이 개인적 경쟁구도에서 탈피하여 개인과 공동의 목표를 최대한 성취할 수 있도록 학습자 간의 상호작용과 의사소통, 협력을 촉진시키는 교수학습 방법의 하나로 협력학습이 대두되었다. 창의적인 인성을 갖춘 미래 사회의 인재를 길러내는 것이 교육의 본질적인 목표라면 수업을 바라보는 관점과 방법을 전환할 필요가 있다. 창의인성교육에서 강조하는 비판적 사고력은 토의토론수업을 통하여 확장될 수 있다. 문학작품을 텍스트로 하여 문학적 감수성과 사고력을 기르고 자기생각 만들기와 생각 나누기를 통하여 의사소통 및 문제해결능력 등을 기르는 것은 우리 교실 수업이 추구하는 본질이라 할 수 있을 것이다.

[2] 이 수업을 통해 내가 가르치려고 하는 것은 무엇인가?(수업자 의도)

'듣는 교실에서 묻는 교실로'. 오늘의 교실 속에서 늘 내게 남는 숙제이다. 좋은 선생님은 생각하게 하고 질문하게 하고 깨닫게 하며 그것이 곧 실천으로 이어지도록 이끌어준다. 문학작품을 읽고 질문을 통해 자기 생각을 만들어보는 토의토론식 협력학습을 통해서 생각하는 힘을 기르고, 친구와 서로 협력하여 토론하는 가운데 소통하고 공감하며 공부의 즐거움을 배우게 하는 것이 이 수업의 의도이다.

1) 학습주제와 관련된 학급의 실태 분석 및 수업 반영

이 수업의 주제는 '문학작품을 읽고 질문을 만들어 토론하기'이다. 5학년 1반은 수석교사와의 이 독서토론논술 수업이 세 번째 만남이지만 호기심이 많고 말하기를 좋아하는 활동적인 요소가 많은 학급으로 토론수업에 흥미를 느끼는 학생들이 많은 편이다. 5학년 2학기 국어나 6단원의 '타당성을 생각하며 토론해요.' 단원을 창체의 독서토론논술활동과 연계하였다.

2) 성취기준 & 학습목표

성취기준	일상생활의 문제를 해결하기 위한 토의토론활동에 능동적으로 참여할 수 있다.
학습목표	문학작품을 읽고 주제를 정하여 토론할 수 있다.

3) 교육과정 재구성 계획

단원	○ 국어 : 토론을 해요 ○ 창체 : 자기 생각 만들기
교육과정 내용	○ 주장에 알맞은 근거 마련하는 방법 알기 ○ 토론을 할 때에 상대편의 주장을 반박하는 방법 알기 ○ 주장을 뒷받침하기 위한 자료 찾는 방법 알기 ○ 토론을 할 때에 말하는 태도와 방법에 대하여 알기 ○ 토론 주제를 정하여 토론하기
재구성 방향	○ 문학 작품을 읽고 인문학적 감성 기르기 ○ 문학 작품을 읽고 인물의 행동에 대한 나의 생각 만들기 ○ 토론을 통해 생각 만들기 및 나누기

재구성 후 내용 구성	○ 학생들의 발달 단계 및 관심도, 생활과 관계된 문학 작품 선정하기 ○ 문학 작품 읽고 자기 생각(질문) 만들기 ○ 한 가지 주제로 토론하기(1:1, 2:2, 전체토론) ○ 토론의 절차 및 방법 알기
재구성 후 평가 방법	○ 모둠별 협력적 토의토론활동(관찰평가) ○ 토론 후 4단, 6단 논법으로 글쓰기(논술형평가)

4) 수업의 흐름과 전략

학습단계	학습과제	협력수업흐름	자료(★), 협력수업 기법(※)
배움열기 (생각 열기)	○ 학습동기유발 ○ 배움목표 찾기	○ 다양한 질문하기 ○ 좋은 질문 추측하기 ○ 오늘의 배움 목표를 생각해 보기	★ 연꽃학습지 ※ 협력적 학습문제 발견
배움활동 (생각 모으기)	○ 내용 파악하기 ○ 질문 만들기	○ '소나기' 영상 보기 ○ 책의 내용 알아보기 ○ '소나기' 단어를 중심으로 떠오르는 것 말하기 ○ 단어에서 연상하여 질문 만들기	★ 포스트잇, 모둠 학습판 ※ 브레인스토밍, 피라미드기법, 돌아가 며 말하기, NGT, 연꽃기법
배움활동 (생각 나누기)	○ 토의토론하기 ○ 논술하기	○ 피라미드(모둠별) 신호등(전체) 토론 방식으로 논제 정하기 ○ 선정된 논제로 토론하기 ○ 내 생각 논술하기(4단, 6단 논법)	※ 신호등 토론, 브레인스토밍, 브레인라이팅, 협력적 문제해결방안 탐색
배움정리 (생각 열매맺기)	○ 배움 정리 ○ 다음 차시 준비	○ 논술문 발표하기 ○ 오늘 활동한 내용을 음식(색, 사람)으 로 표현한다면? ○ 짝과 함께 알게 된 점 나누기	★ 배움 공책 ※ 짝 활동

5) 배움이 일어나는 수업과정안

배움주제	문학작품을 읽고 질문을 만들어 토론하기		차시	
배움목표	문학작품을 읽고 질문을 만들어 토론할 수 있다.		도서명	『소나기』
			수업형태	협력수업
핵심역량	자기주도적학습능력, 의사소통능력, 민주시민의식		수업모형	토의토론수업모형
수업전략	자료활용	『소나기』도서, 동영상자료, 포스트잇, 연꽃학습지, 신호등카드, 모둠판		
	배움확인	토의토론 태도(관찰), 논술문		

단계	활동 및 협력 수업형태	교수학습과정	자료(★), 협력수업 기법(※)
배움 열기	학습동기유발, 개별학습, 짝 활동	○ 전시학습상기 및 동기유발 - 감정(기분) 나누기 - 토의와 토론의 차이 이야기하기 - 『소나기』 표지 보고 이야기하기 - 질문 만들기	★ 책표지 그림
	학습문제 확인, 개별학습	○ 배움목표(주제) 찾기 - 오늘의 배움목표를 생각해 보기 * 질문을 만들어 토론해 보자.	※ 협력적 학습문제 발견

배움
활동
	내용 파악하기,
	개별학습
		○ '소나기' 영상 보기
		- 소년과 소녀가 있는 장소는?
		- 소년은 왜 소녀를 지켜보고 있었을까?
		- 소녀가 조약돌을 던진 이유는?
		- '소녀, 아니 갈꽃이 들길을 걸어가는 것만 같았다.'라는
		  표현으로 알 수 있는 소년의 감정은?
		- 그 밖에 소년이 소녀를 좋아하는 것을 알 수 있는 대
		  목은?
		  * 조약돌을 주머니에 넣음, 기다림
		○ 인상적인 장면 이야기하기
		- '소나기' 단어를 중심으로 떠오르는 것(사람, 물건 등)을
		  자유롭게 쓰기
			★ 『소나기』
			도서 및
			동영상
			※ 연꽃기법

	질문 만들기,
	모둠 내
	협력학습
		○ 질문 만들기
		- 이야기를 듣고 떠오르는 낱말이나 단어 생각해보기
		- 단어에서 연상하여 질문 만들기(피라미드, 다중투표
		  기법)
		- 각자 1개 이상의 질문 만들기(피라미드)
		- 모둠에서 한 개의 질문 선택하기(다중투표기법)
		  * 예 : 초등학생의 이성교제는 바람직한가?
			★ 포스트잇,
			모둠학습판
			※ 브레인
			스토밍,
			피라미드기법,
			돌아가며
			말하기, NGT

배움
활동
	토의토론하기,
	모둠 내·모둠
	간 협력학습
		○ 논제 정하기
		- 토론형 논제 선정하기
		- 각 모둠별로 선정된 논제 발표하기
		- 피라미드(모둠별) 신호등(전체) 토론 방식으로 논제
		  정하기
		- 찬성(초록), 반대(빨강), 중립(노랑) 표현하기
		- 가장 표를 많이 받은 질문을 논제 선정하기
		  * 예상 논제 : '초등학생의 이성교제는 바람직한가?',
		    '소녀의 죽음은 소년에게 책임이 있을까?'
		○ 선정된 논제로 토론하기
		- 신호등으로 처음 생각 알아보기
		- 찬반의 입장에서 자기 생각 발표하기
		- 2:2 토론규칙 알기
		- 토론지에 간단히 정리하기(4단, 6단 논법)
		- 2:2 토론하기
		- 신호등으로 다시 확인하기
		- 생각이 바뀐 사람의 이유 들어보기
			★ 토론
			학습지
			※ 신호등
			토론, 협력적
			문제해결
			방안 탐색

6) 수업 평가 계획

영역	성취기준	성취수준		평가 도구
지적 영역 (지식· 기능)	논제에 맞게 6단 논법으로 자기 생각을 논술할 수 있다.	상	논제에 맞게 6단 논법으로 자기 생각을 논술함	논술문
		중	논제에 맞게 4단 논법으로 자기 생각을 논술함	
		하	논제에 맞게 2단 논법으로 자기 생각을 논술함	
정의적 영역 (태도)	토의토론활동에 능동적으로 참여할 수 있다.	상	규칙을 지키며 토의토론활동에 협력적이고 능동 적으로 참여함	관찰 (체크 리스트)
		중	규칙을 지키고 협력적이나 토의토론활동에 소극 적으로 참여함	
		하	규칙을 이해하지 못하고 토의토론활동에 소극적 으로 참여함	

『소나기』 읽고 논제 만들어 토론하기

○ 황순원의 『소나기』를 읽고 생각나는 것(단어나 느낌)을 적어 봅시다.

	『소나기』	

○ 연상 단어를 가지고 질문을 만들어 봅시다.

순	구분	질문	유형	
			토의형	토론형
1	나			
2	모둠			
3	전체			

○ 정해진 논제에 대한 나의 생각을 4단 논법이나 6단 논법으로 논술해 봅시다.

(다) 『소나기』 학습지 2

○ 황순원의 『소나기』를 읽고 생각해 봅시다.

> 소녀는 소년이 개울둑에 앉아 있는 걸 아는지 모르는지 그냥 날쌔게 물만 움켜 낸다. 그러나 번번이 허탕이다. 그래도 재미있는 양, 자꾸 물만 움킨다. 어제처럼 개울을 건너는 사람이 있어야 길을 비킬 모양이다.
>
> 그러다가 소녀가 물속에서 무엇을 집어낸다. 하얀 조약돌이었다. 그리고는 홀쩍 일어나 팔짝팔짝 징검다리를 뛰어 건너간다.
>
> 다 건너가더니 획 이리로 돌아서며,
>
> "이 바보."
>
> 조약돌이 날아왔다.
>
> 소년은 저도 모르게 벌떡 일어섰다.
>
> 단발머리를 나풀거리며 소녀가 막 달린다.
>
> 갈밭 사잇길로 들어섰다. 청량한 가을 햇살 아래 빛나는 갈꽃 뿐.
>
> 이제 저쯤 갈밭머리로 소녀가 나타나리라. 꽤 오랜 시간이 지났다고 생각했다. 그런데도 소녀는 나타지 않는다. 발돋움을 했다. 그러고도 상당한 시간이 지났다고 생각됐다.
>
> 저쪽 갈밭머리에 갈꽃이 한 옴큼 움직였다. 소녀가 갈꽃을 안고 있었다. 그리고 이제는 천천한 걸음이었다.
>
> 유난히 맑은 가을 햇살이 소녀의 갈꽃머리에서 반짝거렸다. 소녀 아니 갈꽃이 들길을 걸어가는 것만 같았다.
>
> 소년은 이 갈꽃이 아주 뵈지 않게 되기까지 그대로 서 있었다. 문득 소녀가 던진 조약돌을 내려다보았다. 물기가 걷혀 있었다. 소년은 조약돌을 집어 주머니에 넣었다.
>
> 다음 날부터 좀 더 늦게 개울가로 나왔다. 소녀의 그림자가 뵈지 않았다. 다행이었다.
>
> 그러나 이상한 일이었다. 소녀의 그림자가 뵈지 않는 날이 계속될수록 소년의 가슴 한구석에는 어딘가 허전함이 자리잡는 것이었다. 주머니 속 조약돌을 주무르는 버릇이 생겼다.(pp. 12-16)
>
> • 갈밭 : 갈대밭. 갈대가 우거진 벌.
> • 갈꽃 : 갈대의 꽃. 흰 털이 많고 부드럽다.

○ 2:2 토론 규칙

순	발언자	내용	방식	시간
1	찬성 측 첫 번째 토론자	찬성 측의 주장과 근거 제시	입안(주장펼치기)	30초
2	반대 측 첫 번째 토론자	반대 측의 주장과 근거 제시	입안(주장펼치기)	30초
3	반대 측 두 번째 토론자 → 찬성 측	찬성 측의 주장과 근거에 대한 반론 및 질문	반론(교차질의)	1분
4	찬성 측 두 번째 토론자 → 반대 측	반대 측의 주장과 근거에 대한 반론 및 질문	반론(교차질의)	1분
5	반대 측 첫 번째 토론자	반대 측의 주장 정리 및 강조	주장다지기	30초
6	찬성 측 첫 번째 토론자	찬성 측의 주장 정리 및 강조	주장다지기	30초

12) 천국의 아이들

도서명	천국의 아이들	
지은이	영화 원작	
관련 학년	5, 6학년	
관련 교과	도덕, 국어	
핵심 키워드	사랑, 우애, 헌신, 행복	

내용 및 도서 선정 이유	이 책은 영화를 원작으로 만들어진 책이다. 실수로 동생의 하나뿐인 구두를 잃어버린 오빠 '알리'와 오빠의 오래된 운동화 한 켤레를 나눠 신게 된 여동생 '자라' 남매의 특별한 이어달리기를 그렸다. 운동화를 상품으로 받기 위해 2등을 하려 했던 알리가 1등을 하자 눈물을 흘리는 장면, 동생의 헌 운동화를 위해 달리는 어린 오빠의 마음을 통해 물질적으로 풍요로운 이 시대의 진정한 가족애와 사랑, 행복에 대하여 생각하게 하는 작품이다. 하브루타 질문 만들기 토의토론을 통해 '행복의 의미를 되새기면 좋을 듯하다.

수업 과정	도입	○ '천국의 아이들' 삽화 보고 떠오르는 생각 이야기하기 ○ '천국의 아이들' 영상 시청하기

	전개	○ 책 읽기
		○ 책의 별점을 매긴다면? 그 이유는?
		○ 인상적인 장면 이야기하기
		○ 떠오르는 것(사람, 물건 등)을 자유롭게 말하기
		○ 질문 만들기 하브루타
		○ 질문 유목화하기
		○ 우리 반의 생각거리 질문 뽑기(자유형, 찬반형)
		  - 가난하면 행복하지 않을까?
		  - 행복의 기준은 무엇일까?
		  - 1등을 하면 행복할까?
		○ 질문에 대한 자기 생각 이야기하기
		○ 질문에 대한 생각을 4단 논법으로 이야기하기
		○ 모둠별 토의나 토론내용을 요약하여 발표하기

	정리	○ 소감 나누기 ○ 나의 수업 자기 평가하기(별점 주기)

『천국의 아이들』을 읽고
논제 만들어 토론하기

[1] 학생들에겐 이 수업이 왜 필요할까?(수업의 필요성)

토의토론수업에서 질문을 만드는 활동은 매우 중요하다. 같은 텍스트를 읽고 비판적으로 문제를 인식하고 질문을 통해 사고를 확장시킬 수 있기 때문이다. 책을 읽고 다양한 질문을 만들어 내용을 폭넓게 이해하고 합리적인 상호 작용을 통해 의사소통 능력을 길러 줄 수 있는 토의토론수업에서 학생들 수준에 맞는 텍스트의 선정은 매우 중요하다. 영화를 원작으로 한 이 책은 남매의 특별한 달리기를 통하여 진정한 사랑과 행복에 대해 이야기한다. 듣기 위주의 수동적인 참여 형태의 수업에서 자신의 생각을 적극적으로 표현하고 사고 과정에 적극적으로 참여할 수 있는 하브루타 질문만들기 토의토론 활동을 통하여 인문학적 감수성과 바른 인성을 기르는 것이 이 수업의 필요성이다.

[2] 이 수업을 통해 내가 가르치려고 하는 것은 무엇인가?(수업자 의도)

짝끼리 질문하고 대답하고 토론하고 논쟁하는 하브루타는 학생 중심의 협력수업을 위한 좋은 수업방법이다. 질문 중심의 하브루타 수업에서 가장 중요한 것은 다른 협력수업에서처럼 모둠간의 관계성이다. 따라서 짝과 짝, 모둠과 모둠, 교사와 학생 등이 레포 형성을 자연스럽게 하는 교실 분위기는 필수 조건이다. 학생들이 쉽고 재미있게 접근할 수 있는 책과 영화를 통하여 다양한 질문을 만들고, 좋은 질문을 고르는 활동을 통해 분석적, 비판적으로 사고할 수 있도록 한다. 또한 협력하는 활동을 통해 서로 경청하고 배려하여 소외되는 학생이 한 명도 없는 학습이 되도록 하며, 서로의 의견을 조율하면서 서로 협력하는 마음을 갖도록 지도하고자 한다.

1) 학습주제와 관련된 학급의 실태 분석 및 수업 반영

이 수업의 주제는 '다양한 생각과 느낌 나누기'이다. 6학년 1반은 수석교사와의 이 독서토론논술 수업에 관심이 많고 활동적 요소가 많아 대체로 말하기를 좋아하는 학급으로 토론수업에 흥미를 느끼는 학생들이 많은 편이다. 6학년 독서단원을 창체의 독서토론논술활동과 연계하였다.

2) 성취기준 & 학습목표

성취기준	6국01-02	의견을 제시하고 함께 조정하며 토의한다.
	6국05-05	작품에 대한 이해와 감상을 바탕으로 하여 다른 사람과 적극적으로 소통한다.
학습목표	작품을 읽고 생각과 느낌을 나눌 수 있다.	

3) 교육과정 재구성 계획

단원	○ 국어 : 독서단원 ○ 창체 : 자기 생각 만들기
교육과정 내용	○ 읽을거리를 스스로 찾아 읽는 방법 알기 ○ 도서관에 가서 자신이 읽을 책을 찾아 읽기 ○ 읽을거리를 찾아 읽고 조사한 내용을 발표하기 ○ 자신에게 감동을 준 책 소개하기 ○ 광고의 표현 특성 알기 ○ 광고를 보고 신뢰성 평가하기
재구성 방향	○ 작품을 읽고 인문학적 감성 기르기 ○ 작품을 읽고 인물의 행동에 대한 나의 생각 만들기 ○ 토론을 통해 생각 만들기 및 나누기

재구성 후 내용 구성	○ 학생들의 인성 발달 단계 및 감수성 고려한 작품 선정하기 ○ 작품 읽고 자기 생각(질문) 만들기 ○ 한두 가지 주제로 하브루타 토론하기(1:1, 2:2, 전체토론) ○ 하브루타 토의토론 방법 알기
타 단원 재구성 내용	○ 국어과의 토론의 절차 및 방법을 아는 단원과 연계하여 재구성
재구성 후 평가 방법	○ 하브루타 질문 만들기(학습지) ○ 모둠별 협력적 토의토론활동(관찰평가) ○ 토론 후 4단, 6단 논법으로 글쓰기(논술형평가)

4) 수업의 흐름과 전략

학습단계	학습과제	협력수업흐름	자료(★), 협력수업기법(※)
배움열기 (생각 열기)	○ 학습동기유발 ○ 배움목표 찾기	○ 질문으로 동기유발하기 ○ 책 읽은 소감 나누기 ○ 오늘의 배움 목표를 생각해보기	※ 질문 하브루타, 협력적 학습문제 발견
배움활동 (생각 모으기)	○ 내용 파악하기 ○ 질문 만들기	○ '천국의 아이들' 영상 보기 ○ 책의 내용, 주제 알아보기 ○ 질문 만들기 ○ 짝 하브루타로 나의 최고의 질문 ○ 질문 유목화하기	★ 포스트잇, 모둠학습판 ※ 브레인스토밍, 돌아가며 말하기, 씽킹맵, NGT, 질문 하브루타
배움활동 (생각 나누기)	○ 토의토론하기 ○ 논술하기	○ 최고의 질문으로 생각 나누기 ○ 모둠별 발표하기 ○ 내 생각 논술하기(4단, 6단 논법) ○ 논쟁 하브루타(선택)	※ 질문 하브루타, 논쟁 하브루타(선택), 협력적 문제해결 방안 탐색
배움정리 (생각 열매 맺기)	○ 배움 정리 ○ 다음 차시 준비	○ 논술문 발표하기 ○ 오늘 활동한 내용을 음식(혹은 색, 사람) 으로 표현한다면? ○ 짝과 함께 알게 된 점 나누기	★ 배움공책 ※ 짝 활동

5) 배움이 일어나는 수업과정안

배움주제	다양한 생각과 느낌 나누기		차시	
배움목표	작품을 읽고 생각과 느낌을 나눌 수 있다.			
국가수준 성취기준	6국01-02	의견을 제시하고 함께 조정하며 토의한다.		
	6국05-05	작품에 대한 이해와 감상을 바탕으로 하여 다른 사람과 적극적으로 소통한다.		
핵심 역량	자기주도적학습능력, 의사소통능력, 민주시민의식		수업모형	질문중심수업모형
하브루타 수업전략	○ 논제 정하기 : 학생들이 쉽고 재미있게 접근할 수 있는 질문 만들기로 함께 생각할 논제를 찾는다. 질문에서 좋은 질문 고르기, 좋은 질문에서 더 좋은 질문 고르기 활동을 통해 모두가 중요하게 생각하는 논제로 범위를 좁히며 논리 분석적 사고와 비판적 사고를 할 수 있다. ○ 논쟁에서 입장 바꾸기 활동으로 양쪽의 입장이 되어 보고, 사고의 다양성, 상상력, 감수성, 배려심을 키우고 약속에 대한 통찰력을 기를 수 있다.			
수업 전략	자료활용	『천국의 아이들』 도서, 동영상자료, 포스트잇, 하브루타 학습지, 모둠판		
	배움확인	토의토론 태도(관찰), 논술문		

단계	활동 및 수업형태	교수학습과정	자료(★), 협력수업기법(※)
배움 열기	학습동기유발, 개별학습, 짝 활동	○ 전시학습상기 및 동기유발 - 『천국의 아이들』 삽화 보고 떠오르는 생각 이야기하기 ○ 『천국의 아이들』 책 읽은 소감 나누기 - 이 책의 별점을 매긴다면? 그 이유는? - 느낀 점은? - 가장 기억나는 구절은? - 책을 읽고 떠오르는 것은? - 책을 읽은 소감을 음식으로 나타낸다면?	★ 삽화
	학습문제 확인, 개별학습	○ 배움목표(주제) 찾기 - 오늘의 배움 목표를 생각해 보기 * 질문을 만들어 하브루타 토론해 보자.	※ 협력적 학습 문제 발견
배움 활동	내용 파악하기, 개별학습	○ '천국의 아이들' 영상 시청하기 - 인상적인 장면 이야기하기 - 떠오르는 것(사람, 물건 등)을 자유롭게 말하기 ○ 질문 만들기 하브루타 - 책이나 동영상의 내용 근거해서 질문 만들기(3~5개) - 책의 내용이나 상상, 내게로 적용, 주제에 대한 것들을 질문으로 만들기 * 책의 내용을 묻는 사실 하브루타 * 상상력을 자극하는 심화 하브루타 * 실생활에 적용하는 적용 하브루타 * 이야기의 주제와 관련된 종합 하브루타	★『천국의 아이들』 도서 및 동영상

배움 활동	질문 만들기, 모둠 내 협력학습	○ 짝 하브루타하기 - 짝과 서로 질문 만든 것 읽어주기 - 비슷한 질문(○)과 좋은 질문(☆)에 표시해주기 - ☆표 받은 질문으로 짝과 이야기나누기 - 짝의 답변 듣고 답변 속에서 새로운 질문 찾아 질문하기 - 질문자와 답변자 입장 바꾸어 질문하기 - 나의 최고의 질문 뽑기	※ 짝 하브루타, 돌아가며 말하기
	토의토론하기, 모둠 내·모둠 간 협력학습	○ 질문 유목화하기 - 각자 최고의 질문 붙이기 - 질문 유목화하면서 붙이기 - 우리 반의 생각거리 질문 뽑기(자유형, 찬반형) - 질문에 대한 자기 생각 이야기하기 - 질문에 대한 생각을 4단 논법으로 이야기하기 ○ 자유토론하기 - 우리 반 질문에 대한 생각을 모둠별로 이야기하기 - 모둠별 토의나 토론내용을 요약하여 발표하기 - 꼬리물기 질문하기 - 발표를 통해 전체의 생각 공유하기	★ 포스트잇, 토론학습지, 모둠학습판 ※ 다중투표 기법, 모둠 하브루타
배움 정리	정리 및 느낌 나누기, 모둠 간 협력학습	○ 배움 정리 - 토론 후 느낀 점 발표하기 - 오늘 활동한 내용을 색깔(혹은 사람, 계절)로 표현한다면? - 짝과 함께 알게 된 점 나누기 ○ 다음 차시 준비 - 논술문 작성하기	※ 짝 활동

6) 하브루타 토의토론수업 평가 계획

영역	성취기준	성취수준		평가도구
지적 영역 (지식·기능)	하브루타 질문 만들기를 할 수 있다.	상	작품을 읽고 질문을 4개 이상 만들 수 있다.	학습지
		중	작품을 읽고 질문을 2개 이상 만들 수 있다.	
		하	작품을 읽고 질문 만들기를 힘들어한다.	
정의적 영역 (태도)	토의토론활동에 능동적으로 참여할 수 있다.	상	규칙을 지키며 토의토론활동에 협력적이고 능동적으로 참여함	관찰 (체크 리스트)
		중	규칙을 지키고 협력적이나 토의토론활동에 소극적으로 참여함	
		하	규칙을 이해하지 못하고 토의토론활동에 소극 적으로 참여함	

『천국의 아이들』을 읽고 논제 만들어 토론하기
- 하브루타 학습지 -

○ 『천국의 아이들』을 읽고 질문을 만들어 봅시다.

비슷한 질문(○), 최고의 질문(☆)

순	내가 만든 질문	선택	
		○	☆
1			
2			
3			
4			
5			

○ 질문을 가지고 짝과 함께 대화해 봅시다.

○ 가장 잘 만든 질문을 나의 '최고의 질문'으로 뽑고 붙임 딱지에 적어 봅시다.

○ 우리 반 최고의 질문으로 모둠원 친구들과 대화해 봅시다.(모둠하브루타)

○ 우리 모둠의 의견을 모둠판에 적고 발표하기

하브루타 주제	
이름	의견

○ 하브루타 토론 차례

질문 만들기 ▶ 최고의 질문 붙이기 ▶ 유목화 하기 ▶ 우리 반 최고의 질문 뽑기 ▶ 모둠 하브루타 하기 ▶ 꼬리물기 질문하기 ▶ 쉬우르

13) 사랑손님과 어머니

도서명	사랑손님과 어머니
지은이	주요섭
관련 학년	6학년
관련 교과	국어
핵심 키워드	사랑

내용 및 도서 선정 이유	주요섭의 소설인 이 책은 그림책으로도 출간되었는데 남녀 간의 사랑과 여성의 희생적인 삶에 대한 이야기이다. 이야기는 화자인 옥희(6살)의 눈에 비친 모습으로 전개된다. 죽은 남편에 대한 엄마의 그리움은 남편의 친구이자 후임으로 부임한 사랑손님에게로 이어지고, 사랑손님 역시 절친의 아내인 옥희 엄마에게 애틋한 감정을 느낀다. 그런데 정작 화자인 옥희는 너무 어려서 이런 미묘한 감정의 흐름을 파악하지 못한 채 어머니와 사랑손님은 이별하게 된다. 남녀 간의 애틋한 정서를 다루었기에 중학생이나 초등학교 고학년이 이해할 수 있는 제재이나 그 시대적 배경에서의 여성의 삶을 이해하고 문제점을 생각해 보기에 좋다.

수업 과정	도입	○ 책 표지 보고 짐작하기 - 관계, 성격 등 - '지우개 지우기'로 책의 내용 상상하기(지우개 지우기 : 부록 활동지 참고)
	전개	○ 책 읽기 ○ 하브루타 질문 만들기 ○ 짝끼리 질문 대화하기 ○ 최고의 질문으로 생각 나누기(짝, 모둠, 전체) - 옥희 엄마의 선택은 옳았나? - 내가 옥희라면 어떤 선택을 할 것인가? - 등장인물의 입장에서 각각 생각해보기(뜨거운 의자 토론) - 뒷이야기 상상하기
	정리	○ 소감 나누기 ○ 나의 수업 자기 평가하기(별점 주기)

(가) 『사랑손님과 어머니』 독서수업 과정안

교과	국어, 창의적 체험활동	단원	인물의 삶을 찾아서, 다양한 생각		
배움주제	다양한 생각과 느낌 나누기		차시	2~3/4(80')	
배움목표	문학작품을 감상하고 생각과 느낌을 나눌 수 있다.				
성취기준	[6국05-05] 작품에 대한 이해와 감상을 바탕으로 하여 다른 사람과 적극적으로 소통한다.				
핵심역량	문화적 소양 역량, 의사소통 역량, 민주시민 역량, 창의적 사고 역량		수업모형	질문 중심 수업모형	
하브루타 수업전략	○ 논제 정하기 : 학생들이 쉽고 재미있게 접근할 수 있는 질문 만들기로 함께 생각할 논제를 찾는다. 질문에서 좋은 질문 고르기, 좋은 질문에서 더 좋은 질문 고르기 활동을 통해 모두가 중요하게 생각하는 논제로 범위를 좁히며 논리 분석적 사고와 비판적 사고를 할 수 있다. ○ 논쟁에서 입장 바꾸기 활동으로 양쪽의 입장이 되어 보고, 사고의 다양성, 상상력, 감수성, 배려심을 키우고 약속에 대한 통찰력을 기를 수 있다.				
수업 전략	자료활용	『사랑손님과 어머니』 도서, 동영상자료, 포스트잇, 하브루타 학습지, 모둠판			
	배움확인	토의토론 태도(관찰), 모둠별 학습지			

단계	활동 및 협력 수업형태	교수학습과정	자료(★), 협력 수업기법(※)
배움 열기	학습동기유발, 개별학습, 짝 활동	○ 전시학습 상기 - 하브루타란 무엇인가?(짝끼리 질문, 토론, 논쟁하는 것) - 하브루타의 핵심은 무엇인가요? (질문만들기) - 질문 하브루타의 종류는 무엇이 있나요? * 사실 하브루타 : 책 속의 사실을 묻는 질문 * 상상 하브루타 : 만일 주인공이 ~라면, 상상하여 묻는 질문 * 적용 하브루타 : 우리에게, 실생활에 적용하여 묻는 질문 * 종합 하브루타 : 이야기의 주제나 교훈에 관한 질문 ○ 동기유발 - 노래 듣고 노랫말 가사 및 영상을 통해 질문 만들기 - 감상 느낌 공유하기 - 가장 인상 깊은 가사는? - 한 줄 가사로 질문 만들기 - 이 노래의 주제는 무엇일까? ○ 사랑을 이야기한 문학 작품은 무엇이 있을까 이야기나누기 - 황순원 『소나기』, 주요섭 『사랑손님과 어머니』, 이광수 『사랑』	★ 삽화
	학습문제 확인, 개별학습	○ 배움목표(주제) 찾기 - 오늘의 배움 목표를 생각해 보기 * 문학작품을 감상하고 생각과 느낌을 나누어 보자.	※ 협력적 학습 문제 발견

배움 활동	내용 파악하기, 개별학습	○ 영상 시청하기 - 첫 번째 영상 보고 책의 제목 맞히기(옥희 관점) - 등장인물 알아보기 - 알고 있는 책 내용 이야기하기 - 두 번째 영상 보고 비교해보기(어머니관점) - 인상적인 내용 이야기하기 - 어머니의 마음의 변화와 그 이유 이야기하기 ○ 책의 일부분 읽기 - 돌아가며 읽기 - 기억에 남는 글 이야기하기 - 6하 원칙에 의거하여 질문 나누기 ○ 질문 만들기 하브루타 - 책이나 동영상의 내용 근거해서 질문 만들기(3~5개) - 책의 내용이나 상상, 내게로 적용, 주제에 대한 것들을 질문으로 만들기	★『사랑손님과 어머니』도서 및 동영상
	질문 만들기, 모둠 내 협력학습	○ 짝 하브루타하기 - 서로 질문 만든 것 읽어주기 - 비슷한 질문(○)과 좋은 질문(☆)에 표시해주기 - ☆표 받은 질문으로 짝과 이야기나누기 - 짝의 답변 듣고 답변 속에서 새로운 질문 찾아 질문하기 - 질문자와 답변자 입장 바꾸어 질문하기 - 짝과 나의 최고의 질문 뽑기	★ 토론학습지 ※ 짝 하브루타, 돌아가며 말하기
	토의토론하기, 모둠 내·모둠 간 협력학습	○ 질문 유목화하기 - 짝과 나의 최고의 질문 붙이기 - 하브루타 종류별로 질문 유목화하면서 붙이기 ○ 우리 반의 생각거리 질문 뽑기(자유형, 찬반형) <예시> 토론형 : 사랑손님과 어머니의 사랑은 이루어져야한다 　　　　 사랑손님과 어머니는 결혼해야한다. 토의형 : 사랑손님과 어머니의 사랑의 결말은 어떻게 될까? - 질문에 대한 자기 생각 이야기하기 - 질문에 대한 생각을 4단 논법으로 이야기하기 ○ 자유토론하기 - 우리 반 질문에 대한 생각을 모둠별로 정리하기 - 모둠별 토의나 토론내용을 요약하여 발표하기 - 꼬리물기 질문하기 - 발표를 통해 전체의 생각 공유하기	★ 모둠학습판 ※ 다중투표기법, 모둠하브루타
배움 정리	정리 및 느낌 나누기, 모둠 간 협력학습	○ 배움 정리 - 토론 후 느낀 점 발표하기 - 오늘 활동한 내용을 색깔(사람, 계절)로 표현한다면? - 짝과 함께 알게 된 점 나누기 ○ 다음 차시 준비 - 논술문 작성하기	※ 짝 활동

○ 평가 계획

성취 기준	인상 깊게 읽은 문학작품에 대하여 다양한 방법으로 여러 사람과 소통할 수 있다			
영역	성취 수준		시기 및 방법	피드백
배움 문제 관련 평가 (인지· 행동적 영역)	잘함	○ 인상 깊게 읽은 문학작품에 대하여 질문을 4개 이상 만들어서 여러 사람과 소통함 ○ 등장인물의 감정 변화를 알고 다양한 방법 으로 소통함	○ 수업 중 - 관찰 평가 - 학습지	○ 흥미 있는 문학작품 을 선정하고 여러 사 람과 다양한 방법으 로 소통하도록 지도 한다. ○ 하브루타 질문 만들 기를 지속적으로 지 도한다.
	보통	○ 인상 깊게 읽은 문학작품에 대하여 질문을 2개 이상 만들어서 여러 사람과 소통함 ○ 등장인물의 감정 변화를 알고 있으나 소통 하는 데 어려움이 있음		
	미흡	○ 인상 깊게 읽은 문학작품에 대하여 질문 만 들기를 힘들어하고 여러 사람과 소통하는 데 소극적임 ○ 등장인물의 감정 변화를 잘 알지 못함		
배움 활동 참여도 평가 (정의적 영역)	잘함	○ 규칙을 지키며 토의토론활동에 협력적이고 능동적으로 참여함.	○ 수업 중 - 관찰 평가 - 자기 평가	○ 배움공책에 실천 다 짐을 구체적으로 제 시할 수 있도록 지 도한다.
	보통	○ 규칙을 지키고 협력적이나 토의토론활동에 소극적으로 참여함.		
	미흡	○ 규칙을 이해하지 못하고 토의토론활동에 소 극적으로 참여함.		

(나) 『사랑손님과 어머니』 학습지

○ 주요섭의 『사랑손님과 어머니』를 읽고 생각해 봅시다.

사랑손님과 어머니
〈29~34쪽 일부분 발췌〉

집에 오니, 어머니는 문간에서 기다리고 있다가 나를 안고 들어왔습니다.

"그 꽃은 어디서 났니? 퍽 곱구나."

하고 어머니가 말씀하셨습니다. 그러나 나는 갑자기 말문이 막혔습니다. '이걸 엄마 드리려고 유치원서 가져왔어.' 하고 말하기가 어째 몹시 부끄러운 생각이 들었습니다. 그래 잠깐 망설이다가

"응, 이 꽃! 저, 사랑 아저씨가 엄마 갖다주라구 줘."

하고 불쑥 말했습니다. 그런 거짓말이 어디서 그렇게 툭 튀어나왔는지 나도 모르지요.

꽃을 들고 냄새를 맡고 있던 어머니는 내 말이 끝나기가 무섭게 몹시 놀란 사람처럼 화닥닥하였습니다. 그러고는 금시에 어머니 얼굴이 그 꽃보다 더 빨갛게 되었습니다. 그 꽃을 든 어머니 손가락이 파르르 떠는 것을 나는 보았습니다. 어머니는 무슨 무서운 것을 생각하는 듯이 방 안을 휘 한 번 둘러보시더니,

"옥희야, 그런 걸 받아 오면 안 돼."

하고 말하는 목소리는 몹시 떨렸습니다. 나는 꽃을 그렇게도 좋아하는 어머니가 이 꽃을 받고 그처럼 성을 낼 줄은 참으로 뜻밖이었습니다. 어머니가 그렇게도 성을 내는 것을 보니까 그 꽃을 내가 가져왔다고 그러지 않고 아저씨가 주더라고 거짓말을 한 것이 참 잘 되었다고 나는 속으로 생각했습니다. 어머니가 성을 내는 까닭을 나는 모르지만, 하여튼 성을 낼 바에는 내게 내는 것보다 아저씨에게 내는 것이 내게는 나았기 때문입니다. 한참 있더니 어머니는 나를 방 안으로 데리고 들어와서

"옥희야, 너 이 꽃 이야기 아무보구도 하지 말아라, 응."

하고 타일러 주었습니다. 나는

"응."

하고 대답하면서 고개를 여러 번 까닥까닥했습니다. 어머니가 그 꽃을 곧 내버릴 줄로 나는 생각했습니다마는, 내버리지 않고 꽃병에 꽂아서 풍금 위에 놓아 두었습니다. 아마 퍽 여러 밤 자도록 그 꽃은 거기 놓여 있어서 마지막에는 시들었습니다. 꽃이 다 시들자 어머니는 가위로 그 대는 잘라 내버리고, 꽃만은 찬송가 갈피에 곱게 끼워 두었습니다.

내가 어머니께 꽃을 갖다 주던 날 밤에, 나는 또 사랑에 놀러 나가서 아저씨 무릎에 앉아서 그림책을 보고 있었습니다. 갑자기 아저씨 몸이 흠칫하였습니다. 그러고는 귀를 기울입니다. 나도 귀를 기울였습니다.

풍금 소리!

그 풍금 소리는 분명 안방에서 흘러나오는 것이었습니다.

"엄마가 풍금을 타나 보다."

하고 나는 벌떡 일어나서 안으로 뛰어왔습니다. 안방에는 불을 켜지 않았습니다. 그러나 그때는 음력으로 보름께나 되어서 달이 낮같이 밝은데 은빛 같은 흰 달빛이 방 안 절반 가득히 차 있었습니다. 나는 흰옷을 입은 어머니가 풍금 앞에 앉아서 고요히 풍금을 타는 것을 보았습니다.

나는 나이 여섯 살밖에 안 되었지마는 하여튼 어머니가 풍금을 타시는 것을 보는 것은 오늘이 처음이었습니다. 어머니는 우리 유치원 선생님보다도 풍금을 더 잘 타시는 것이었습니다. 나는 어머니 곁으로 갔습니다. 어머니는 내가 곁에 온 것도 깨닫지 못하는지 그냥 까딱 아니 하고 풍금을 탔습니다. 조금 있더니 어머니는 풍금 곡조에 맞추어서 노래를 부르기 시작하였습니다. 어머니의 목소리가 그렇게도 아름다운 것도 나는 이때껏 모르고 있었습니다. 어머니는 참으로 우리 유치원 선생님보다도 목소리가 훨씬 더 곱고, 또 노래도 훨씬 더 잘 부르시는 것이었습니다. 나는 가만히 서서 어머니 노래를 들었습니다. 그 노래는 마치 은실을 타고 별나라에서 내려오는 노래처럼 아름다웠습니다. 그러나 얼마 오래지 않아 목소리는 약간 떨리기 시작하였습니다. 가늘게 떨리는 노랫소리, 그에 따라 풍금의 가는 소리도 바르르 떠는 듯했습니다. 노랫소리는 차차 가늘어지더니 마지막에는 사르르 없어져 버렸습니다. 풍금 소리도 사르르 없어졌습니다. 어머니는 고요히 풍금에서 일어나시더니 옆에 서 있는 내 머리를 쓰다듬었습니다. 그 다음 순간, 어머니는 나를 안고 마루로 나오셨습니다. 어머니는 아무 말씀도 없이 그냥 꼬옥 껴안은 것이었습니다. 달빛을 함빡 받은 내 어머니가 몹시도 새하얗다고 생각되었습니다. 우리 어머니는 참으로 천사 같다고 생각하였습니다. 우리 어머니의 새하얀 두 뺨 위로 쉴새없이 두 줄기 눈물이 줄줄 흘러내리고 있는 것을 나는 보았습니다. 그것을 보니 나도 갑자기 울고 싶어졌습니다.

"어머니, 왜 울어?"

하고 나도 훌쩍거리면서 물었습니다.

"옥희야."

"응?"

한참 동안 어머니는 아무 말씀도 없었습니다. 그러나 한참 후에

"옥희야, 너 하나면 그뿐이다."

"엄마."

어머니는 다시 대답이 없으셨습니다.

○ 주요섭의 『사랑손님과 어머니』를 읽고 질문을 만들어 토론해 봅시다.

순	구분	질문
1	나	
2	모둠	
3	전체	

○ 각각의 입장이 되어서 생각해 봅시다.

사랑손님과 어머니의 사랑은 이루어져야 할까요?	
옥희	
아저씨	
어머니	
외할머니	

○ 정해진 논제에 대한 나의 생각을 4단 논법이나 6단 논법으로 논술해 봅시다.

14) 그 많던 싱아는 누가 다 먹었을까

도서명	그 많던 싱아는 누가 다 먹었을까
지은이	박완서
관련 학년	6학년
관련 교과	국어
핵심 키워드	성장소설, 애국, 가족, 시대적 삶

내용 및 도서 선정 이유	작가 박완서가 직접 경험한 이야기를 바탕으로 한 자전적 소설이다. 일제 강점기 박적골에서 자연과 벗하며 어린 시기를 보낸 '나'는 일곱 살 때 자식은 서울에서 가르쳐야 한다는 생각을 가진 엄마를 따라 서울로 와서 현저동에 자리 잡는다. 남편이 일찍 죽은 이유가 새로운 지식을 배우지 못하고 미신을 믿었던 시골 어른들 탓이라는 생각을 하는 엄마의 교육열 때문에 '나'는 주소를 속여 가며 명문 초등학교에 입학한다. 하지만 나에게 서울 생활은 시골에서 자주 먹던 싱아를 먹지 못해 속이 울렁거리는 것과 같이 어색하기만 하다. 창씨개명을 둘러싸고 집안 어른들과 오빠가 갈등을 겪고, '나'는 의지가 강하고 논리적인 오빠가 참 멋지다고 생각하게 된다. 1950년 '나'는 서울대에 입학하지만 6·25전쟁이 발발하고 가정의 안정과 평화는 깨져 버린다. 오빠는 의용군으로 인민군에게 끌려가고 빨갱이로 의심받은 '나'의 가족은 어려움을 겪게 된다. '나'는 경찰에 끌려가 온갖 수모를 당하고 작은 숙부는 처형당한다. 의용군으로 끌려간 오빠가 돌아왔지만 총에 맞아 다리를 다치게 되어 피난을 가기 힘들게 되자 '나'의 가족들은 피난을 가는 척만 한 뒤 현저동에서 숨어 지내며 고통의 시간을 보낸다. 일제 강점기와 해방, 한국전쟁을 겪으며 자란 한 소녀의 성장을 보며 우리나라의 역사와 정치, 사회, 문화를 이해하고 창씨개명, 엄마의 교육열, 체벌 문제 등을 소재로 많은 생각거리를 주는 책이며 슬로리딩 교과서로 활용하기에 좋다.

수업 과정	도입	○ 책 일부분 돌아가며 읽기
	전개	○ 책의 내용 질문하기 ○ 핵심키워드 찾기 ○ 논제 정하기 - 완서의 가족은 창씨개명을 해야 하는가? ○ 브레인라이팅 토론하기 - 찬성과 반대 입장 모두 정리하기 ○ 소크라틱세미나 토론하기
	정리	○ 토론 소감 나누기 ○ 활동 평가하기(자기, 동료)

(가) 『그 많던 싱아는 누가 다 먹었을까』 소프트웨어와 연계한 독서융합수업 과정안

배움주제	책을 읽고 토론하기	도서명		그 많던 싱아는 누가 다 먹었을까
배움목표	책을 읽고 토론에 참여할 수 있다.		차시	1/1(50')
수업 전략				'토론은 어렵다?' 토론수업은 호불호가 갈리는 수업이다. 책을 즐겨 읽지 않는 아이들과 또 읽어도 자기 생각을 만들고 말하기에 익숙하지 않은 학생들은 토의토론을 즐기기가 힘겹다. 학생들에게 익숙한 문학 작품을 소재로 하여 질문하고, 어렵게 느껴지는 토의토론을 놀이처럼 즐기며, 협력하는 가운데 소통하고 공감하며 공부의 즐거움을 배우게 하는 것이 이 수업의 의도이다.

단계	활동 및 협력수업형태	교수학습과정	자료(★), 협력수업기법(※)
배움열기	학습동기유발, 학습문제 확인	○ 전시학습상기, 동기유발하기 - '싱아 프로젝트'에서 한 활동 돌아보기 ○ 배움목표 확인하기 * 책을 읽고 토론해 보자.	★ 그림자료 ※ 협력적 학습문제 발견
배움 활동	내용 파악하기, 개별학습, 질문 만들기, 모둠 내 협력학습, 토의토론하기, 모둠 내·모둠 간 협력학습	○ 책의 내용 알아보기 - 실과 시간에 만든 스크래치로 이야기 만든 것 보기 - 『그 많던 싱아~』묵독하기, 한 줄씩 같이 읽기(135쪽) - 책의 내용 묻고 답하기 ○ 핵심 단어 이야기하기 - 인상적인 장면이나 글(단어) 이야기하기 - 질문 만들기로 오늘의 논제 정하기 - 그 때의 시대적 상황에서 창씨개명에 대한 나의 생각 이야기하기 - 짝 토론하기 ○ 브레인라이팅 토론하기 - 논제로 찬성과 반대 입장 모두 밝히기 - 모둠 토론하기 - 모둠의 입장 정하기 ○ 소크라틱세미나 토론하기 - 모둠원 중 먼저 발언할 사람이 안쪽에, 나머지는 바깥쪽 - 바깥쪽 사람은 잘 듣고 안쪽 친구가 잘 발언하도록 자료제공 및 도움주기	★ 소프트웨어 연계, 해당 도서, 포스트잇, 모둠학습판 ※ 브레인스토밍, 돌아가며 말하기, 소크라틱세미나 토론 ※ 세미나를 통해 입장을 바꾸거나 새로운 관점이나 해석을 하도록 장려 ※ 바깥쪽 안쪽 어깨 두드려 자리 바꿔 발언 기회 얻도록 함
배움 정리	정리 및 느낌 나누기	○ 배움 정리 - 비주얼씽킹으로 정리하기 - 수업 소감 나누기 ○ 차시 예고	※ 짝 활동

(나) 『그 많던 싱아는 누가 다 먹었을까』 학습지

○ 『그 많던 싱아는 누가 다 먹었을까』의 일부분을 핵심단어에 줄을 치며 읽어 봅시다.(152쪽 1줄 ~ 153쪽 9줄)

그러나 엄마의 반일 감정은 믿을 만한 것이 못 됐다. 할아버지 장례를 치르고 상경하자마자 엄마는 오빠와 숙부에게 우리도 창씨개명을 하자고 재촉했다. 그건 나도 은근히 바라는 바였고 또 으레 그럴 수 있으려니 했다. 그러나 이번엔 오빠가 반대를 하고 나섰다. 여태껏도 견뎌 왔는데 좀 더 견뎌 보자는 것이었다. 좀 더 견뎌 보자는 것은 그때의 비상시국의 어떤 끝장을 바라보는 말 같아서 섬뜩하게 들렸다.

오빠의 태도는 평소의 심약한 오빠답지 않게 강경하고 어딘지 비장해 보였다. 나는 어려서 그러했겠지만 꽤 잘난 엄마도 일본을 미워하고 얕잡기는 잘했어도 일본의 끝장은 곧 우리의 끝장이란 생각이 굳어져 있어 일본의 끝장이 우리에게 새로운 갈림길을 열어주리라는 생각 같은 건 꿈에도 안 해 본 듯했다.

엄마보다 더 놀란 건 작은숙부였다. 창씨를 안 하고 일본인 상가에서 장사 해 먹기는 앞으로 점점 쌀의 뉘처럼 껄끄러워지리라고 하소연했다. 오빠는 정 그러면 숙부 네가 따로 분가해서 성을 가는 게 어떻겠냐는 제안을 했다. 할아버지 다음으로 오빠가 호주를 승계했고 그때만 해도 호주의 권한이 막강했다. 오빠의 이 새로운 제안은 숙부를 노엽게도 슬프게도 했다. 내가 자식이 없어도 느이 남매를 친자식이나 다름없이 여겨 섭섭한 줄 몰랐거늘 호적을 파 가라는 수모를 당하다니, 하면서 탄식했고 엄마가 중간에서 사죄와 화해를 시키느라 쩔쩔맸다.

성을 안 갈아서 곤란하기는 작은숙부보다는 말단 공무원인 시골의 큰숙부가 더 했으련만 역시 오빠 때문에 뜻을 이루지 못했다. 엄마는 엄마대로 생전 어른 속이라고는 썩일 줄 모르던 오빠가 왜 별안간 객쩍은 자기주장을 하게 되었는지 모르겠다고 걱정이 이만저만이 아니었다. 한 번도 뜻이 안 맞아본 일이 없는 세 집이 창씨 문제로 처음으로 옥신각신했다. 그러나 다들 오빠의 뜻을 따르기로 무언의 합의가 이루어진 걸 보면 숙부들은 그래도 오빠의 주장을 단순한 객기로만 보지 않은 듯했다.

○ 가장 기억에 남는 단어(핵심키워드)를 써 봅시다.

○ 핵심키워드로 질문을 만들어 봅시다.

○ 모둠의 최고 질문을 뽑아 봅시다.

○ 모둠의 질문 중에서 우리 반 최고의 질문으로 논제를 만들어 봅시다.

○ 모둠원끼리 찬성과 반대의 의견을 이야기해 봅시다.

○ 모둠의 입장을 정리해 봅시다.

우리 반 논제	
찬성 이유	반대 이유

○ 소크라틱세미나 토론하기

○ 수업 소감을 Visual Thinking으로 표현해 봅시다.

수업에 대한 느낌을 얼굴 표정으로	가장 기억에 남는 것 표현하기

(다) 『그 많던 싱아는 누가 다 먹었을까』 온 작품 읽기로 교육과정 구성하기(한 권 읽기 프로젝트)

순	내용	쪽	형태	관련교과
1	자식을 어떠하든지 서울서 길러야겠다는 것은~우리 엄마의 숨은 신앙이었다	20	토의토론 (교육열)	국어, 창체
2	낭자하게 피를 흘리고 있는 것 같았다~낯설듯이	28	비유적 표현	국어
3	요 입안의 혀 같은 거, 선 무당이 사람잡는다	33, 82	관용적 표현	국어
4	네가 무슨 짓을 해서~계집애를 서울서 공부시키겠다는 게냐~겁난다.	38	토의토론 (양성평등)	국어, 사회, 도덕
5	문둥이가 애들을 잡아다가~게 수다	52	배려, 봉사(이태석 신부 한센병관련)	도덕
6	바깥채도~행랑채라 했다	55	전통 가옥의 구조	사회, 실과
7	세숫물 버리지 말고~이런 식이었다	56	근검 절약	사회, 실과, 도덕
8	교장의 식사는 더 길었다~여기저기 쓰러지는 아이가~	72	토론(조회 문화)	사회
9	월사금은 팔십전이었다	73	화폐가치	사회
10	아이들도 자연에서 곧장 먹을 것을 취한다는~	76	옛 간식	사회, 실과, 과학
11	우리 시골에선 싱아도 달개비만큼이나~	77	싱아 조사 관찰	과학
12	아이들 사회에서 그러 주종관계가 성립되면~	79	학교폭력, 교육관계	도덕
13	황금보기를 돌같이~성대한 굿으로 아첨하고 빌었다	80	노블리스 오블리제	도덕
14	그때 엄마가 내 도벽을 ~선악의 갈림길에 있을 뿐이라고 생각하고 있다.	90	토의토론(도벽의 습관 모른 척?)	국어, 도덕
15	오빠가 언젠부터 스케이트를 탔는지~	99	겨울 운동	체육
16	가장 궁굼했던 시절 엄마의 이야기는~공상하는 재미	107	상상하여 글 쓰기, 그리기, 부모교육, 독서	국어, 미술
17	오빠가 드디어~총독부에 취직이 된 것이다.	108	토론 민족정신	국어, 사회
18	~창씨개명하기를 간절히 바랐다. 엄마는 숙부에게 우리도 창씨개명하자고~	123, 130	토의토론	국어, 사회
19	굴건제복했다	127	우리 풍습	사회

20	나는 그게 기억력의 문제가 아니라 애정 때문이라고 생각했다	128	토의 사랑 애정	국어
21	그때 처음 빌려 본 책이 아아 무정~	134	도서관수업, 독서교육	국어, 창체
22	나에게 어린이 열람실은 꿈의 세계였다.~황홀한 희열을 느꼈다.	135	진로교육	창체
23	봉천은 우리나라 지도에 없는 땅이었다~만주땅이라고~	137	지리	사회
24	어찌나 창피한지 잠시~꺼지고 싶었다	138	토의토론(외모)	도덕
25	조선 청년에 대한 지원병제가~	141	징병제도 2차 대전	사회
26	우리에게 가하는 체벌은 매우 독특하고~하는 방법이었다	142	토의토론(체벌의 교육적 효과)	국어, 도덕, 창체
27	나는 내 느낌이 질투와 열등감이라는 걸~	148	토의토론(질투와 열등감 경험)	국어, 도덕
28	자기 보신도 어떻게 될지 모르는 판국에~유치해 보이기까지 했다.	153	토의토론, 이타심, 공명심(나보다 남이 우선?)	도덕
29	소녀가 거기 숨은 까닭은 정신대 때문이었다	154	정신대 문제	사회
30	내 나이에 시집을 가다니~	154	조혼 풍습	사회
31	애국과 반공은 손바닥의 앞뒤처럼~	252	이념	사회
32	엄마가 대문간에 뛰어들어오면서~자루를 벌렸다	234	피난음식 만들기	실과
33	책 속 단어로 스피드 퀴즈		스피드퀴즈	국어, 창체
34	책 속의 장소 답사하기		현장학습, 체험	창체
35	이야기 속 인물 되어 면담하기		교육연극기법 (뜨거운 의자 토론)	국어
36	작가의 다른 책 읽기		후속편, 자전거 도둑 등	국어, 창체
37	뒷이야기 상상하여 쓰기		소설가 되어보기	국어
38	책 속 배경으로 연극해보기		교육연극	국어, 창체
39	비주얼씽킹으로 표현하기		토의	국어, 창체
40	시대적 배경 공부하기		우리 역사알기	사회
41	신문 만들기		역사신문	사회, 국어

(라) 교육연극과 비주얼씽킹으로 하는 『그 많던 싱아는 누가 다 먹었을까』 12차시 지도계획

수업학년	6	관련교과	국어	차시	1/10
성취기준		[6국05-01] 문학은 가치 있는 내용을 언어로 표현하여 아름다움을 느끼게 하는 활동임을 이해하고 문학 활동을 한다.			
학습주제		질문으로 시작하기			

배움중심수업	자료(★), 협력수업기법(※)
○ 형용사+동사로 자기소개하기(교육연극) - '~한 ~' - '~를 가장 인상 깊게 읽은 ~' ○ 비주얼씽킹의 이해 - 비주얼씽킹의 필요성 알기 ○ 내 이름 비주얼씽킹하기 - 학습지 ○ 소감 나누기 - 한줄평하기	★ PPT 자료활용, 학습지, 공책, 네임펜 ※ 교실 가운데 원형으로 서서 마주보기
평가(관찰)　자기 이름 비주얼씽킹하기	

수업학년	6	관련교과	국어	차시	2/12
성취기준		[6국05-01] 문학은 가치 있는 내용을 언어로 표현하여 아름다움을 느끼게 하는 활동임을 이해하고 문학 활동을 한다. [6국05-04] 일상생활의 경험을 이야기나 극의 형식으로 표현한다.			
학습주제		비주얼씽킹 방법 알기, 시의 특징 이해			

배움중심수업	자료(★), 협력수업기법(※)
○ 추측해서 줄서기 - 음악에 맞추어 줄서기 - '손바닥 크기 큰 순서로 한 줄 서기' - 『그 많던 싱아는~』 가장 여러 번 읽었을 것 같은 사람 순으로 서기 ○ 비주얼씽킹에서 선, 점, 도형 그리기 - 선, 인물 그리기 ○ 레이아웃, 씽킹맵 유형 알아보기 ○ 은유로 소감 나누기(시로 나타내기) - '그 많던 싱아는 ~다.' - '비주얼씽킹은 ~다.'	★ 학습지, 네임펜, 공책 ※ 교육연극
평가(관찰)　선, 점 도형 그리기	

수업학년	6	관련교과	국어	차시	3/12

성취기준	[6국05-01] 문학은 가치 있는 내용을 언어로 표현하여 아름다움을 느끼게 하는 활동임을 이해하고 문학 활동을 한다. [6국05-04] 일상생활의 경험을 이야기나 극의 형식으로 표현한다.
학습주제	인물이 한 일 비주얼씽킹으로 표현하기

배움중심수업	자료(★), 협력수업기법(※)
○ 아침에 일어나서 제일 먼저 한 일 박자에 맞추어 몸으로 표현하기 ○ 이야기의 주인공 파악하기 ○ 완서에 대해 이야기하기 ○ 나의 하루 이야기하기(비주얼씽킹 자료 보기) ○ 완서의 일생에 대해 함축적으로 표현하기 ○ 완서의 일생 비주얼씽킹하기 ○ 소감 나누기 - 1분 짝 토론으로 나누기	★ 학습지, 공책, 네임펜 ※ 교육연극
평가(관찰)	완서의 일생 비주얼씽킹하기

수업학년	6	관련교과	국어	차시	4/12

성취기준	[6국05-01] 문학은 가치 있는 내용을 언어로 표현하여 아름다움을 느끼게 하는 활동임을 이해하고 문학 활동을 한다. [6국05-04] 일상생활의 경험을 이야기나 극의 형식으로 표현한다.
학습주제	공통점과 차이점 알기

배움중심수업	자료(★), 협력수업기법(※)
○ 종이로 표현하기 - 지난 시간에 배운 내용 중 기억 남는 것 종이로 표현해서 책상에 붙이기 - 교사가 지날 때 궁금한 점 묻기(땡똥) - 만든 사람이 답하기 ○ 등장인물의 공통점과 차이점 알기 - 등장인물 이야기하기 - 이야기 속 인물의 특징 알기 - 가장 인상 깊은 사람 2명 고르기 - 더블 버블 맵으로 비교하기	★ 도서, 학습지, 공책, 네임펜 ※ 교육연극
평가(관찰)	공통점과 차이점 비주얼씽킹

수업학년	6	관련교과	국어	차시	5~6/12
성취기준		[6국05-01] 문학은 가치 있는 내용을 언어로 표현하여 아름다움을 느끼게 하는 활동임을 이해하고 문학 활동을 한다. [6국05-04] 일상생활의 경험을 이야기나 극의 형식으로 표현한다.			
학습주제	책 내용 파악하기, 인상적인 장면 이야기하기				

배움중심수업	자료(★), 협력수업기법(※)
○ 내용 파악하기 - 이야기식 토론하기(RWS) - 서로 질문하고 답하기 ○ 가장 인상적인 장면 이야기 나누기 - 모둠별로 이야기 나누기 - 붙임딱지에 쓰고 선택하기 ○ 모둠별 선택 장면 표현 구상하기 ○ 모둠별로 구상한 장면 표현하기 - 정지장면으로 만들기 - 즉흥극 꾸미기(동영상 재생) - 뜨거운 의자 기법으로 질문하고 답하기	※ 교육연극 ★ 도서, 붙임딱지, 공책
평가(관찰)	토의토론

수업학년	6	관련교과	국어	차시	7/12
성취기준		[6국05-05] 작품에 대한 이해와 감상을 바탕으로 하여 다른 사람과 적극적으로 소통한다. [6국05-04] 일상생활의 경험을 이야기나 극의 형식으로 표현한다.			
학습주제	작품 속 문제 인식하기				

배움중심수업	자료(★), 협력수업기법(※)
○ 문제 발견하기 - 하브루타 질문 만들기 - 토의형, 토론형 만들기 - 토론형 문제 질문 상자에 넣기 ○ 모둠별 문제 장면 만들기(교육연극) - 상황극으로 만들기(2~3명) - 소리터널로 위로해주기	★ 도서, 붙임딱지, 공책 ※ 교육연극
평가(관찰)	토의토론

수업학년	6	관련교과	국어	차시	8/12

성취기준	[6국01-03] 절차와 규칙을 지키고 근거를 제시하며 토론한다.

학습주제	논제 정하기

배움중심수업	자료(★), 협력수업기법(※)
○ 하브루타 질문 만들기 ○ 우리 모둠의 최고의 질문 뽑기 ○ 우리 반 논제 정하기 ○ '교육을 위해 서울로 상경한 엄마의 선택은 옳은가?' ○ 자기 생각 정하기 ○ 4단, 6단 논법으로 정리하기 ○ 짝 토론으로 자기 생각 말하기	★ 도서, 공책, 모둠판 ※ 신호등 토론
평가(관찰)	토의토론

수업학년	6	관련교과	국어	차시	9/12

성취기준	[6국01-02] 의견을 제시하고 함께 조정하며 토의한다. [6국05-04] 일상생활의 경험을 이야기나 극의 형식으로 표현한다.

학습주제	토의토론하기

배움중심수업	자료(★), 협력수업기법(※)
○ 주의집중게임(진주, 조개, 불가사리 - 완서, 오빠, 엄마) ○ 지난 시간 논제로 입장 정하기 ○ 2:2 토론하기 ○ 토론 후 생각 신호등으로 나타내기 ○ 논제에 대해 자료 준비하기 ○ 3:3 디베이트하기 - 역할 분담(토론자, 사회자, 판정단) ○ 대표 토론자 선정하기	★ 도서, 공책, 신호등, 모둠판 ※ 교육연극
평가(관찰)	토의토론

수업학년	6	관련교과	국어	차시	10/12

성취기준	[6국05-04] 일상생활의 경험을 이야기나 극의 형식으로 표현한다. [6국03-05] 체험한 일에 대한 감상이 드러나게 글을 쓴다.

학습주제	이야기를 시로 나타내기

배움중심수업	자료(★), 협력수업기법(※)
○ 책의 장면을 모둠별로 뽑기(5개) ○ 모둠원이 정지화면 만들기(타블로) ○ 장면 맞추기 ○ 최고의 작품 뽑기 ○ 최고의 작품으로 시 쓰기 ○ 비주얼씽킹	★ 도서, 공책, 학습지 ※ 교육연극

평가(관찰)	역할극

수업학년	6	관련교과	국어	차시	11/12

성취기준	[6국05-04] 일상생활의 경험을 이야기나 극의 형식으로 표현한다. [6국03-05] 체험한 일에 대한 감상이 드러나게 글을 쓴다.

학습주제	상상하여 글쓰기(동화의 특징, 희곡의 특징)

배움중심수업	자료(★), 협력수업기법(※)
○ '완서의 ~했더라면' 이야기 상상하기 ○ 한 문장씩 돌아가며 이야기 덧붙이기 ○ 각자 이야기 만들기 ○ 비주얼씽킹 학습지를 보고 시로 표현하기 ○ 모둠의 시 선정하기 ○ 시를 이야기글로 쓰기	★ 도서, 공책, 학습지 ※ 교육연극

평가(관찰)	시로 표현하기

수업학년	6	관련교과	국어	차시	12/12

성취기준	[6국05-04] 일상생활의 경험을 이야기나 극의 형식으로 표현한다.

학습주제	정리하기

배움중심수업	자료(★), 협력수업기법(※)
○ 장소 맞추기 - 정지장면, 즉흥극 ○ 비주얼씽킹이란? ○ 수업 후 소감을 색면화로 나타내기 ○ 전시하고 대표작품 뽑기	★ 도서, 16절 도화지 ※ 교육연극

평가(관찰)	색면화

수업학년	6	관련교과	국어	차시	

성취기준	[6국03-04] 적절한 근거와 알맞은 표현을 사용하여 주장하는 글을 쓴다.

학습주제	주장하는 글쓰기(논술대회)

배움중심수업	자료(★), 협력수업기법(※)
○ 토론내용을 비주얼씽킹으로 표현하기 ○ 비주얼씽킹 학습지 나누기 ○ 자신의 생각을 논술하기	★ 학습지

평가(관찰)	논술 글쓰기

15) 몽실언니

도서명	몽실언니
지은이	권정생
관련 학년	5, 6학년
관련 교과	국어
핵심 키워드	전쟁, 희생, 행복, 사랑

몽실 언니
권정생 소년소설 | 이철수 그림

청비
Cheongbi Publishers

내용 및 도서 선정 이유	몽실이 아버지가 돈을 번다며 멀리 떠나자, 몽실 엄마는 몽실이를 데리고 부잣집으로 시집을 간다. 새아버지에게 구박을 받으며 고생을 하던 몽실이를 친아버지가 찾아와 데려가고, 몽실이는 아버지와 새어머니 북촌댁과 함께 살게 된다. 6·25 전쟁이 터져 아버지는 전쟁에 끌려가고, 북촌댁은 곧 아기를 낳다가 죽는다. 몽실은 구걸하며 동생을 키우고 친엄마 밀양댁이 죽자 영득과 영순까지 보살피는 신세가 된다. 동생들을 데리고 고생을 하며 살아가는 몽실이는 30년 후, 꼽추와 결혼하여 두 아이를 낳고 시장에서 나물 장사를 하며 살아간다. 몽실은 가난 때문에 헤어졌던 난남과 영순을 다시 찾고 약한 몸 때문에 고생하며 요양원에서 외롭게 지내는 난남을 안쓰럽게 여기며 가끔씩 찾아간다. 　　한국전쟁을 겪는 한 소녀의 성장 소설로 그 시대적 배경에 따른 우리의 역사를 알 수 있고 가족을 위한 희생과 사랑을 통해 진정한 행복의 의미를 새겨볼 수 있는 작품으로 한 학기 한 권 읽기 작품으로도 추천한다.

수업 과정	도입	○ 3분 토론하기 - 당연하지, 그럴 리가
	전개	○ 책 읽기 ○ 책을 읽고 인상적인 부분 이야기하기 ○ 질문 만들어 토론하기 - 몽실이는 행복했을까?(수직선 토론) - 몽실이는 ~다(모둠문장 만들기 토론) - 다양한 모둠별 논제로 토론(소크라틱세미나 토론) ○ 토론 내용 정리하기
	정리	○ 소감 나누기 ○ 나의 수업 자기 평가하기(별점 주기)

(가) 『몽실언니』 독서수업 과정안

배움주제	책을 읽고 토론하기	도서명		몽실언니
배움목표	책을 읽고 토론에 참여할 수 있다.		차시	1/1(50')
단계	활동 및 수업형태	교수학습과정		자료(★), 협력수업기법(※)
배움 열기	학습동기 유발, 학습문제 확인	○ 전시학습상기, 동기유발하기 - 3분 토론하기(당연하지, 그럴 리가) - '몽실언니 프로젝트'에서 한 활동 돌아보기 ○ 배움목표 확인하기 • 책을 읽고 토론해 보자.		★ 프로젝트 내용, 토론 주제 모음
배움 활동	내용 파악하기, 개별학습, 질문 만들기, 모둠 내 협력학습, 토의토론하기, 모둠 내·모둠 간 협력학습	○ 책의 내용 알아보기 - 『몽실언니』 묵독하기, 한 줄씩 같이 읽기 - 책을 읽고 궁금한 점을 서로 질문하고 답하기 ○ 핵심 단어 이야기하기 - 인상적인 장면이나 글(단어) 이야기하기 - 핵심단어에 대해 질문하기 - 단어의 정의 알기 - 핵심단어로 짝끼리 질문하기(예 : 언제 행복한가) - 짝의 이야기 발표하기 ○ 질문 만들기 - 각자 포스트잇에 질문 1개씩 만들기 - 모둠의 질문 선정하기 ○ 논제 정하기 - 각 모둠별로 선정된 논제 발표하기 - 다중투표로 논제 정하기(1인당 3개) - 가장 표를 많이 받은 질문을 논제 선정하기 ○ 모둠 토론하기(브레인라이팅토론) - 모둠의 질문에 대해 서로 이야기나누기 (찬성, 반대 모두) ○ 소크라틱세미나 토론하기 - 모둠원 중 먼저 발언할 사람이 안쪽에, 나머지는 바깥쪽 - 바깥쪽 사람은 잘 듣고 안쪽 친구가 잘 발언하도록 자료제공 및 도움주기		★ 해당 도서, 포스트잇, 모둠학습판 ※ 돌아가며 말하기, 소크라틱세미나 토론 ※ 세미나를 통해 입장을 바꾸거나 새로운 관점이나 해석을 하도록 장려 ※ 바깥쪽 안쪽 어깨 두드려 자리 바꿔 발언 기회 얻도록 함
배움 정리	정리 및 느낌 나누기	○ 배움 정리 - 비주얼씽킹으로 정리하기 - 수업 소감 나누기 ○ 차시 예고		※ 짝 활동

(나) 『몽실언니』 학습지

○『몽실언니』의 일부분을 핵심단어에 줄을 치며 읽어 봅시다.(24쪽 14줄~26쪽 5줄)

몽실은 이렇게 해서 그때부터 두 사람의 아버지를 갖게 되었다. 가난한 진짜 아버지를 버리고 조금 부자인 새아버지를 진짜 아버지처럼 생각하면서 살아야 했다. 덤으로 할머니도 생기고 남의 집 아랫방을 빌려 살던 것도 버리고 커다란 집에서 살게 된 것이다.

새아버지는 성이 김씨였다. 마을 사람들은 김 씨를 김 주사라 불렀다. 김 주사는 원래 부인이 있었지만 병으로 죽고 홀아비로 살다가, 이렇게 몽실이 어머니에게 새로 장가를 든 것이다.

이 산골 마을 이름은 댓골이라 했다. 뒷산 골짜기로 보리둑나무가 무성하여 달밤엔 은빛 잎사귀가 아름다웠다.

댓골 아주머니들이 몽실에게 물었다.

"네 이름이 뭐냐?"

"정몽실이어요."

"정몽실이?"

마을 아주머니들은 뜻있는 웃음을 웃으며 고개를 끄덕였다.

그날 밀양댁은 조용한 곳에서 몽실에게 가르쳤다.

"누가 묻거든 이제부턴 김몽실이라 대답해야 한다."

"왜 엄마?"

"정 씨 아버진 이제 참 아버지가 아니라고 했잖니."

"내 성도 이젠 김 가야?"

"그래 김 가다."

몽실은 정이라는 성을 버리고 김이라는 성을 가지게 되었다.

"김몽실."

아무래도 서툴고 이상했다.

그러나 날이 가면서 몽실은 댓골 마을에 익숙해지고 버려두고 온 옛날 집은 차츰 잊어 갔다. 진짜 아버지라고 고집을 부리던 정씨 아버지도 잊어버리고, 굶는 날이 많고 산나물 죽으로 목숨을 이어 오던 가난도 머릿속에서 사라져 갔다.

1년이 지나자 몽실은 행복해졌다.

(다) 『몽실언니』 온 작품 읽기로 교육과정 구성하기(한 권 읽기 프로젝트)

소주제	쪽	내용	주제	활동	관련 교과
아버지를 버리고	24	몽실은 이렇게 해서~버리고 커다란 집에서 살게 된 것이다.	몽실은 누구와 사는 게 행복했을까? 가난해서 아버지를 떠난 엄마의 행동은 정당한가?	토의토론	국어
다리 병신	37	몽실은 식구들이 밥을 먹고 있는 동안~차라리 죽었으면 좋겠다고 생각했다.	진정한 행복	개념지도 만들기 토론	도덕
어머니와도 헤어지고	46	몽실은 거지 같은 가난한 아버지의 정을~영득이를 두고 어떻게 가나?	몽실이의 선택은 옳았나?	토의토론	국어
	48	몽실아. 에미가 잘못했구나~건강하게 자라라.	몽실이가 다리를 다친 건 엄마의 탓인가?	토의토론	국어
새어머니 북촌댁	58	어머니 밀양댁도~취하고 때리는 것이 둘이 똑같았다.	가정폭력의 원인, 해결방법	토의토론, 비주얼씽킹	체육
	59	몽실아, 저 아줌마 마음에 드니? ~흘러내리고 말았다.	몽실에게 새엄마가 필요했을까?	토의토론, 사회 관습	국어
까치 바위골 할아버지	63	그러나 그 앵두나무 집 아버지는~소식을 몰랐다.	공비인 아들을 도와준 앵두나무집 아버지의 행동은 옳은가? 공과 사 중 우선인 것은?	토의토론	사회
	66	빨갱이라도 아버지와 아들은 원수가 될 수 없어요.	이념과 가족의 선택 문제 (선거 관련)	모의 선거, 대표 선출	사회
	70~71	아버지가 그 날 찾아가지 않았더라면~내 팔자예요.	몽실이 장애인이 된 건 아버지 책임이다.	토의토론	국어
인생 이라는 것	73	배운다는 것은~자라게 한다.	배움의 의미	토의토론	도덕, 국어
	76~77	해방이 되고 오 년이란 세월이 흘렀지만~속고 나서 후회하지 말고 정신 차려 똑똑히 알아야 할 것입니다.	을사조약의 의미, 해방전후사	모둠 신문 만들기	사회
	72	최선생이 글을~가르치고 있었다.	봉사경험	이야기식 토론	도덕
새어머니의 슬픔	85~86	넉넉한 집과 가난한 집의~가난을 이렇게 견디고 있을까?	밀양댁과 북촌댁 중 누가 더 행복한가?	토의토론	국어
동생 난남이	98	왜 그렇게 무서운 전쟁을~그런단다.	전쟁이 일어난 배경 알아보기	조사학습	사회
		전쟁 중 음식 경험하기	미숫가루, 암죽	음식 만들기	실과
	105	한참동안 젖을 빨자~남겨야하니까	종구 엄마의 입장이라면?	토의토론	국어

이상한 인민군	113	인민해방에 방해한 사람들을 모조리 죽인단다. 앵두나무집 할아버지는~	이념이 다르다고 사람을 죽이는 것	토의토론	도덕
	114	노을이 온통 핏빛이 되어~ 짐승 같았다		비유적 표현, 시 쓰기	국어
착한 사람, 나쁜 사람	122	왜 인민군은 국군을 죽이고, 국군은 인민군을~	착한 사람, 나쁜 사람이란? 전쟁에서 착한 사람이 있을까? 전쟁에서 착한 사람은 어떤 사람일까? (영화 '핵소고지')	영화토론 ('핵소고지', '고지전')	도덕, 사회, 국어
꿈 속의 두 어머니	141	얘도 동생이어요~어디론가 가 버렸다.	자신보다 동생을 아끼는 몽실이에 대하여	이야기식 토론	도덕
찾아간 개암 나무골, 난남이와 영순이	144	전쟁이 지나간 마을처럼~ 인색해진 것이다.	전쟁으로 인한 피해, 인간 모습 변화	토의토론, 비주얼씽킹	사회, 도덕
	145	신작로엔 군인들을 태운~ 과자봉지를 집어 던졌다.	전쟁의 흔적, 변화	신문물 사회 변화	사회
	153	배고픈데 풀떼기 먼저~ 배고플 거예요.	동생을 아끼는 마음, 동생은~다	모둠문장 만들기 토론	도덕
검둥이 아기	190	"비켜! 이런 건 짓밟아 죽여야 해!~"	인종차별, 전쟁의 상처, 여성의 인권, 화냥년의 어원 및 역사적 의의	인권, 역사	사회
돌아온 아버지	201	"부자도 아니면서 돈 백 환을 공으로 주려고 하니?~누구한테도 공으로 얻어먹으면 사람이 아니라고 했어"	어려움에 처한 상황에서 도움을 받는 것에 대한 생각, 미국의 원조로 인한 우리 문화 변화	토의토론, 신문물 사회 변화	사회
구걸하는 몽실이	209	2년 전 1.4후퇴 때 포로가 되어~	포로수용소, 전쟁의 역사적 사실, 이념대립으로 인한 인간성 상실	조사학습, 토의토론	사회
	214	"밥을 좀 주세요~"	거지가 된 몽실이에게 밥을 주는 사람과 그렇지 않은 사람, 나눔의 의미		도덕, 국어
	217	절름발이 아이가 밥을 얻으러 다닌다는 것을~먹여 살렸다.	몽실이의 기구한 삶, 소녀가장	몽실이 주제로 시 쓰기, 노랫말 만들기, 가사 바꾸어 부르기	국어, 음악
영득이, 영순이	224	공동묘지에서 달구질소리가~	엄마의 죽음, 장례문화	옛날과 오늘날의 장례 문화 비교	사회
모두모두 내 동생	234	초가을 산들바람이 불고 있었다, 조 이삭이 패고~몽실은 꽃을 따 모았다.	꽃의 종류, 관찰, 가을 수확 작물	식물 관찰 하기, 정물화 표현하기, 무늬 만들기	과학, 미술
	237	영순이 영득인 아주머니하고 아무것도 되지 않아요. 우리는 틀림없는 남매여요.	'피는 물보다 진하다'	속담으로 비주얼씽킹 하기	국어
자선 병원을 찾아서	248~250	벌써 한 달 동안이나 줄 서서 기다리는 사람도 있나 보더라. 뭐야! 줄서서 기다리는 사람들은 보름씩 한 달씩~	자선병원의 차별, 공정성 (공정한 사회란 어떤 사회인가?)	토의토론, 비주얼씽킹, 교육연극	도덕, 국어, 사회

모두 다 떠나 가고	268	휴전이라는 새로운 울타리를 만들어 놓고~	휴전의 의미, 전쟁의 상처	역사 인식	사회
	275	부잣집 양딸이 되어 간단다.	입양	입양에 대한 생각 나누기	도덕, 사회
가파른 고갯길	281	기덕이 아버진~곱추였다.	장애인의 인권, 결혼제도 (몸과 마음 중 더 불편한 것은?)	토의토론	도덕, 사회
	290	거기 '안네의 일기', '시튼 동물기'가 들어 있었다.	독서 전·중·후 활동	책 속에 나오는 책 찾아 읽기	국어
그 밖의 공통 활동	○ 골든벨 ○ 독서 퀴즈 ○ 독후화, 독후감 ○ 체험활동(견학, 현장학습) ○ 교육연극, 몸으로 표현하기 ○ 우리의 것 만들기, 종이 접기 ○ 면담하기(인물, 뜨거운 의자, 빈 의자 기법으로 하기) ○ 관련 영화 보기				공통

16) 스갱 아저씨의 염소

도서명	스갱 아저씨의 염소	
지은이	알퐁스 도데	
관련 학년	5, 6학년	
관련 교과	국어	
핵심 키워드	안전, 자유, 책임	

내용 및 도서 선정 이유	스갱 아저씨의 염소 블랑께뜨는 안전한 스갱 아저씨의 집에서 탈출해 무시무시한 늑대가 있는 산으로 도망친다. 산에 늑대가 살고 있다는 것은 알고 있었지만 자유롭게 뛰어놀고 싶은 마음이 더 컸기 때문이다. 비록 늑대에게 위협을 받고 결국 잡아먹히지만 자신이 선택한 자유를 끝까지 책임지는 블랑께뜨의 모습은 감동적이다. 개정교육과정에서 안전교육이 강화되고 시기적으로 안전을 특히 강조하는 요즘, 안전과 인간의 자유로운 선택 등 삶의 방식에 대해 이야기하며 토론할 수 있는 책이다.

수업 과정	도입	○ 그림 보고 선택하기 - 안전과 자유
	전개	○ 책 읽기 ○ 책을 읽고 내용 이해하기 ○ 핵심키워드 생각하기(브레인라이팅토론) ○ 키워드로 질문 만들기 ○ 모둠의 논제로 반 전체의 논제 정하기(신호등토론) - 염소는 안전한 집 안에 있어야 한다. - 다치더라도 자유가 더 중요하다. - 산으로 간 염소의 행동은 용기 있다. ○ 찬반대립 토론하기
	정리	○ 토론 소감 나누기 ○ 나의 수업 자기 평가하기(별점 주기)

(가)『스캥 아저씨의 염소』독서수업 과정안

단계	과정	교수·학습 활동	자료(★), 협력수업기법(※)
배움 열기	동기유발, 학습문제 확인	○ 전시학습상기, 동기유발하기 - 코로나19 상황의 불편한 점 나누기 - 개인의 자유와 안전에 대해 생각해 보기 ○ 책 표지 보고 상상하기 - 등장인물, 내용 추측하기 ○ 배움목표 확인하기 * 책을 읽고 토론해 보자.	★ 토론논제모음
배움 활동	내용 파악하기, 개별학습, 질문 만들기, 모둠 내 협력학습, 토의 토론하기, 모둠 내·모둠 간 협력학습	○ 책의 내용 알아보기 -『스캥 아저씨의 염소』묵독하기, 한 줄씩 같이 읽기 - 책을 읽고 궁금한 점을 서로 질문하고 답하기 ○ 핵심 단어 이야기하기 - 인상적인 장면이나 글(단어) 이야기하기 - 핵심 단어에 대해 질문하기 - 단어의 정의 알기 - 핵심 단어로 짝끼리 질문하기(예 : 자유, 용기란 무엇인가?) - 짝의 이야기 발표하기 ○ 질문 만들기 - 각자 포스트잇에 질문 1개씩 만들기 - 모둠의 질문 선정하기 ○ 논제 정하기 - 각 모둠별로 선정된 논제 발표하기 - 다중투표로 논제 정하기(1인당 3개) - 가장 표를 많이 받은 질문을 논제 선정하기 ○ 모둠 토론하기(브레인라이팅토론) - 모둠의 질문에 대해 서로 이야기 나누기 (찬성, 반대 모두) ○ 소크라틱세미나 토론하기 * 염소는 안전한 집 안에 있어야 한다. * 다치더라도 자유가 더 중요하다. * 산으로 간 염소의 행동은 용기 있다 - 모둠원 중 먼저 발언할 사람이 안쪽에, 나머지는 바깥쪽 - 바깥쪽 사람은 잘 듣고 안쪽 친구가 잘 발언하도록 자료제공 및 도움주기	★ 해당 도서, 포스트잇, 모둠학습판 ※ 돌아가며 말하기, 브레인라이팅, 소크라틱세미나 토론 ※ 세미나를 통해 입장을 바꾸거나 새로운 관점이나 해석을 하도록 장려 ※ 바깥쪽 안쪽 어깨 두드려 자리 바꿔 발언 기회 얻도록 함
배움 정리	정리 및 느낌 나누기	○ 배움 정리 - 비주얼씽킹으로 정리하기 - 수업 소감 나누기 ○ 차시 예고	

(나) 『스갱 아저씨의 염소』학습지

○ 『스갱 아저씨의 염소』를 읽어 봅시다.

○ 가장 기억에 남는 단어(핵심키워드)를 써 봅시다.

:..:

○ 핵심키워드로 질문을 만들어 봅시다.

:..:

○ 다음 논제에 대해 생각해 봅시다.

선택 논제	염소는 안전한 집 안에 있어야 한다. 다치더라도 자유가 더 중요하다. 산으로 간 염소의 행동은 용기 있다.
나의 생각	

○ 토론하기

○ 책 속의 인물에게 하고 싶은 말을 써 봅시다.

스갱 아저씨에게 하고 싶은 말	
염소에게 하고 싶은 말	

10. 토론소감 나누기

17) 100만 번 산 고양이

도서명	100만 번 산 고양이	
지은이	사노 요코	
관련 학년	5, 6학년	
관련 교과	국어	
핵심 키워드	삶, 죽음	
내용 및 도서 선정 이유	백만 년이나 죽지 않고, 백만 번이나 죽고, 백만 번이나 산 멋진 얼룩 고양이가 있다. 백만 명의 사람이 그 고양이를 귀여워했고, 백만 명의 사람이 그 고양이가 죽었을 때 울었다. 그러나 그 고양이는 단 한 번도 울지 않았다. 한때 임금님의 고양이기도 했고, 한때는 뱃사공, 도둑고양이, 서커스단의 고양이기도 했지만 그 고양이가 진정으로 자신의 마음에 들었던 것은 하나도 없었다. 고양이는 자기만을 무척 좋아했기 때문이다. 그러던 중 자기보다 더 좋아할 수 있는 평생의 동반자 하얀 고양이를 만나 행복한 삶을 살게 되고 하얀 고양이가 죽자 더 이상 다시 태어나고 싶어하지 않는다. 삶과 죽음에 대해 이야기하는 책으로, 고양이를 통해 삶의 기쁨이 무엇이고 삶을 산다는 것이 무엇인지에 대한 교훈과 감동을 주기에 충분하다.	

수업 과정	도입	○ 나에게 소중한 것 이야기하기 ○ 소중한 것의 의미 나누기
	전개	○ 책 읽기 ○ 책을 읽고 인상 깊었던 장면 나누기 ○ 핵심키워드 생각하기(브레인라이팅 토론) ○ 키워드로 질문 만들기 ○ 모둠의 논제로 반 전체의 논제 정하기(신호등 토론) - 얼룩 고양이의 선택은 옳은가? - 진정한 나의 삶은 어떤 삶인가? - 진정한 행복은? 사랑은 무엇인가? ○ 소크라틱세미나 토론하기
	정리	○ 토론 소감 나누기 ○ 나의 수업 자기 평가하기(별점 주기)

(가) 『100만 번 산 고양이』 독서수업 과정안

성취기준	[6국01-03] 절차와 규칙을 지키고 근거를 제시하며 토론한다.		
역량	자기주도적 학습역량, 의사소통역량, 공동체 의식		
학습주제	근거를 제시하며 토론하기		
수업의 의도	5학년 때 질문의 의미와 토의토론학습의 의의를 공부했던 6학년생은 토의토론수업을 좋아하지만 독서를 통해 자기 생각을 만드는 것은 부담스러워한다. 이는 독서에 대한 다소 부정적인 견해와 부담스러운 경험에 기인한다. 책을 깊이 읽고 자기 생각과 타인의 생각을 공유하기 위해서는 즐거운 책읽기가 필수적이다. 말하기는 좋아하지만 논리적인 말하기에 약한 학생들에게 즐거운 독서 경험을 하게 하여 독서친밀감을 형성하고, 수업 중 토의토론을 통하여 자존감과 사회성 형성에 도움을 주고자 한다. 학생들에게 익숙한 문학 작품을 소재로 하여 질문하고, 어렵게 느껴지는 토의토론을 놀이처럼 즐기며, 협력하는 가운데 소통하고 공감하며 공부의 즐거움을 배우게 하는 것이 이 수업의 의도이다.		
활용 자료	도서 『100만 번 산 고양이』	수업모형	토의토론학습
단계	교수·학습 활동	자료(★), 협력수업기법(※)	
배움열기	○ 전시학습상기, 동기유발하기 - 소중한 것 이야기 나누기 ○ 배움목표 확인하기 * 책을 읽고 소크라틱세미나 토론을 해 보자.	★ 토론논제 모음	
배움활동	○ 책의 내용 알기 - 인상 깊었던 장면 이야기하기 - 인물의 성격 알기 ○ 질문 만들기 - 핵심 단어로 질문 만들기 - 모둠의 질문 선정하기 ○ 논제 정하기 - 각 모둠별로 선정된 논제 발표하기 - 가장 표를 많이 받은 질문을 논제 선정하기 ○ 모둠 토론하기(토론형일 때 - 브레인라이팅 토론) - 모둠의 질문에 대해 서로 이야기나누기(찬성, 반대 모두) ○ 소크라틱세미나 토론하기 - 모둠별 선택된 논제로 토의토론하기 - 모둠원 중 먼저 발언할 사람이 안쪽에, 나머지는 바깥쪽 - 바깥쪽 사람은 잘 듣고 안쪽 친구가 잘 발언하도록 자료제공 및 도움주기	★ 해당 도서, 포스트잇, 모둠학습판 ※ 돌아가며 말하기, 브레인라이팅, 소크라틱세미나 토론 ※ 세미나를 통해 입장을 바꾸거나 새로운 관점이나 해석을 하도록 장려 ※ 바깥쪽 안쪽 어깨 두드려 자리 바꿔 발언 기회 얻도록 함	
배움정리	○ 배움 정리 - 배느실 수업 소감 나누기 ○ 차시 예고		

소크라틱 세미나 토론이란?	소크라테스의 문답법에 그 바탕을 두고 있는 소크라틱 세미나란 자신의 생각을 펼치고, 다른 친구들과 생각을 공유하고, 증명하고, 반박하고, 다듬는 과정을 진행하기 위해 잘 고른 텍스트와 미리 준비한 질문들로 끊임없이 질문을 주고받으며 토론하는 것이다.
이 수업에서의 소크라틱 세미나 토론 방식 및 순서	○ 주어진 텍스트를 꼼꼼하게 읽으면서 생기는 유의미한 질문 만들기 ○ 질문을 만들 때는 이해가 되지 않는 부분, 다른 사람들과 이야기하고 싶은 부분, 혼란스러운 부분, 저자의 생각이 가장 잘 드러난 부분, 동의하지 않는 부분, 궁금한 부분, 핵심적인 논쟁이 될 만한 것들을 중심으로 만들면 된다. ○ 작은 모둠 토의하기 ○ 큰 모둠 토의하기 ○ 새로운 질문이 생기면 2분간 작은 원의 친구들은 의자만 살짝 돌려서 어떤 질문에 대한 이야기를 나눌지에 대해 모둠원과 협의(상황에 따라 생략 가능)

(나) 『100만 번 산 고양이』 학습지

소크라틱세미나 토론 학습지
도서 : 사노 요코 『100만 번 산 고양이』

○ 표지만 보고 이 책에 등장할 것 같은 낱말 6개를 써 보세요.(모둠별)

1	2	3	4	5	6

○ 기억에 남는 단어(핵심키워드)를 써 봅시다.

○ 기억에 남는 문장을 써 봅시다.

○ 핵심키워드로 질문을 만들어 봅시다.

내 질문	
모둠의 질문	

○ 질문에 대한 생각을 써 봅시다.

구분	내용(2단, 4단, 6단 논법)
질문 1	
질문 2	
질문 3	
질문 4	
질문 5	
질문 6	

○ 토론 후 가장 중요하다고 생각하는 단어(핵심키워드)를 이용하여 메타포로 정리해 봅시다.

핵심 단어	은유(메타포)로 나타내기

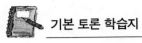 기본 토론 학습지

일시	
팀명	토론자
논제	
나의 주장	

근거(이유)	예상되는 질문	나의 반론

상대의 주장	

예상되는 근거	생각할 수 있는 문제점

최종 발언	

구분		토론 내용
우리 편 토론자		
논제		
주장 펼치기 (4단, 6단 논법)	주장	
	근거 및 설명	
반론 하기	상대편 주장 요약	
	상대편 주장에 대한 반론과 질문	
	상대편 주장에 대한 답변 또는 반박	
주장 다지기	우리 편 주장 정리	
	상대편에서 제기한 반론 요약	
	반론 꺾기	
	예외 상황	

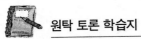

원탁 토론 학습지

구분	토론자	의견 (찬성, 반대)	내용	평가
1차 발언 (주장)				
2차 발언 (질문, 반론)				
3차 발언 (답변, 반박)				
4차 발언 (정리)				

(매우 잘함: ◎, 잘함: ○, 보통: △)

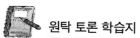 원탁 토론 학습지

논제	

1. 나의 의견 정리하기(4단 논법)

_____

_____

_____

_____

2. 토론을 하며 기록하여 봅시다.

토론자	주장	근거	문제제기, 질문

3. 토론자들의 의견을 듣고, 나의 의견을 정하여 봅시다.

_____

_____

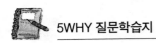

(예시)

책을 왜 읽어야 할까?	
(1) Why	왜 책을 읽어야 할까?
	→ 사고하는 힘을 키우기 위해
(2) Why	왜 사고력을 키워야 할까?
	→ 원하는 꿈을 이루기 위해 필요하니까
(3) Why	왜 꿈을 이루어야 할까?
	→ 자기가 좋아하는 일을 하면 행복하니까
(4) Why	왜 좋아하는 일을 하면 행복할까?
	→ 자신의 삶을 살 수 있어서
(5) Why	왜 자신의 삶을 사는 게 소중할까?
	→ 나는 소중한 존재이고 내 삶의 주인은 나니까
<결론> 공부의 중요성	책을 읽어야 하는 이유는 사고력을 키워서 꿈을 이루고 자신이 좋아하는 일을 하면서 행복하게 자신만의 삶을 살 수 있기 때문이다.

(1) Why	
	→
(2) Why	
	→
(3) Why	
	→
(4) Why	
	→
(5) Why	
	→
<결론>	

1. 책을 읽고 6가지로 생각해 봅시다.

하얀 모자	빨간 모자	노란 모자	검은 모자	초록 모자	파란 모자
알게 된 사실, 인상 깊은 장면	떠오르는 느낌, 감정	긍정적인 면, 좋았던 점	부정적인 면, 문제점	문제 해결 방안	배울 점, 생각 정리

2. 내가 생각한 핵심키워드로 문장을 만들어 봅시다.

    - 예 : 전쟁은 ~~다. 왜냐하면 ~~~~이기 때문이다.

- 핵심키워드 :
- 문장 만들기(메타포) :

1. 책을 읽고 좋았던 점, 부족했던 점, 흥미로웠던 점을 이야기해 봅시다.

Plus (좋았던 점)	
Minus (부족했던 점)	
Interesting (흥미로웠던 점) 장단점 토론 후 느낀 점	

2. 토론 소감을 나누어 봅시다.

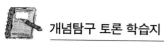

1. 책을 읽고 가장 생각나는 키워드를 써 봅시다.

2. 탐구할 낱말을 써 봅시다.

3. 탐구할 낱말의 예와 반례를 들어 봅시다.

예	반례

4. 예의 공통적인 특징을 찾아 봅시다.

예의 공통점

5. 위 공통점들을 생각하면서 낱말의 의미를 정의해 봅시다.

(   )란

6. 검토를 바탕으로 낱말을 좀 더 명료하게 재정의해 봅시다.

(   )란

7. 개념탐구 토론 소감 나누기

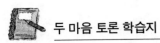 두 마음 토론 학습지

논제	
모둠원	
역할	찬성 (　　　　) / 반대 (　　　　) / 판정 (　　　　)
두 마음 토론 (3인 1조)	• 판정단이 바라보는 사람만 발언할 수 있다. • 판정단은 찬성 쪽을 먼저 보도록 한다. • 토론자끼리는 질의, 응답할 수 없다. • 판정단은 토론자에게 질문할 수 있다. • 토론자는 판정단에게 질문할 수 없다. • 1회에 한하여 판정단에게 발언권을 요구할 수 있다. • 판정단은 각 입장의 발언을 듣는다.(3~4회 정도, 횟수는 협의) • 판정단의 선택을 받은 팀이 승리한다. • 판정단은 판정 후 이유를 발표한다.(4단 논법) • 4인 1모둠인 경우 판정단은 2명이 될 수 있다.
나의 생각 (토론자, 판정단)	
판정	찬성 (　　　　) / 반대 (　　　　)

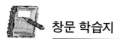

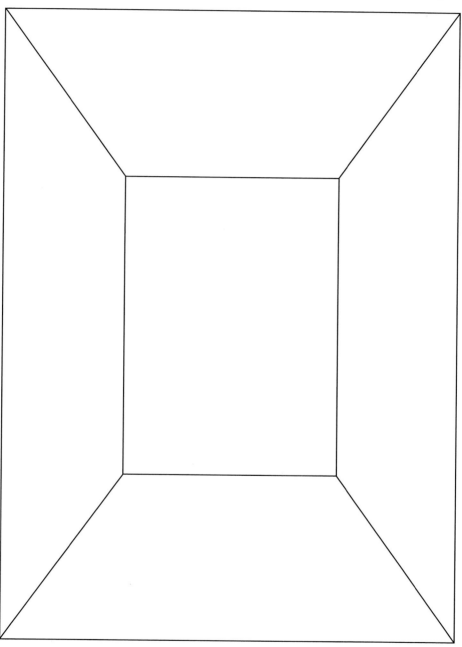

생각의 피자판(디딤돌) 학습지

도서명:

1. 책의 내용을 예측하여 써 봅시다.

순	내용 예측
1	
2	
3	
4	
5	
6	

2. 핵심되는 낱말을 찾아 봅시다.

3. 토의 주제에 대한 나의 생각을 써 봅시다.

• 주제:

• 생각의 피자판 활동을 통해 정리된 나의 생각:

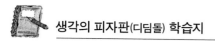
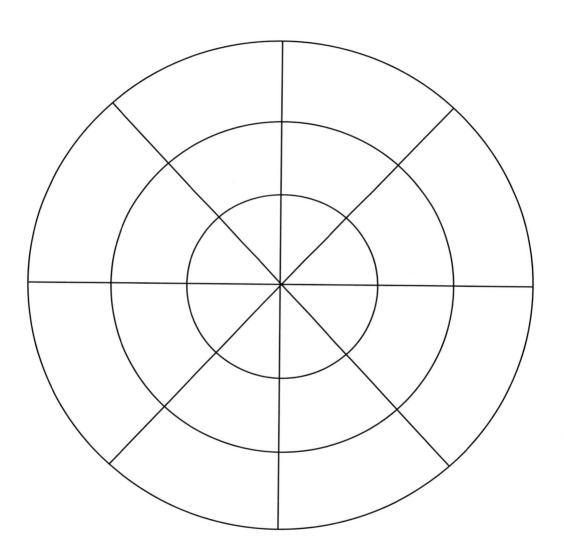

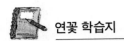

1. 책을 읽고 생각나는 것(단어나 느낌)을 적어 봅시다.

	도서명	

2. 연상 단어를 가지고 질문을 만들어 봅시다.

순	내가 만든 질문	유형		선택
		토의형	토론형	
1				
2				
3				

3. 정해진 논제에 대한 나의 생각을 4단 논법이나 6단 논법으로 논술해 봅시다.

_____

_____

_____

_____

_____

생각이 샘솟는 마법 상자

1. 주제에 대해 생각나는 것(단어나 느낌)을 1~8번까지 적어 봅시다.

	1		2		3
		1	2	3	
	4	4	주제	5	5
		6	7	8	
	6		7		8

2. 연상 단어를 가지고 질문을 만들어 봅시다.

순	내가 만든 질문	유형		선택
		토의형	토론형	
1				
2				
3				

3. 연상 단어를 가지고 나만의 이야기를 만들어 봅시다.

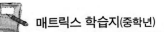

생각이 샘솟는 마법 상자

1. 책을 읽고 주제어와 관련하여 생각나는 것(단어, 느낌 등)을 적어 봅시다.

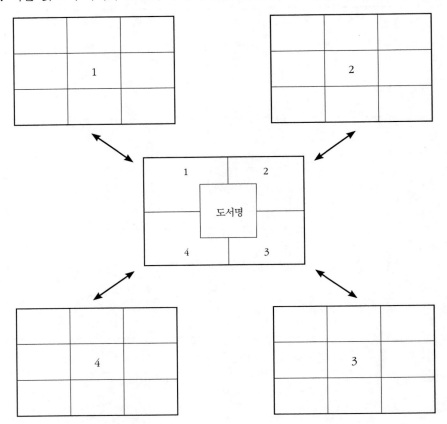

2. 연상 단어를 가지고 질문을 만들어 봅시다.

순	내가 만든 질문	유형		선택
		토의형	토론형	
1				
2				
3				

생각이 열리는 연꽃 학습지

1. 주제에 대해 생각나는 것(단어나 느낌)을 써 봅시다.

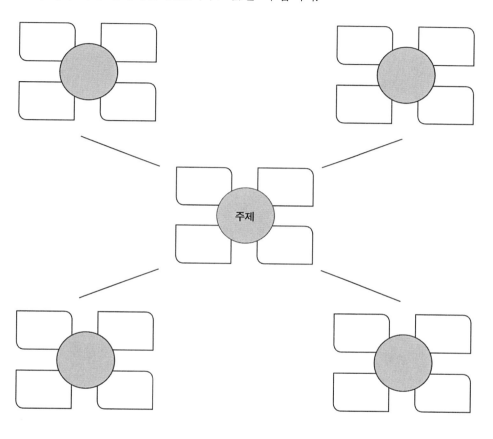

2. 연상 단어를 가지고 나만의 이야기를 만들어 봅시다.

_____

_____

_____

_____

1. 도서 :

2. 핵심키워드로 질문을 만들어 봅시다.

내 질문	
우리 모둠의 질문	

3. 질문에 대한 생각을 써 봅시다.

구분	주장(2단, 4단, 6단 논법)	질문
질문 1		
질문 2		
질문 3		
질문 4		
질문 5		
질문 6		

4. 토론 후 가장 중요하다고 생각하는 단어(핵심키워드)를 이용하여 메타포로 정리해 봅시다.

핵심 단어	은유(메타포)로 나타내기

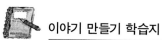 이야기 만들기 학습지

1. 책을 읽고 떠오르는 이미지의 프리즘 카드 6장을 고른다.
2. 고른 카드를 펼쳐 놓고 이야기를 재구성한다.
3. 뒷이야기 이어가거나 새로운 이야기를 구성해도 좋다.

6가지 이미지를 활용하여 주제가 있는 창의적 스토리 만들기		
제목 :		
그림카드		창의적 스토리 만들기
	옛날에 (과거의 모습)	
	매일	
	어느 날 (전환점)	
	그래서 (새로운 변화와 전환)	
	그런데 그리고	
	마침내 (결말)	

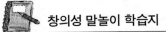

1. 모둠별로 앉는다.

2. 자음 초성을 제시한다.

3. 초성으로 시작되는 낱말을 먼저 쓰는 사람이 손을 들거나 완성을 외친다.

순 \ 주제 / 자음	동물	영화나 TV 프로그램	역사적 인물	사람 이름	책 제목	스포츠	노래	나라 이름	음식
1									
2									
3									
4									
5									
6									

제 친구를 소개합니다

1. 친구에 대한 파악(5분 정도 짝 토론)

2. 꼬리물기 질문 활용하기(이름의 의미, 좋아하는 것, 사는 곳, 좋아하는 과목, 취미, 특기, 놀라운 이야기, 보물 1호, 좋아하는 사람, 존경하는 사람 등)

3. 이 수업에서 배우고 싶은 것

1. 공감 키워드 찾기

책을 읽고 생각나는 단어를 써 봅시다.(모둠원들과 함께 합니다.)

도서명			도서명			도서명		
1R	단어	점수	2R	단어	점수	3R	단어	점수
1			1			1		
2			2			2		
3			3			3		
4			4			4		
5			5			5		
6			6			6		
7			7			7		
8			8			8		
1Round 점수			2Round 점수			3Round 점수		

1. 하브루타 질문 만들기

사실 하브루타	(6하 원칙) 누가/언제/어디서/무엇을/어떻게/왜 했나?
	(낱말의 의미) ~는 무슨 뜻인가?
	(느낌이나 생각) 너의 느낌은? 네 생각은? 네 선택은?
	(장단점, 차이점) ~을 했을 때 좋은 점? 나쁜 점? 어떤 차이가 있나?
상상 하브루타	(이야기를 바꾼다면) 만약 ~가 ~였다면?
	(원인과 결과) 왜 ~했을까? 원인은?
	(인물의 입장) 어떤 생각이었을까?
적용 하브루타	(나의 입장) 너(나)라면 어떻게 행동/선택할 것인가?
	(나의 생각) 너(나)는 ~가 한 행동이 적절한 행동이었다고 생각하는가?
	(나와 대입) 너(나)에게 중요한 것은 무엇이며 어떻게 살 것인가?
종합 하브루타	(재구성) 내가 주인공이 되어 이야기를 다시 만들어 본다면?
	(핵심 요약) 이야기를 간단히 요약해서 말하면?
	(메타포) 전체 이야기를 읽고 난 내 느낌은?
	(교훈, 가르침) 가장 많이 떠오른 생각과 나에게 주는 교훈은?

2. 책을 읽고 나만의 질문을 만들어 봅시다.

나의 질문	
사실 하브루타	
상상 하브루타	
적용 하브루타	
종합 하브루타	

3. 소감 나누기

1. 다음 문장으로 만들 수 있는 질문의 예시입니다.

'아주 오래된 이웃이 있다.'

1. 아주 오래된 이웃은 누구일까?
2. 아주 오래되었다면 얼마나 오래된 것일까?
3. 이웃은 사람일까?
4. 누구의 이웃일까?
5. 이웃과 사이가 좋았을까?
6. 우리에게 아주 오래된 이웃은 무엇일까?
7. 오래된 이웃은 가족 같은 느낌일까?
8. 이웃은 함께 한 시간이 길면 더 친해질까?
9. 이웃이 어려울 때 도와준 경험이 있나요?
10. 나는 지금의 이웃에게 어떤 사람일까?
11. 내가 만약 힘들거나 즐거울 때 함께 해줄 이웃은 누구인가요?
12. 학교에서 나의 오래된 이웃은 누구인가요?
13. 사람만이 이웃이 될 수 있을까요?
14. 이웃과의 갈등이 있을 때 잘 해결할 수 있는 방법은 무엇인가요?
15. 이웃과 오래도록 친하게 지내려면 어떤 것이 필요할까요?
16. 힘든 이웃을 위해 봉사한 경험이 있나요?

2. 책 표지를 보고 질문을 만들어 봅시다.

3. 소감 나누기

1. 다음 시를 읽고 질문을 만들어 봅시다.

옹달샘
윤석중 시
깊은 산속 옹달샘 누가 와서 먹나요　　　깊은 산속 옹달샘 누가 와서 먹나요 맑고 맑은 옹달샘 누가 와서 먹나요　　　맑고 맑은 옹달샘 누가 와서 먹나요 새벽에 토끼가 눈 비비고 일어나　　　　달밤에 노루가 숨바꼭질 하다가 세수하러 왔다가 물만 먹고 가지요　　　목 마르면 달려와 얼른 먹고 가지요

2. '옹달샘'을 읽고 나만의 질문을 만들어 봅시다.

순	나의 질문	최고 질문(☆)
1		
2		
3		
4		
5		
6		
7		

3. 나의 최고의 질문에 대한 생각을 써 봅시다.

4. 소감 나누기

도서명	

인상 깊은 내용, 문장	
경험과 연결하기	

질문 만들기	이름	질문	최고의 질문(◎)

4단 논법, 6단 논법으로 쓰기	

○ 토론 소감 나누기

내가 만들고 싶은 낱말

1. 나에게 가장 소중한 낱말 세 가지 : (,   ,   )

2. 세 개의 낱말을 사용하여 하고 싶은 말

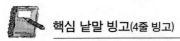 **핵심 낱말 빙고(4줄 빙고)**

도서명:

○ 1라운드

○ 2라운드

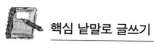 **핵심 낱말로 글쓰기**

도서명:

1. 내가 찾은 핵심 낱말(5개)

2. 핵심 낱말 사용하여 글쓰기

_____

_____

_____

_____

_____

_____

_____

_____

주제	책을 읽고 자신의 생각 이끌어내기
활동목표(성취기준)	논제에 대한 자신의 견해를 근거를 통해 제시하기
관련 학년	5학년~6학년
관련 도서	마당을 나온 암탉

1. 『마당을 나온 암탉』을 읽고 자유롭게 이야기해 봅시다.

2. 책을 읽고 이야기의 내용을 빈 칸에 간단한 그림으로 표현해 봅시다.

	⇨		⇨	
⇧		마당을 나온 암탉		⇩
	⇦		⇦	

3. 책을 읽고 가장 인상 깊었던 장면을 이야기해 봅시다.

4. 그림들을 토대로 논제를 선정하여 봅시다.

5. 다양한 방법으로 토론해 봅시다.

○ '행복' 하면 생각나는 단어를 이야기해 봅시다.(연꽃 기법 활용)
○ 여러 가지 단어를 조합하여 새로운 생각을 만들어 봅시다.
○ 내가 생각하는 행복이란 무엇인지 이야기해 봅시다.
○ 짝 토론, 2:2 토론을 통하여 자신의 견해를 주장해 봅시다.

6. 책을 읽고 '행복'의 의미를 생각해 보고, 잎싹은 행복했는지 자신의 견해를 논술하시오.(300자 내외)

□ 잎싹이의 입장에서 '행복'과 '불행' 중에 한 가지를 선택하여 그림으로 그려 봅시다.

□ 300자로 논술하기【논제: 】

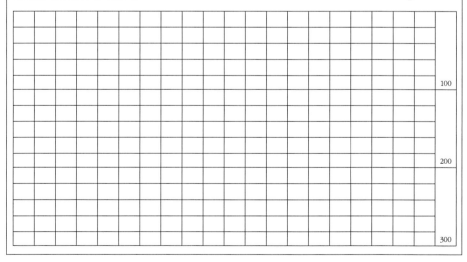

오래되어도 변하지 않는 것

지난해 이사 준비를 하느라 책장을 정리하다가 오래된 일기장을 꺼내 보았다. 초등학교 1학년부터의 일기장이 오래된 시간만큼이나 낡아져서 묵은 먼지와 함께 차곡차곡 추억을 쌓아놓고 주인을 기다리고 있었다. 사뭇 지금과 다른 맞춤법에 상당히 교조적인 내용들로 마무리된 것이 유치하기도 우스꽝스럽기도 했지만 어린 시절의 나를 비추어 보는 재미가 쏠쏠했다.

'아! 이 때는 이러고 놀았네', '3학년 때 선생님은 그랬었지……'

그 때의 교실이, 친구가, 선생님이, 가족들이 소환되면서 지금의 나의 교실과 선생님과 아이들의 모습을 비추어 보게 되었다.

누군가는 19세기 교실에서 20세기 선생님이 21세기 아이들을 가르치고 있는 교육 현실을 비판하기도 했지만 세기가 바뀌어도 변하지 않는 것이 있다.

교육의 본질, 수업의 본질, 가르침과 배움의 본질이 그것이 아닐까?

우리가 항상 만나는 학생들의 삶 속에 선생님이 스며들고 그것이 한 사람의 정체성을, 삶의 철학을 결정짓는다면 교단의 의미가 가볍지만은 않을 것이고, 교사의 가르침의 철학 또한 신중해지고 깊이가 있어야 할 것이다.

'책'으로 하는 수업!

독서문화의 결핍을 겪던 나의 성장 배경이 그러한 독서 수업의 뿌리가 되었는지, 아니면 교사로서의 역량 부족에 대한 위안으로 삼고자 했는지, 그도 아니면 나이 들면서 그저 좋아진 건지 모르겠지만 강산이 두 번쯤 변할 동안 책을 매개로 하는 수업을 했다.

교사의 진정성으로 학생들의 성장을 위하여 시작한 일이지만 책을 만나면서 나 또한 쉼없이 성장하고 있다는 사실을 고백한다.

신영복 선생님은 독서는 삼독이라 하셨다. '서삼독(書三讀)'. 책은 텍스트를 읽고, 저자를 읽고, 독자 자신을 읽는다는 것. 책을 통해서 자신의 삶을 돌아보는 선생님은 학생들 또한 스스로 성찰하게 하고 그를 통해 성장하게 만든다.

스스로 성찰하는 삶, 그저 눈으로 읽는 독서가 아니라 마음으로 읽는 독서, 그리고 그 마음을 나누는 일, 그것은 사랑이고 연대고 실천이다. 책을 읽고, 토론하면서 각자 생각의 밑그림을 그리고, 글쓰기를 통해 서로의 생각을 아름답게 색칠하는 경험, 이러한 독서 토론 글쓰기 수업에서 학생들은 자신의 삶을 가꾸고, 서로 사랑하며, 함께 하기 위해 실천하는, '사람 구실'하는 어른으로 성장할 수 있으리라 믿는다. 그것이 '교육'이고 오늘도 많은 선생님들이 독서 수업을 하는 이유이지 않을까?

| 참고문헌 |

○ 기적의 수업 멘토링, 김성효, 행복한 미래, 2013

○ 인문학 논술, 이도희 외, 북랩, 2017

○ 비주얼씽킹 논술학습법, 이도희 외, 북랩, 2015

○ 최고의 교사는 어떻게 가르치는가, 더그 레모브, 해냄, 2013

○ 가르친다는 것, 윌리엄 에어스, 양철북, 2012

○ 질문이 있는 교실, 하브루타수업연구회, 경향BP, 2015

○ 질문이 살아나는 학습대화, 전병규, 교육과학사, 2015

○ 토의·토론 수업 방법 56, 정문성, 교육과학사, 2008

○ 가르칠 수 있는 용기, 파커 J 파머, 한문화, 2005

○ 무엇이 수업에 몰입하게 하는가, 데이브 버제스, 토트, 2013

○ 말랑말랑 그림책 독서토론, 강원토론교육연구회, 단비, 2018

○ 독서토론논술수업, 김성현, 지식프레임, 2015

○ 독서토론수업레시피, 김혜숙외, 교육과학사, 2011

○ 초등 따뜻한 교실 토론, 이영근, 에듀니티, 2014

○ 우리의 불행은 당연하지 않습니다, 김누리, 해냄, 2020

○ Visual Thinking으로 하는 생각 정리 기술, 온은주, 영진닷컴, 2014

○ 시각적 사고를 통한 창의적 아이디어 발상 교육에 관한 연구, 정지훈, 국민대학교대학원,
   2009

○ 2015 개정교육과정, 황규호, 2015

○ 2020 세계과학문화포럼, 원광연, 국가과학기술연구원, 2020

○ 초등학교 국어과 교사용지도서, 교육부, 2019

○ 교육과정-수업-평가 일체화 자료집, 경기도교육청, 2015

○ 수석교사 수업컨설팅 핵심요원 역량강화 연수 자료집, 교육부중앙교육연수원, 2019